# 投资学理论及
# 基于市场实践

禹久泓◎主编

汤震宇　唐　峻　刘　花◎副主编

经济日报出版社

图书在版编目（CIP）数据

投资学理论及基于市场实践 / 禹久泓主编 . —北京：
经济日报出版社，2018.3

ISBN 978-7-5196-0319-9

Ⅰ . ①投… Ⅱ . ①禹… Ⅲ . ①投资经济学 Ⅳ .
① F830.59

中国版本图书馆 CIP 数据核字（2018）第 046417 号

## 投资学理论及基于市场实践

| | |
|---|---|
| 作　　者 | 禹久泓 |
| 责任编辑 | 范静泊 |
| 出版发行 | 经济日报出版社 |
| 地　　址 | 北京市西城区白纸坊东街 2 号 A 座综合楼 710 |
| 邮政编码 | 100054 |
| 电　　话 | 010-63567691（编辑部）　010-63567692（发行部） |
| 网　　址 | www.edpbook.com.cn |
| E – mail | edpbook@126.com |
| 经　　销 | 全国新华书店 |
| 印　　刷 | 北京市金星印务有限公司 |
| 开　　本 | 710×1000 mm　1/16 |
| 印　　张 | 16.75 |
| 字　　数 | 306 千字 |
| 版　　次 | 2018 年 7 月第一版 |
| 印　　次 | 2018 年 7 月第一次印刷 |
| 书　　号 | ISBN 978-7-5196-0319-9 |
| 定　　价 | 60.00 元 |

# 前言 Preface

在罗正英教授和蓝发钦教授的淳淳指导下，经过苏州大学研究生教学和总裁班的教学实践，作为修订版，本书终于付梓了。

感谢我的合作者，中泰信托汤震宇、睿信投资唐峻、浙江农商院刘花，他们的学识和经验给本书注入鲜明的实践色彩；感谢苏大学子对投资学新的课程体系的支持；也特别感谢施蕴心同学对本书的最后统筹。

本书的出发点，就是为象牙塔里的研究生了解中国金融市场打开一扇窗，了解金融本质——"金融本质上是一个中介，是一个融资、投资的平台，目的是增进资本运行的效率，通过拆分、合并打包实现风险与收益的重新配置，从而设计出针对不同风险偏好投资者的金融产品"。

经过了多年的内地投资市场实践、教学以及紧密联系实践的研究，笔者才逐渐开始恍然大悟：基于中国实践的投资，既是一门科学，又是一门艺术，是一件很有趣味的事，让你爱不释手，一发而不可收。

本书与其他同类教材相比，有如下两个特点。

一是注重培养学生的实际技能。不论是理论的讲解还是案例的分析探讨，都以帮助学生更好地理解投资的基本理论、掌握投资的实务知识为宗旨。

二是理论讲解、案例阅读、技能训练三者的充分结合。本书通过大量的例题和案例强化学生实际技能的训练，通过技能训练加深学生对专业知识的理解和掌握，使学生在实践中融会贯通、举一反三，提高其解决问题的能力。

趁本书出版之机，再次向社会大声疾呼：当前的大学商科教学到了必

须大力改革的时刻！不仅要紧密联系当代，更要去除学子甚至老师的浮躁之气，在商课的教学中寓以"道"。

　　本书还有许多不足，非常欢迎读者前来笔者主持的"财务管理与投资研究所"进行咨询与讨论。


禹久泓

2018 年 6 月

# 目 录 Contents

# 第一章

# 投资环境与资本市场

## 第一节　投资概述

### 一、投资的含义

"投资"这一名词，在人们的日常生活中经常碰到和用到。我们可以列举许多投资的具体形式，如企业建造厂房和购买设备，居民购买债券和股票等。但是，上述例子只不过是投资的具体表现形式，那么，到底什么是投资？从字面上讲，投资即为"投入资本、投入资金"，它有双重含义，动词解释为"用钱生钱的过程"；名词解释为"投入之资本，投资之对象"。从经济学意义上讲，投资的本质特征有哪些？由于投资的定义要揭示投资的本质特征，因而要给投资下一个准确定义却并不那么简单。

#### （一）新中国成立以来对于投资认识的演变

1981 年以前，我国计划、财政、金融和统计的官方文件中只有"基本建设"之称，而没有投资范畴。据学者考察，"基本建设"一词，最早见于斯大林 1926 年 4 月 13 日《关于苏联经济情况和党的政策》的报告。原文说："要在新技术基础上革新我国工业，就需要大宗的、极大宗的资本。可我们的资本还很少，这是你们大家都知道的。今后我们对工业基本建设这一主要事业大约只能投资 8 亿多卢布。这当然是很少的，但总算有了一些。这是我们对我国工业第一次较大的投资。"斯大林在这里把"基本建设"还是作为投资的同义语使用的，并采用了"资本"概念来说明基本建设的含意。后来，由于不承认社会主义社会存在"资本"范畴，理论界和实际工作部门就用基本建设替代了投资，并把基本建设解释为固定资产的建设。随着基本建设大规模地进行，为基本建设实践提供服务的基本建设经济各分支理论研究在苏联迅速展开，一些高等学校、高级党校、科研机构和业务部门陆续出版了不少这方面的教学用书和学术著作，供教育和培训基本建设经济管理的学生和干部使用。这些研究成果很快传到二次大战后东欧建立的一批公有制国家，也很快传到了我国，我国早在东北解放区进行建设时就使用了"基本建设"这一概念。

1. "一五"时期第一次概念变化

建国初期，人们习惯地将固定资产投资称为基本建设投资，认为基本建设投资就是固定资产扩大再生产投资。由于计划高度集中管理和财政统收统支的体制，曾经要求一切基本建设项目都要列入基本建设年度计划，财政部门才给拨款，虽然当时的国有企业并不多，但是要求所有企业的大小固定资产购置费用都要向国家申报基本建设计划是行不通的，所以，很快就将企业的"四项费用"（技术组织措施费、新产品试制费、劳动安全保护措施费、零星基本建设费，后称"零星固定资产购置费"）从基本建设中分离出去，不列基本建设计划，由财政部门向工业部门单独拨款。

因此，"一五"的投资概念，由"全部基本建设投资都是固定资产投资"改变为：除了四项费用以外的一切基本建设费用，都是固定资产投资，这样，除了四项费用以外的一切固定资产购置都要列入基本建设计划，由财政拨款，这是"投资"概念的第一次变化。

2.20世纪60年代初的第二次"投资"概念变化

虽然固定资产投资中扣除了四项费用，但是所有企业的固定资产投资均由财政承担必然在经济中发生纰漏，首先影响到简单再生产的进行，这些后果随着1958—1960年"大跃进"中把所有基本建设投资都安排为扩大再生产投资而暴露无遗：①挤占了一些大城市的公共交通车辆、工业锅炉和铁路车辆的更新投资，使城市面临瘫痪。②挤占了采掘采伐工业的一些老矿井、老林区正常生产中开拓延伸的投资，使其简单再生产难以维持。

这时人们才认识到：①基本建设投资不能概括全部固定资产投资，固定资产投资也不能全部由基本建设计划来安排。②第一次认识到应把投资区分为扩大再生产投资和简单再生产投资，而且经济工作中应首先安排好简单再生产投资，然后再安排扩大再生产投资。③在计划经济下，扩大再生产投资应由国家有计划地安排，简单再生产投资可以由企业自己来进行。

3.20世纪70年代末80年代初的第三次"投资"概念变化

这一阶段的实践暴露出一个问题，只用基本建设投资的概念已经控制不住投资规模，必须用包括基本建设和技术改造两者的固定资产投资的概念控制投资规模，因此，十一届三中全会之后，确立了固定资产投资的概念。从1982 年起，国家决定编制包括基本建设和技术改造在一起的统一的固定资产投资计划，从此确立了以"固定资产投资"控制建设规模的概念。

4.20 世纪 80 年代以后的第四次"投资"概念变化

新中国成立后的 22 年间没有发行真正意义上的有价证券，因此投资对象中不包括证券投资。1981 年开始发行国库券。1984 年 9 月、12 月分别成立的天桥百货股份有限公司和上海飞乐音响股份有限公司是新中国股份制企业建立的开端。随后，又发行了企业债券，深圳证券交易所和上海证券交易所相继成立。经过 20 年的发展，证券投资与固定资产投资共同构成了我国完善的投资概念。

**（二）投资的不同表述**

投资的本质特征是各类投资，如建造厂房、购买证券等具体的投资形式所共同具有的东西，这就需要通过抽象思维把蕴藏在各类投资内部的共性揭示出来，才能给投资下一个比较准确的定义。为此，在给出投资的定义前，我们先看看目前已有的投资概念的几种不同表述。从目前看，由于对投资研究的角度的不同，对于"投资"一词，不同的经济学家有着以下不同角度的表述：

1. 从投资和消费的关系着眼来界定投资

如威廉·夏普将投资定义为：为了（可能不确定的）将来的消费（价值）而牺牲现在一定的消费（价值）（the sacrifice of certainpresent value forpossibly uncertain futureconsumption（future value））。可见，这一定义是从投资与消费的关系来界定投资，即为了获得将来的消费（一般为将来更多的消费）就必须牺牲目前一定的消费，即将储蓄转化为投资。

2. 从资本的形成过程来界定投资

（1）《简明不列颠百科全书》的定义为："投资指在一定时期内期望在未来能产生收益而将收入变换为资产的过程"。可见，这一定义认为投资就是将现期收入转换为投资，其目的是在未来能产生效益。（2）《帕格雷夫经济辞典》的观点是：投资是一种资本积累，是为取得用于生产的资源、物力而进行的购买及创造过程。（3）《经济大辞典》（金融卷）的观点是：投资是经济主体以获得未来收益，预先垫付一定量的货币或实物，以经营某项事业的行为。（4）沃纳·西奇尔在《微观经济学·基本经济学概念》中的定义更为直观："投资是资本货物的购买（the purchase of capitalgoods）。"

3. 将投资区分为广义投资和狭义投资

如 G·M. Dowri（道里埃）和 D·R. Fuller（富勒）在《投资学》中的定义为："广义的投资是指以获利为目的的资本使用，包括购买股票和债券，也包括运用资金以建筑厂房、购置设备、原材料等从事扩大生产流通事业；狭义的投资指投资人购买各种证券，包括政府公债、公司股票、公司债券、金融债券等。"在西方国家，投资学研究的对象一般是狭义的投资，即证券投资，至于一些直接投资，如企业投资应属于公司理财；国家投资，应属于国家宏观经济政策，均不在投资学的研究范围。

4. 从宏观经济分析的角度来界定投资

如萨缪尔森在其《经济学》中认为："对于经济学者而言，投资的意义总是实际的资本形成——增加存货的生产，或新工厂、房屋和工具的生产……只有当物质资本形成生产时，才有投资。"夏皮洛在其《宏观经济分析》中也认为："投资在国民收入分析中只有一个意义——该经济在任何时期以新的建筑物、新的生产耐用设备和存货变动等形式表现的那一部分产量的价值。"可见，从这一定义出发，对于整个社会而言，证券投资只是一个融资过程，其目的是为增加实际资本形成提供更多的资金来源，而只有实际资本的形成，才是真正意义上的投资，从而最终促进经济发展。

5. 分别不同社会对投资定义

如《经济大辞典》中对投资的定义为：投资在资本主义社会指货币转化为资本的过程，在社会主义社会指货币转化为生产经营资金的过程。资本主义投资的目的是为了获取剩余价值，社会主义社会投资是为了发展社会生产，满足人民需要。显然，这一定义是从生产关系的角度揭示了投资的本质特征，但是，如果我们单从这一角度研究投资，就难以吸收西方经济学和投资学中的一些科学和有益的东西，为我所用。

**（三）投资的定义及相近的几对范畴**

以上的投资定义都强调一定数量的货币、资本以及实物的投入，带来新的资产规模的扩大和未来收益的增加，基于上述不同角度的表述，我们可将投资定义为：投资是一定经济主体为了获取预期不确定的效益而将现期的一定收入转化为资本。

资本，带来剩余价值的价值，从一般意义上讲，指带来价值增值的价值。生产资料和货币本身并不是资本，只有在一定的条件下，即当它们为企业家所占有，并用作扩大再生产的手段时，才成为资本。

资产，"负债"的对称，资金运用的同义语，指单位所拥有的各种财产、债权和其他将会带来经济利益的权利。

资金，国民经济各部门中财产物资的货币表现，可分为财政资金和信贷资金，用于基本建设的资金和用于生产经营的资金。

资源，资财的来源，一般指天然的财源。

资本积累，剩余价值转化为资本。

资本积聚，通过剩余价值资本化以增大个别资本总额。

资本集中，已经存在的资本合并成一个更大的资本，是扩大个别资本总额的一种形式，通过大资本吞并中小资本和组织股份公司而实现。与资本积聚不同，它只改变资本在资本家之间的分配，而不增加社会资本总量。

资金占用，即资金运用。

资金运用，"资金来源"的对称，资产的同义语，企业等经济组织的资金的存在形态，如企业的资金运用有：固定资产、流动资产等。

资金来源，"资金运用"的对称，权益的同义语，企业等经济组织的资金取得或形成的来源，如企业的资金来源有自有资金、银行借款等。

## 二、投资的构成要素

在现实经济活动中，从事任何一项投资活动，首先要回答谁来投资、投资的目的、投资什么、用什么方式进行投资等基本问题，即投资必须具备五个基本要素：投资主体、投资目的、投资资金、投资客体、投资方式。

### （一）投资主体

任何投资的运行都离不开一定投资主体的发起和持续推动。投资主体，是指从事投资活动，具有一定资金来源，拥有投资决策权，享受带来的收益并承担投资风险的法人和自然人，因此，投资主体是投资权力体、投资责任体和投资利益体的内在统一，它扮演着投资活动的发动者、决策者和投资资金的筹措者的角色。

通常，构成投资主体应具有以下三方面的基本要素：一是拥有投资经济活动的决策权，即投资主体必须拥有投资权力，能相对独立地做出投资决策。在投资经济活动的全过程中，投资主体的决策是基础环节，它直接关系到投资主体的风险及利益所得。投资主体对投资经济活动进行决策，主要包括以下内容：投资目标的确定、投资的产业或产品取向、投资经济活动的规模经济选择、投资机遇的把握、投资资金筹措方式的确定、投资经济活动的组织实施等，因此，一个不拥有投资权力，不能相对独立做出投资决策的法人或自然人不构成真正的投资主体。

二是承担相应的投资风险或责任，即投资主体必须承担相应的投资风险或责任，这构成投资主体行使投资决策权力的约束条件。投资风险包括政治风险、经济风险、法律风险和社会道德风险，在投资经济活动中，投资风险是客观存在的，其产生原因，除了有国内重大财税、货币等经济政策的变化及国际资本市场汇率、利率变化这些客观因素外，还有投资主体对投资方向的选择以及对资本市场的汇率、利率等动态变化预测失真影响决策失误这样一类主观原因。承担投资风险或责任，是投资主体行使投资决策权力的自我约束。在市场经济条件下，风险意识是对经济组织经济活动的起码要求，一个不能承担投资风险或责任的法人或自然人不构成真正的投资主体。投资主体在市场竞争中，需对投资风险进行科学的分析和预测，同时掌握经济发展的宏观情况及商品市场、技术市场和资本市场的动态变化情况，根据市场发展变化决策投资方向，防范和降低投资风险。承担投资风险或责任，是投资主体行使投资决策权力的自我约束。

三是占有和支配投资利益，即投资主体必须占有和支配投资利益，这既是投资主体行使投资决策权力的基本保证，也是落实投资主体承担投资经济活动风险的义务和责任的基本保证。享受投资利益，实现投资经济活动的利益最大化，是投资主体从事投资经济活动的出发点和归宿，也是决定其投资动力的关键，只有占有和支配投资所得的利益，才能保证投资主体行使投资决策权，确保投资主体承担投资风险的义务和责任落到实处。

可见，投资权力体、利益体和责任体统一于投资主体，三者缺一不可。在任何社会经济制度下，社会投资经济活动的行为主体均划分为政府投资主体、企业投资主体和居民个人投资主体三个层次，政府、企业和居民个人三个不同的投资主体所拥有的资金来源、投资目标及内在动力机制的不同，决定了投资主体具有不同的投资职能、范围和投资重点，并显示出不同的投资行为特征。

**（二）投资目的**

投资是投资主体的经济行为，而投资主体总是始于一定的目的才进行投资的，投资目的也就是投资的动机，不管什么社会制度，只要投资就是为了获取效益。要准确理解投资目的，需要从两个方面去把握。

一是投资效益具有十分丰富的内含，既可以是一种货币增值，也可以是投资者生活水平的提高，主要包括经济效益、社会效益、生态效益等。

•首先，投资效益可分为宏观经济效益和微观经济效益。宏观经济效益是从整个国民经济来考察的，微观经济效益是从单个项目来考察的。

•其次，投资效益可以分为直接效益和最终效益。直接效益是投资初始成果，如获取对企业经营的控制权，占领市场等；最终效益则是投资的最终成果，如获取经营控制权和占领市场的最终目的可能是为了增加利润。

•最后，投资效益还可以分为投资者的财务收益和社会效益。财务效益可以用价值尺度计量，如利润、债息和股利；社会效益不一定能用价值尺度准确计量，如增加就业，改善环境等。

一般认为，投资主体不同，其追求的投资效益也不尽相同。如在市场经济体制下，企业是为了获取最大化利润，而政府则追求的是社会效益最大化的目标。随着社会主义市场经济的建立，我国也出现了多种投资主体，各类投资主体的目的是不尽相同的，只有深入研究各类投资主体的投资目的和动机，才能有效地对其加以引导。

二是投资所可能获取的效益是未来时期的预期效益，而且是不确定的。投资是资本的垫付活动，从垫付资本到获利需要经历一个较长的时期，如果投资建设期是三年，那么三年后才能开始回收投资；如果投资盈利率是 10%，那就是说再经过十年，才能回收全部投资。在这个较长过程中，由于政治、经济、技术、自然、心理等众多因素的变化，投资预期收益是不确定的，投资者有蚀本甚至破产的可能性。

我们可以从以下几个方面来把握投资定义的这一要点。

①投资具有风险性。由于投资预期收益的不确定性，使得投资具有风险性。

②投资行为是风险和效益的统一体。如果说，获得预期效益才使投资者具有内在的动力，那么，要承担一定的风险又使投资者受到内在的约束。如果投资者可轻易获得收益，而无任何风险，投资者就会有一种永无止境的投资扩张冲动；相反，如果风险是确定的，而无获利的可能性，投资者就会停止投资，可见，只有在风险和效益相统一的条件下，投资行为才能得到有效调节。

③投资风险的大小和投资报酬的高低成相关关系，即高风险高回报，低风险低回报。如果想获得较多的报酬，常常需要冒较高的风险。如 1926 年至 1982 年美国公司债券的报酬率在每年 43.76%（1982 年）到 8.09%（1969 年）之间变化，平均报酬率为 4.44%；同期普通股票的报酬率在 53.99%（1993 年）到 43.34%（1931 年）之间变化，平均报酬率为 11.58%。这就是说，如果购买债券，冒的风险较少，得到的报酬也可能少些；如果购买股票，冒的风险很大（−43.34%），但得到的报酬也可能很高（53.99%）。（表 1-1）

表 1-1　美国 1926—1982 年间证券投资的风险与收益的比较

|  | 报酬率变动范围 | 平均报酬率 |
|---|---|---|
| 债券 | 43.76%（1982 年）～−8.09%（1969 年） | 4.44% |
| 股票 | 53.99%（1963 年）～−43.44%（1931 年） | 11.58% |

### （三）投资资金

要投资，要购买所需的各种资本品，在投资以前就必须有一定数量的资金，总体来看，投资资金有两种来源：一是投资者自己的收入；二是通过各种途径来借钱。后者最终是要以自己的收入来偿还的，所以，投资必须花费现期的一定收入，在收入一定的情况下，要投资，就要放弃或者说要牺牲一定量的现期消费。对个人来说如此，对整个社会来说也是如此。

这一要点包括两方面的含义：（1）投资要受投资主体现期收入水平和融资能力的制约。由于投资需要花费现期的一定收入，个人或企业投资数额的多少，投资目标的选择，必然受其收入水平和融资能力的制约。一般说来，收入水平高，其融资能力强，投资范围就较宽；收入水平低，其融资能力必然较差，其投资选择面就较窄。譬如，如果某人拥有巨额财产或收入，在满足其现期的消费需求后仍有比较宽裕的资金，那么他投资的目的就可能是扩大财富。他希望获得较高的预期收益，愿意承担较大的风险，这样他可能直接投资设店办厂或者购买普通股票。相反，如果他既无财产，收入又低，很难有很多的积蓄拿来投资，也很难从外部筹集资金用于投资。

（2）投资需要花费一定的收入，但同时也具有创造收入的功能。对于个人投资者、机构投资者和企业投资者而言，投资在现期要花费收入，在未来时期则可能给投资者带来收入。在信用高度发达的社会，投资者还可以借本生利，以少量的垫支资金，利用信用杠杆效应，给自己带来较多的收益。对于整个社会而言，投资可以通过创造需求，启动闲置资源的利用，从而起到促进社会财富增加的作用；同时还可以通过创造供给能力，直接增加未来时期的社会财富，表现为投资扩大→生产能力增加→社会财富增多。

### （四）投资客体

投资客体即投资对象或标的物。投资客体表现为多样性，可以是将资金直接投入建设项目以形成固定资本和流动资本，也可以是购买有价证券及其他对象。一般说来，投资所形成的资本可以分为真实资本（real asset）及金融资本（financial asset）。所谓真实资本指能带来收益的有形的实物，如设备、房地产、黄金、古董等；金融资本指能带来收益的无形的权证，如定期存单、股票、债券等。各类真实资本和金融资本都可以成为投资者投资的对象，但它们的安全性、获利性及流动性不尽相同。投资者要根据其对风险的承担能力及其对获利性和流动性的要求，依据投资主体的性质和活动范围来选择投资对象，进行资产的合理组合。

### （五）投资方式

投资方式指资金运用的形式与方法。投资可以运用多种方式，主要包括直接投资和间接投资、产业投资与证券投资等。关于投资方式，我们将在下面做较为详细的介绍。

### 三、投资的分类

投资可以按其性质、对象、方式、方法等进行分类。

**（一）按照投资对象的不同分类**

（1）实物投资。是指资本物的购置，诸如获得新的生产设备、建筑和存货等。

（2）金融投资。是指以有价证券为载体，以金融资产为对象，通过金融市场进行的投资。

**（二）按照投资的范围分类**

（1）广义的投资，包括了固定资产投资、流动资产投资、证券投资、风险投资、国际投资、教育投资、人力资本投资，等等。

（2）狭义的投资，仅仅指金融意义上的投资。

**（三）按照投资主体分类**

（1）国家或中央政府投资，指以中央政府作为投资主体，国家财政资金进行投资。

（2）地方政府投资，指以地方政府为投资主体，以地方财政资金为主要资金来源而进行的投资。

（3）企业自筹投资，指企业运用税后留利进行的投资，或运用自筹资金所进行的投资。

（4）居民投资，指社会公众把消费后的节余资金积累起来进行的投资。

（5）外商投资。

**（四）按照投资的权益分类**

（1）债权投资。

（2）股权投资。

**（五）投资按投资期限长短的不同，可分为长期投资和短期投资（以1年为界限）**

**（六）投资按其运用形式和投入行为的程度不同，可分为产业投资与证券投资、直接投资与间接投资**

此外，投资按其用途的不同，可分为生产性投资和非生产性投资。生产性投资是指投入到生产建设领域等物质生产领域中的投资，其直接成果是货币资金转化为生产性资产。非生产性投资是指投入到非生产领域中的投资，其成果是转化为非生产性资产，主要用于满足人们的物质文化生活需要，如投入到文化、教育、卫生、体育等的投资。

通过上述分析，我们就可以对投资的定义有一个更为完整、全面和准确的把握。为了更好地把握投资的定义，下一节我们将从历史的角度对投资的演变做一回顾，对投资的不同划分进行分析。

# 第二节　投资的不同划分

## 一、投资的历史演变

投资是商品经济发展的产物。投资活动作为一种扩大再生产的经济活动，是随着社会经济的发展而产生和逐渐扩展的。早在人类文明的古代社会，生产力水平低下，只能共同劳动，平均分配产品，产品没有剩余，此时，投资无从谈起。随着生产力的发展，出现了剩余产品，交换发生，商业兴起，货币使用，逐渐产生了商业资本，在这个阶段，投资才有可能，投资活动才逐渐萌芽。

到了中世纪末期，跨进 16、17 世纪，商品货币经济进一步发展，投资活动随之发展和日趋活跃。在商品经济发展的初期阶段，各类产业以手工操作为主，生产规模小，创办一个手工作坊、工场和开设一家餐馆、商店所需投资数额不多，投资者多是运用自有资本的积累单独或合伙进行产业投资，他们享受投资可能带来的全部的收益，但也要承担全部的风险，而且负有连带的无限责任。如果他们所开办的作坊、工场、餐馆、商铺资不抵债，就要其他来源的收入或变卖其他家产来清偿债务。随着经济发展，生产规模逐渐扩大，贸易的范围也逐渐拓宽，无论是从事远涉重洋的海外贸易，还是修筑铁路，创办采用机器劳动的纺织厂，所需的资金都不再是独资和少数几个人合伙所能满足的，于是，客观上提出了集中资金的要求。同时，随着单位投资规模的扩大，投资风险逐渐增多，单个投资者无力承担投资的全部风险，客观上又要将整个项目的投资风险分散到多个不同投资主体身上，而且要将每个投资者所承担的风险限制在一定范围内。为了解决集中资金和分散投资风险的问题，以股票和债券为主要内容的长期资本市场应运而生。在资本市场出现以后，拥有货币资本的资本家则可以通过购买股票和债券来获取股份收益或债券利息，这样整个社会除了产业投资以外还存在着证券投资。

证券投资也是随着商品经济的发展而逐渐发展起来的。15 世纪，随着商品经济的发展，在地中海城市出现了邀请公众入股的城市商业组织，股东有商人、王公、教授、廷臣乃至一般城市居民，这种商业组织的股份不得转让，但投资者可以收回，它还远远不是现代意义上的股份经济，但已经开始把筹集资金应用于经济发展。由于美洲的发现，16 世纪的国际贸易逐步由地中海转到大西洋，英格兰成为更重要的贸易中心，在当时重商主义的政策下，英国出现了一批具有垄断特权的以国外贸易和殖民为目的的贸易公司，如 1553

年成立的莫斯科尔公司和 1600 年由伊丽莎白一世特许成立的东印度公司。当时投资者是为每一次的航海筹集资金，每次航海结束后进行结算，参与者收回自己的股本和利润，这种公司也还不是现代意义上的股份经济，但它不仅可以起筹资的作用，还可以起到分散投资风险的作用。

现代意义上的股份投资是在 17 世纪下半期获得显著发展的。从 17 世纪下半期开始，到 18 世纪初，股份投资主要集中于银行和交通运输部门。铁路建设需要长期巨额投资，正如马克思所说："假如必须等待积累去使某些单个资本增长到能够修建铁路的程度，那么恐怕直到今天世界上还没有铁路。但是，集中通过股份公司转瞬之间就把这件事完成了。"发起于 18 世纪末的工业革命，到 19 世纪上半期已基本完成机器生产代替手工生产的过程。机器的采用，有机构成的提高，使企业规模急剧扩大，单位投资需要量相应增多，正是在这种情况下，1855 年英国认可了公司的有限责任制，1862 年颁布了股份公司法，使股份公司和股份投资得到了飞速发展。19 世纪末和 20 世纪初，股份公司进一步发展，并已成为占统治地位的企业组织形式。

我们可以把投资的历史演变轨迹归结如下：经济发展→产品出现剩余→产业投资活动产生→促进经济发展→产业投资规模不断扩大→提出集中资金和分散投资风险的要求→证券投资产生→经济发展。

## 二、产业投资与证券投资

### （一）定义

由上节可知，投资的一般定义是一定经济主体为了获取预期不确定的效益而将现期的一定收入转化为资本，那么，什么是产业投资和证券投资呢？

1. 产业投资

所谓产业投资就是为获取预期不确定收益，以货币购买生产要素，从而将货币收入转化为生产资本。

（1）产业投资的运动过程

自古至今，任何生产都是劳动者运用劳动资料作用于劳动对象的过程，劳动者、劳动资料和劳动对象是社会生产不可缺少的三个基本要素。同样，要增加投资，扩大生产规模，也必须增加劳动者、劳动资料和劳动对象的投入，只不过在不同的经济发展阶段，投资转化为生产要素的形式有所不同。在简单商品生产条件下，投资转化为生产要素是通过物物交换的形式来实现的，而在现代商品生产条件下，投资是通过预先垫支一定数量的货币来购买劳动资料、劳动对象，支付劳动者的工资报酬而得以实现的，这样，在现代经济条件下，产业投资的整个运动过程就表现为三个阶段：投资前期、投资期和投资回收期。

①投资前期。投资前期即投资项目建设的前期，其主要任务是进行项目的可行性研究和筹措资金。

投资可行性研究，是指对拟建的投资项目进行技术经济论证和方案比较，为投资决策提供依据，在这一阶段，就是要解决好投资决策的科学化问题，即合理选择产业投资的方向、确定投资规模，通过多项目或多方案比较，精心选择最优投资方案。这个阶段的工作，属于投资前期的准备阶段，是投资者通过预测、比较、分析做出投资决策的时期，可见，做好这一时期的工作有利于减少投资决策的盲目性，增强决策的科学性，能够从根本上保证投资实施的顺利进行并取得预期的经济效果，从而避免投资浪费，提高投资效益。

而资金筹集同样是整个企业投资运动的起点，是一个投资运动周期的开始阶段。无论企业要进行哪一种投资活动，都需要通过一定的渠道，采用一定的方式，根据资金需要的情况，筹集一定数量的资金，一般而言，资金筹集首先要着眼于投资主体内部的自我积累来满足投资需求，如果依靠内源融资方式不能满足投资所需，就可以通过向银行申请贷款、发行债券或股票等方式，从投资主体之外筹措资金，弥补其资金不足部分，尽快地形成投资，以实现其投资目标。

②投资期。投资期是投资的实施阶段，通过以货币购买机器设备、原材料和劳动力，把投资转化为固定资产、存货和无形资产，最后变为现实的生产能力。

这一阶段是投资决策的实施阶段，其主要任务是根据投资决策的要求，将投资方案付诸实施，将货币资金转化为企业所需的资产，满足企业发展的需要。就产业投资而言，这一时期主要包括项目施工和竣工验收两个阶段，一方面是进行固定资产投资，兴建房屋和建筑物，购买机器设备等，另一方面是使用货币资金购进原材料、燃料等，从而将货币资金转化为固定资产和流动资产，最后变为现实的生产能力。

③投资回收期。投资回收期是投资回流的阶段，在这一时期，企业运用上一阶段形成的生产能力生产出产品，通过产品销售，实现其价值回流，可见，这一阶段是同企业的生产过程紧密联系在一起的。企业正式的生产过程是在竣工验收完毕之后开始的。项目竣工投产后，企业运用新建资产，将新购置进来的原材料加工成为产品，然后将产品推销出去，即可取得销售收入。在这一过程中，企业的资金从成品资金形态转化为货币资金形态，企业资金的收回，是以价值形式反映生产成果的实现，销售收入中，不仅可以补偿固定资产的折旧成本、原材料成本及工资成本等产品成本，而且可以获得利润，即实现了投资的价值增值，因此，投资的回收与价值增值是通过企业的销售收入来实现的。

综上所述，产业投资的运动过程，按项目的管理程序，一般可分为三个时期：投资前期、投资期和投资回收期，其具体划分如图1-1。

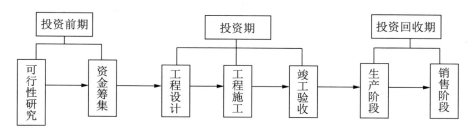

**图 1-1　产业投资的运动过程**

由图1-1可以看出，投资是一项极其复杂的经济活动，需要依次经过投资前期、投资期和投资回收三个大的阶段，要想获得投资的成功，必须做好各阶段每个环节的工作，特别是要做好投资前期的工作，其原因在于在这三个阶段中，投资前期工作尤为重要，这是因为，投资计划方案是在投资前期形成的，投资计划方案确定后，一旦项目上马，就必须连续地追加投资，直至将工程建成投产，而固定资产一旦投产，通常就固定在一定地点长期发挥作用，如果产品方向不当，技术不过关，布局不合理，改变起来十分困难，投资前期能否制定好的投资计划方案，能否落实资金，直接影响项目能否顺利建成投产，投产后能否获得良好的经济效益。

由此可见，产业投资的三个阶段，既有联系，又有区别。①投资前期不同于投资实施过程，投资前期是进行投资决策、提供投资方案、筹措资金，为投资的实施作准备的过程；投资实施期是将投资设想转化为现实的行为过程；前者的成果是投资方案，后者的成果是生产能力。可见，投资前期是投资的前期准备阶段，而投资过程是投资设想的逐步实现阶段。

②投资也不同于投资的回收。投资前期和投资实施过程是为生产过程提供生产能力的行为过程；投资回收阶段则是运用投资所提供的生产能力，生产产品、销售产品，实现投资回收的行为过程；可见，只有实现投资前期、投资实施期和投资回收期的正常运行，才能最终达到投资的最终目的，三个阶段缺一不可。

（2）产业投资的特点

由上可知，产业投资是实现微观主体企业的生产经营活动及整个宏观国民经济可持续发展的根本手段和途径，也是社会生产活动存在和发展的前提和基础，对于产业投资的特征，除了具有一般经济活动的特征以外，还具有其自身的特点：

①投资效应的"供给时滞"性。

投资有两大效应，一是需求效应，二是供给效应。需求效应是指与投资活动同期相伴而生的需求活动，例如，投资必然伴随着用货币购买物资、支付工资等，引起对生产资料和消费资料的大量需求，从而引起社会需求总量的大幅度增长，包括物品需求量和就业需求量。供给效应是指因投资而形成新的生产能力，从而引起社会总供给能力的上升。需求效应伴随于投资过程，而供给效应则要等投资项目完成之后才能实现，供给效应总是滞后于需求效应，形成所谓的"供给时滞"。"供给时滞"长短不一，从而形成投资活动的特征。

例如，一条铁路线在其建设期间可以产生很大的投资需求，包括轨枕、钢轨等材料和电力、水等能源以及劳动力需求，但此时没有供给能力，只有当线路建设完成，并且与其他线路形成网络并开始投入运输活动时，投资的供给效应才显现出来。因此，供给时滞不仅包括项目的建设期，还包括与其他配套资源有机结合并最终形成供给能力的时间。

②投资领域的广泛性和相关性。

产业投资的领域十分广泛，但通常总是与发展或经营某种产业联系在一起的，因此产业投资的结果必然形成产业发展所需要的固定资产、无形资产和流动资产。而且产业投资一般是以项目为载体进行的，产业投资最终要落实到具体的项目上，投资项目的选择对于能否实现企业投资目标具有至关重要的作用，按照投资项目进行划分，它包括公益性投资、基础性投资和竞争性投资，各类投资都有其特有的规律性，因此形成投资活动的广泛性和复杂性。同时，投资活动之间还具有明显的相关性，阻断其他领域的单项投资不能发挥好的效应，而且一项投资必然引起其他相关领域的投资需求，也必然受到其他领域投资状况的影响。

③投资运动的周期性和长期性。

投资周期是指一项投资从可行性研究、决策、筹集资金、投放资金、使用资金到回收资金的全过程，这个过程大致包括三个阶段：投资决策期、投资建设期、投资回收期。每位投资者都希望尽早回收投资，因此，短的投资回收期是每个投资项目高效益的标志。而确保短的回收期的基础是科学的决策和高效优质的建设，因此，投资三个阶段的合理匹配应是较长的决策期，适中的建设期，短的投资回收期。

当投资项目的规模比较大，投资所涉及的领域比较广泛，社会化程度比较高时，必然形成投资的长期性特点。投资的长期性特点决定了产业投资活动必然对于企业乃至整个宏观经济的长远发展具有战略性影响。作为涉及长远发展的全局性的投资，产业投资必须服从整个国民经济长远发展和全局发展的战略要求，要与区域经济发展的要求相一致。

④投资实施的连续性和波动性。

资金周转的连续性与资金的效益性直接相关。投资收益取决于资金的时间价值和风险价值，资金周转越连续，投资周期越短，资金的回收就越快，时间价值就越高；同时，投资周期越短，风险越低，投资遭受损失的概率就越小，风险价值就越大；二者结合必然产生高的投资效益。

当然，连续不等于均匀，投资周期各阶段特点不同，必然导致投资用量不同，形成投资的波浪形波动。

⑤投资的风险性和收益的不确定性。

投资收益的不确定性来自于其固有的风险性，而风险性则来自于投资活动的预测性和长期性。投资可行性分析和决策的依据是预测而来的数据，而预测通常是以事物的现有数据为基础得出其未来趋势。由于已有数据不可能包容未来环境的变化，因此使投资带有不可克服的风险性，导致其收益的不确定性。同时，由于投资周期的长期性，使得不确定性因素增多，从而影响投资收益的稳定。一般来讲，投资周期越长，不确定性因素就越多，投资者的风险就越大，收益就越不稳定。

2. 证券投资

证券投资是投资者为了获取预期不确定收益购买证券以形成金融资产的经济活动。

证券是各种权益凭证的总称，主要包括债券和股票两种形式。证券是虚拟资本，用马克思的话说是"资本的纸制复本"。证券投资并不投入实物形态的经济资源，也不形成现实的生产能力，但它与产业资本紧密相连，是投资的重要组成部分，必须纳入投资学研究的范围。传统的社会主义国家的投资学只研究产业投资，把证券投资排斥在投资学研究的范围之外，甚至把证券投资视为资本主义社会独有的现象，把研究证券投资的投资学称为西方投资学，西方学者往往又把产业投资排斥在投资学外，这两种做法都不妥。

**（二）两者关系**

*1. 证券投资不仅是产业投资发展的必然产物，而且它不能脱离产业投资而存在*

一方面，证券投资的作用在于为从事产业投资提供资本金。从投资的历史演变过程可以看出，证券投资产生的一个主要原因是资金集中的需要，这就是说，产业资本家发行股票和债券的目的是筹集从事产业投资所需的资本金，证券投资只有转化为产业投资才能对社会生产力的发展产生作用。

另一方面，从整个社会来看，证券投资也只有通过转化为产业投资才能实现自己的回流。在整个运动过程中，证券投资者将货币资金通过股票和债券的购买而流入产业资本家手中，然后产业资本家用来购置资本货物，将资

本货物投入直接生产过程，实现投资回流。（图 1-2）

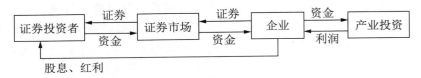

**图 1-2  证券投资向产业投资的转化过程**

2. 产业投资和证券投资是相互影响、相互制约的

一方面，产业投资决定证券投资，这表现为：产业投资的规模及其对资本的需要量直接决定证券的发行量，产业投资收益的高低决定影响证券投资收益率的高低，显然，两者呈显著正相关关系，即产业投资规模增大，对资本的需要量增加，从而证券发行规模必然扩大；反之，则减少。产业投资收益率越高，则证券投资收益率必然也会提高；反之，则降低。

另一方面，证券投资也制约影响产业投资，这表现为：（1）证券投资的数量直接影响产业投资的资金供给，在其他条件不变的情况下，证券投资规模扩大可以扩大产业投资的货币供给，相反，企业发行的股票和债券无人购买，产业投资就没有资金保证。（2）证券投资的流向影响产业投资的结构。如果某个部门的证券投资增加，股票升值，就会推动该部门的发展，该部门的证券投资减少，股票贬值，该部门的发展就会受到制约。

3. 证券投资和产业投资还共同作用于货币市场与商品市场的均衡

无论是证券投资还是产业投资都需要有货币资本或资金的投入，由此必然影响到货币的需求量和供给量，进而会影响货币市场与商品市场的均衡。在现实中，居民用于购买证券的资金主要是居民手持现金和储蓄存款，在手持现金一定的情况下，居民用于证券投资的多，用于产业投资和用于消费品购买的就少，反之亦然。在居民储蓄存款一定的条件下，居民用于证券投资的多，银行可用的资金就少，要保持货币市场与商品市场的均衡，就必须对产业投资和证券投资加以综合调节。

由此可见，证券投资和产业投资是经济发展不同阶段的产物，两者相互制约、相互影响地构成了投资的有机整体，因此，投资学不仅要研究产业投资，也不能忽视证券投资，只有从一个完整的投资概念出发，才能更好地把握投资的运动规律。

## 三、直接投资与间接投资

直接投资、间接投资和产业投资、证券投资是两对紧密相连的范畴，在有的著作中甚至把直接投资、间接投资分别等同于产业投资和证券投资，但严格说来，这两对范畴是有区别的。

1. 直接投资（Direct Investment）

直接投资是指投资者直接开厂设店从事经营，或者投资购买企业相当数量的股份，从而对该企业具有经营上的控制权。在这里，资产的所有权和生产经营权是统一的，拥有经营控制权是直接投资的特点，即使不是买进股份而是长期贷款，如果这种借贷关系伴随有参加经营的因素（如母公司对子公司的贷款等），也属于直接投资。从这个定义可以看出，产业投资不能等同于直接投资，产业投资是直接投资的主要方式，但不是唯一方式，直接投资也可以通过证券投资方式来实现，这样，直接投资不仅包括产业投资方式，还可以通过并购（Mergers and Acquisitions，简称 M&As）投资方式来实现，而且并购投资在直接投资中所占比重越来越大。

并购是兼并与收购的简称，它是指在现代企业制度下，一家企业通过获取其他企业的部分或全部产权，从而取得对该企业控制权的一种投资行为。企业并购投资起源于美国的 1896 年，经过长达一百多年时间的发展，日益成为企业扩张与增长的重要方式。就美国而言，美国的企业并购投资占 GDP 的比重以及占当年美国企业厂房设备投资支出的比重均呈现稳步、快速上升的趋势。1988 年企业并购投资支出 2469 亿美元，占到当年企业厂房设备支出的 57.5%，这充分说明了企业并购投资在美国企业投资中地位的重要性。就全球来说，1990 年并购次数为 11300 次，并购价值大约为 5000 亿美元。1995年之后，全球的企业并购投资呈现快速增长态势，1998 年的并购投资接近 2.5 万亿美元。美国和全球企业并购投资的发展历程说明，随着经济发展，并购投资日益成为企业投资的重要方式。

2. 间接投资（Indirect Investment）

间接投资是指投资者购买企业的股票、政府或企业债券、发放长期贷款而不直接参与生产经营活动。在这里，资产所有权与生产经营权是相对分离的。从这个定义出发，间接投资一般属于证券投资，但证券投资并不等同于间接投资。由于通过证券投资方式可以达到拥有企业经营控制权的目的，从而成为直接投资，而间接投资主要是购买企业的股票、政府或企业债券，属于证券投资，但不直接参与生产经营活动。

上面我们介绍了直接投资和间接投资的定义，并对这两对范畴进行了区分，从定义来看，要严格区分产业投资和证券投资，直接投资和间接投资的界限十分容易，但在现实生活中，间接投资和直接投资的界限并不是很明确的。就定义而言，区分间接投资和直接投资的一个主要标志是是否拥有经营控制权，然而，究竟拥有多少股份才能控制经营权，要视企业股份分布的具体情况而定。例如，在有的情况下，仅仅掌握 10% 的股份就能控制经营权；而在另一种情况下，即使掌握了 49% 的股份，如果其余的 51% 为一个人所独享，也不能获得经营权。一些国家为了划分直接投资和间接投资，规定了具体的数量标准，例如，美国商务部以持有 25％的股份作为划分直接投资与间接投资的标准；日本的统计中把在外国企业中日方出资比例占 25％以上的投资或贷款，作为对外直接投资。日方的出资或贷款，虽不到 25％，但是符合下列项目中的一项者，也属于对外直接投资，即：（1）派遣董事；（2）提供制造技术；（3）供给原材料；（4）购买产品；（5）援助资金；（6）缔结总代理店合同；（7）与投资企业建立了其他永久性的经济关系。

3. 证券直接投资和证券间接投资

有的学者还将证券投资进一步区分为直接投资与间接投资。证券直接投资指投资者直接到证券市场上去购买证券；证券间接投资指投资者购买金融机构本身所发行的证券，而这种金融机构是专门从事证券交易以谋利的。证券间接投资的典型例子是购买投资公司所发行的股票。投资公司为了筹集资本而发行股票，所得股金全部用于证券交易，赚得的盈利按股以股息名义分配给股票持有者。投资者购买这种机构的股票，而不是到证券市场上直接购买工商企业的股票，其资金要先流入投资公司，然后再由投资公司通过购买工商企业的股票从证券市场流入生产过程。这种意义上的直接、间接投资与前面的定义是不同的，因为即使是购买投资公司的股份，达到一定份额，亦可以掌握对方的控制权，即先对投资公司控股，再由投资公司对某一企业控股，其实质成为直接投资。

在给出投资定义的基础上，我们又分别介绍了有关投资的几个重要概念。现在，我们对投资就有了一个比较完整的认识，在此基础上，将在下一节讲述投资学的研究对象。

## 第三节　投资学研究的对象与框架

### 一、投资学的建立与发展

投资作为国民经济的重要组成部分，是资源配置和使用的重要手段，是一国经济增长的基本推动力。从微观角度看，企业的投资规模、方向及分布决定和影响着企业生产多少、生产什么以及在何处生产。从宏观角度看，投资规模、结构、效益直接决定影响整个国民经济的发展动态。随着经济的发展，投资在社会再生产中的作用日益重要，当西方古典经济学第一次把理论考察从流通领域转向生产领域时，投资也就成为西方经济学研究的重要内容。

1. 古典经济学关于投资的有关论述

最早比较系统论述投资理论的是古典学派，它主要在以下几个方面对投资理论的发展做出了贡献：①明确区分了固定资本和流动资本两个范畴。②明确指出了增加资本积累对经济发展的作用，认为社会财富的增加与投资数量的大小及资金用法的好坏成正比。③研究了增加资本的途径，认为积累资本有两条道路，或是增加收入，或者减少消费。④研究了资本使用方向对经济的影响，认为按照事物的自然趋势，资本首先应大部分投在农业上，其次投在工业上，最后投在国外贸易上，各种用途的投资相互依存，缺一不可。⑤提出了以绝对成本学说和相对成本学说为基础的投资地域和国际分工理论。⑥研究了资本积累的动力以及国民收入分配对投资的影响。如李嘉图认为，利润是资本积累的动机，也是资本积累的来源。⑦研究了市场机制对投资的调节作用。斯密认为，作为经济活动主体的是利己主义的个人，即"经济人"，每个人"通常既不打算促进公共利益，也不知道他自己是在什么程度上促进那种利益，但他受着一只看不见的手的指导，去尽力达到一个并非他本意想要达到的目的"。"他追求自己的利益往往使他能比在真正出于本意的情况下更有效地促进社会的利益。"⑧提出了适合市场经济发展初期需要的投资改革主张。斯密认为："关于可以把资本用在什么种类的国内产业上面，其生产物能有最大价值这一问题，每个人处在他当地的地位，显然能判断得比政治家和立法家好得多。"

2. 新古典学派对投资理论的贡献

在古典经济学派之后，以马歇尔为代表的新古典学派将边际分析方法引入经济学中，为投资效益的评估分析和说明投资动机及投资的决定提供了一套可以借用的工具。马歇尔本人将市场均衡区分为瞬时均衡（Temporary Equilibrium）、短期均衡（Short Run Equilibrium）和长期均衡（Long Run Equilibrium），其中长期均衡就涉及投资问题。马歇尔在分析一般商品均衡的基础上，分析了资本供求的均衡，他认为，资本的供给价格取决于资本贷出者对延期享受所作的估计；资本的需求价格取决于资本的边际生产力，资本的供给价格与需求价格相均衡的价格，即是资本的利率。马歇尔还在分析大规模投资和生产带来规模效益的同时，指出大规模投资和生产导致垄断的必然性。

3. 现代宏观经济学有关投资的研究

凯恩斯开宏观经济学的先河，其理论的重要组成部分是投资理论。首先，他以储蓄＝投资作为整个宏观经济分析的基本框架，其整个理论是围绕这个等式展开的。其次，他研究了投资的决定因素及投资不足的原因，并以投资不足作为解释西方国家经济危机和就业不足的原因。他认为投资需求取决于资本的边际效率和利率两个因素，当资本边际效率低于利率时，就会造成投资需求不足。再次，他用"投资乘数原理"阐述了资源闲置条件下投资对收入增加的倍数作用。他认为投资的增加可以引致收入的成倍增加，同时也带来就业的成倍增加。最后，他还提出了由社会综揽投资的政策主张，他认为："要达到离充分就业不远之境，其唯一办法，乃是把投资这件事情，由社会来综揽。"这种改革主张的基本目标是实现充分就业，其基本手段是刺激消费和投资，在改变消费倾向不能奏效时，就要依靠增加投资；在私人投资不足时，就要依靠政府来直接投资，通过政府投资的乘数作用，则可以带动整个经济的增长和就业的增加。

西方现代增长经济学家们提出了各种各样的增长模式，其中主要的有哈罗德—多马模型、新古典增长模型和新剑桥增长模型，都包含对投资问题的分析。哈罗德—多马模型的基本前提是投资过程具有二重性：投资既创造对产品的需求，同时又创造生产产品的能力。多马说："投资二重性为我们提供了方程式的两边，解方程式即可得到我们所需的增长率。"索洛和斯旺等人的新古典增长模型的基本出发点是资本系数可以变动这一命题。罗宾逊、卡多尔等人创立的新剑桥增长模型的基本命题则是：储蓄率可以变动。

4. 发展经济学有关投资的论述

早期以发展中国家为研究对象的发展经济学几乎一致认为，资本短缺是发展中国家经济落后，陷入贫困，恶性循环的根本原因，全面展开投资是改变经济落后状况的唯一途径。20 世纪 60 年代中期以后，许多发展中国家增长速度减慢，并出现了一些社会问题，发展经济学家认识到物质资本是经济发展的基本制约因素，但不是唯一因素；增加物质资本投资的数量固然重要，但还必须提高投资效率。围绕增加投资数量和提高投资效率，发展经济学广泛研究了投资的部门分配、地区分配、外资利用、宏观管理等一系列问题。

从上面可以看出，自古典经济学派到现代经济学的各流派，都十分重视对投资问题的分析，但是，各派都是从宏观经济和微观经济总体上来研究投资的。可以说，投资经济理论是融合在宏观经济理论和微观经济理论之中，而没有独立于经济理论一般。

在西方，专门研究投资的学科，实际上大多以证券投资为研究对象，只是证券投资学，它最早出现于 20 世纪 30 年代中期。现在，在美国及其他一些西方国家，投资学已成为高等学府和经济理论界公认的学科，在社会经济学科中占有重要的地位，而西方对产业投资微观问题的研究主要集中在工程经济学、项目管理学、财务管理学和微观经济学中。工程经济学着重研究的是投资项目决策的准则和方法，这里的投资项目主要指固定资产的新建和更新项目，这类项目方案技术上是否可行，经济上是否合理，通常是委托工程技术人员进行论证和多方案的比选，因此，投资项目决策的原理和方法被称为工程经济学。项目管理学着重研究项目周期、项目的监督管理、项目土建和设备采购的招标投标。

在我国，由于受苏联体制的影响，直到 1988 年原国家教委重新修订普通高等学校社会科学专业目录之前，我国的投资学一直沿用苏联的《基本建设经济学》。在此之后，国内虽然相继出版了一些《投资学》和《投资管理学》，但是，这些出版物大多仍保留了《基本建设经济学》基本框架，其研究对象还是固定资产投资，而把证券投资排斥在外。有的即使在总论中提到证券投资，但在具体的论述中又把证券投资撇在一边，其研究的主要内容大多还是固定资产的宏观计划管理，而很少研究各类投资主体的决策原理和方法以及市场机制对投资的调节作用，为此，尽快建立和完善一门符合我国国情的投资学，已成为当务之急。

## 二、投资学的研究对象与案例分析

由前面投资的定义可知，一个完整的投资概念，应该包括产业投资和证券投资两个方面，因此，投资学研究的对象既包括产业投资，又包括证券投资。产业投资和证券投资各自都涉及到众多的方面，需要研究的问题很多，但核心是如何做出投资决策的问题。目前，经济学者们一般都同意这样定义经济学："经济学研究人和社会如何做出最终抉择，在使用或不使用货币的情况下，来使用可以有其他用途的稀缺的生产性资源来在现在或将来生产各种商品，并把商品分配给社会的各个成员或集团以供消费之用。它分析改善资源配置形式所需的代价和可能得到的利益。"大家知道，经济学产生于经济资源的稀缺性，如果经济资源十分丰富，能够满足人们的各种需求，经济学也就没有存在的必要了。由于经济资源总是稀缺的，在资源总量一定的条件下，要投资就要推迟消费，或者说要牺牲现期消费，要尽可能增加投资者的收入，增加社会财富总量，就必须合理分配投资资源，最优配置资源。可见，作为经济学的一个分支，经济学的定义，同样适用于投资学，只不过投资学主要是从投资的角度来研究投资资源的配置和利用的。

从经济学的定义可以看出，经济学主要是解决三个基本问题，即生产什么？如何生产？为谁生产？这主要涉及到一个抉择问题。与经济学相似，投资学也是主要研究抉择问题，即研究投资决策问题，它主要包含两个基本方面：首先，投资多少，投资用于哪些产业、地区和项目，始终受生产力发展水平的制约。其次，投资决策始终与人们的经济利益相关。在不同的经济利益格局中，就可能产生不同的投资动机和投资行为方式，譬如，在市场经济条件下，企业以利润最大化为目标，其投资的领域必然是竞争性产业方面，而政府以社会效益最大化为目标，其投资必然侧重于公益性项目方面。可见，投资学主要研究投资决策问题。

从根本上讲，投资决策包括微观和宏观两个层次：（1）微观投资决策是单个投资者或单个投资项目的决策，其基本问题是如何使单个投资者或单个项目在投资额一定的条件下，获得最大的投资收益。微观决策也要涉及到社会消费水平及结构、产品物价和市场利息率等，但着重考察的这些因素对投资者个人或单个项目的影响和制约。（2）宏观投资决策是整个社会投资的决策，其基本问题是如何使全社会的投资得到最优分配，从而促进经济持续发展，推动产业结构的合理化和高度化，实现劳动力充分就业等。宏观投资分析需要从国民经济总体上考察国民生产总值、消费、储蓄、投资、货币供应量、利率、税率等经济变量之间的关系，同时还需要考察投资主体结构对投资总体运行的影响，市场对投资发挥调节作用的机制以及政府的投资职能等。

下面通过一个案例进入微观投资决策研究的导入。

**案例**

### "锦江之星"经济型酒店项目可行性研究报告

**项目概况**

项目名称："锦江之星"经济型酒店

地址：厦门市莲坂地块

项目总投资：2000万元

经营模式：特许经营加盟"锦江之星"

项目规模：总建筑面积——3000平方米

占地面积——500平方米

层数——6层

客房数——120间

员工总数——50人

市场定位：针对工薪层商务人士和旅游者的二、三星级经济型酒店，每天每间标准间平均租金初步定价于188元

方案介绍：项目总投资2000万元，其中建设投资1826万，流动资金147万。

2000万中有1000万通过银行贷款取得，预计3年还清，另外1000万资金自有；该项目建设期预计1年，第二年开始运转营业，预计营业期第1年出租率可达62%，以后每年按5%速度递增，第4年开始稳定在77%，故营业期第1年营业收入可达851万，第二年营业收入可达920万，第3年营业收入可达988万，第4年开始稳定在1057万，前10年平均收入达到1011万元。

**一、市场分析**

*1. 经济型酒店概念及定位*

随着中国社会经济发展，与国际社会经济水平差距的缩短，经济型酒店

将起到越来越重要的作用，相比已发展成熟、规范化的高档酒店，有更多的商业机会。近期在中国发展高档酒店已不是投资酒店业的最好选择，经济型酒店的发展是酒店业内的新机会。国内的酒店集团，如锦江集团、新亚集团、首旅集团，在近年内已开始启动发展经济型酒店并形成有品牌、连锁的计划，基本上是迎合了酒店发展的新方向，得到了社会、市场的积极反应，获得了良好的经济效益。

经济型酒店，英文为 ECONOMY HOTEL 或 BUDGET HOTEL，定位于普通消费大众，价格适中，基本设施齐全，干净、方便、舒适。经济型酒店把客房作为经营的绝对重点，客房的条件可与三星级酒店媲美，同时，略去一些大型配套设施，如豪华宴会厅、健身中心的资金投入，大幅度降低工程费用，从而使房价降到合理的水平。另外，经济型酒店多分布在大、中城市的繁华路段或要冲，借助成熟街区丰富的餐饮娱乐设施、城市基础建设、交通条件，为客人提供便利。

2. 厦门市经济型酒店现状及前景分析

（1）厦门酒店业结构的不合理和经济型酒店的消费空档给经济型酒店的发展提供了大好机遇：厦门目前已经建成的酒店在数量结构上呈明显的"两头大，中间小"的"哑铃状"的不合理状态，即质量好、价格高的高星级酒店和质量次、价格低的社会旅馆数量大，质量与价格较适中的经济型酒店很少。高星级酒店（四星五星级酒店）固然硬件配套与服务都让人满意，但其高昂的价格却让普通消费大众望而却步；社会旅馆（一、二星级或者招待所）虽然价格低，但其内部设施较为简陋，服务质量不高，也无法吸引普通消费大众；而中间硬件设备与价格都适中的经济型酒店（相当于三星级酒店）最能吸引大众，却基本处于真空状态，这一消费断层，给经济型酒店发展提供了大好机遇。

（2）厦门作为一个沿海开放城市，丰富的旅游资源和各种国内国际会议也吸引了大批游客和商务人士，不断增大的客源成为经济型酒店发展的有利因素，尤其是各种会议的增多成为一个重要机遇，现在服装、医药、汽车、化工类的行业会议常常设在厦门，而且厦门还有很多跨国公司，常有培训和国际性会议，厦门已经是一些会议的首选城市了。一个全国性会议往往能集合数百人，所以给酒店带来了丰富的客源。厦门市"9·8"投洽会、台交会结束之后，住交会、石材展、汽博会等展会接踵举行，而在这些大展期间，很多三星级及以下的酒店客源满满。另外，周边城市自驾车游客，以及江浙、广东等地的自驾车游客也明显给厦门饭店业带来了客源。

**二、项目方案策划与经营**

1. 项目经营模式：通过特许经营方式加盟"锦江之星"

连锁规模经营是经济型酒店的一大特点。经济型酒店价格低，规模小，财力有限，所以要以规模取胜，最大幅度地降低成本；要以品牌取胜，最大限度地提高入住率。国内外的经验证明，经济型酒店比较适合连锁和特许经营。经济型酒店通过战略联盟组建网络，发展连锁和特许，扩大规模经济，提高市场覆盖面。这样既可以降低成本，还可以扩大企业知名度，增加品牌在消费者心目中的影响力，使酒店有客源、管理质量的保证。所以，本项目的经营模式将通过特许经营方式加盟"锦江之星"。

加盟"锦江之星"的意义：

(1)"锦江之星"品牌的成功。

"锦江之星"作为国内首家经济型连锁旅馆，经过6年的发展，目前接手管理的酒店共51家，其中已开业33家，签约和筹建18家，客房全年平均出租率达到了85％以上，在未来3～5年，"锦江之星"计划在全国开出200家"锦江之星"连锁店，公司已经形成了完整稳定的管理体系，对服务质量有完整的保障、运营、反馈机制；在经济型酒店中，门店最多、覆盖城市最广、市场影响力最大；市场知名度高，客源结构稳定，回头客比例达到80％；产品稳定成熟，市场认可，后续保障，支持采购体系完善。本项目采取加盟"锦江之星"的经营模式，可以利用其成熟的品牌、成熟的支持系统，在统一品牌、统一形象下开展经营管理，成熟地走向市场。

(2)加盟"锦江之星"所享受的权利。

项目一旦符合"锦江之星"的加盟符合条件，成为其加盟店，公司将授予使用"锦江之星"的店名、标志及相关商誉的使用权，项目可以按照统一标准进行装修改造、经营管理。项目加盟者可以自行投资、自行经营管理，并拥有物业的产权或长期的使用权，在人事、财务、资金使用、利润分配上也是独立自主的。同时，还可得到总部比较完善的后续保障体系的支持和质量检查控制体系的支持，如："锦江之星"的品牌知名度、"锦江之星"的客源网络与信息共享、"锦江之星"的市场宣传力度、"锦江之星"的物资系统支持以及"锦江之星"的有效业务培训交流与考核。

2. 项目市场定位：工薪层商务人士和旅游者（介于二、三星级间）

根据"锦江之星"的基本市场定位，并考虑到厦门作为旅游城市和会议城市的特点以及厦门经济发展水平，我们将项目市场定位于针对工薪层商务人士和旅游者的二、三星级酒店，客户定位大致有两个层次：低层次主要接待国内旅游或商务等散客；高层次主要接待白领、海外中档消费的商务客人；即：既能满足出差、商务客人，又能适应一般支付能力的游客。

根据项目市场定位进行定价与出租率预测：

(1)定价：从厦门各酒店定价来看，厦门共有68家星级酒店（以下的房价为标准间房价）：两家五星级的优惠房价分别为575元/间和568元/间；四星级以及准四星的优惠价为 200—548 元/间；三星以及准三星的优惠价为 168—310 元/间；二星的优惠房价为 155—280 元/间。经济型酒店大约处于 二、三星级水平，故大约拟订房价为 188 元/间，（无门市价与优惠价之分）。 有数据显示，我国 70％的工薪族可以接受 150～200 元左右的价位，因此我们 的这家经济型酒店的消费价格，能够迎合我国一般公务、商务旅客等大众旅 游消费者的实际消费需求，具有较强的价格竞争优势。

（2）出租率：根据"锦江之星"各加盟店 80％以上的平均出租率以及厦 门实际情况，我们预测营业期第一年出租率可达 62％，以后每年以 5％速度 递增，第二、三年分别 67％、72％，从第四年开始稳定在 77％。

3. 项目经营策略

（1）简化功能

项目的硬件产品和功能配置处处体现实用性，没有任何多余的摆设和浪 费。把服务功能集中在住宿上，把餐饮、购物、娱乐功能大大压缩、简化， 除客房外仅设了一个有 100 人餐位的餐厅，不搞宴会、会议、娱乐设施。

（2）提高性价比

项目把性能提升的重点放在了客房上，不仅空调、24 小时热水、客房面 积、卫生设施不亚于二星级，而且在设计理念和装潢水平上大大超越了二星 级，把现代家居的简约、清新、温馨、舒适、实用的特征融入客房，给客人 以"家"的感觉。其服务宗旨就是"让老百姓过上贵族生活""让客人满意"。

（3）节约成本

项目的能源、水资源、人工、用品、设备等都高度节省，如：实行"一 专多能，一职多岗"，要求每个员工熟练掌握多个岗位技能，对于某些责任相 通、工作相似的岗位合并由一人承担，员工与客房比例仅为 1∶3，是一般低 星级酒店的 1/5－1/7，这样大大节约了劳力成本。能源用品方面，用 25 克的 肥皂代替 40 克的；梳子缩短减少 2 分钱；用最简单的板式床，免去音乐、灯 控面板、浴缸等。另外，通过集团统一采购原材料等还可以降低 20％的成本。

**三、项目选址：厦门市中心莲坂地块**

（SWOT 分析）

1. 优势（S）

（1）地理位置优越，周边有较大的车流量、人流量，交通发达。

项目位于厦门岛的几何中心——莲坂旧城区，地处厦门交通枢纽地带， 项目附近的富山转盘连接了岛内四大主干道：厦禾路、嘉禾路、湖滨南路、 莲前大道，厦禾路、湖滨南路与老城区内的大小路相连，嘉禾路为进出岛内 的主干道，莲前大道是前往东部生活区和国际会展中心的必经之路。项目用 地有 30 多条公交车辆停靠，交通便捷，各方人流都可快速汇聚。

（2）周边商业及居住气氛浓厚，有利于提高本项目产品的价值。

莲坂地块基于富山商圈，雄踞龙头位置，地理位置十分优越，周边坐落着繁华的 SM 城市广场、富山诚达购物中心、世贸商城、SOHO 新概念写字楼等等。随着明发商业广场的建成，法国家乐福、英国 B&Q（百安居）、美国时代华纳等世界 500 强企业将进驻，福厦铁路和机场快速路也在明发商业广场预留了出站口，这将在更大程度上影响厦门未来的人流、物流，担负起地域核心或新型城市中心的作用，并丰富厦门旅游市场。项目所在区域将成为厦门新兴商业中心和商业重地，聚集众多商业化设施，其商业价值也在逐渐提升。

2. 劣势（W）

（1）项目周围有较多的酒店，因此有较多的竞争对手，如表 1-2：

**表 1-2　竞争对手明细表**

| 酒店名称 | 星级 | 门市价 | 优惠价 | 酒店地址 |
|---|---|---|---|---|
| 厦门闽南大酒店 | 四星 | ￥498 | ￥200 | 福建省厦门市湖滨南路 |
| 厦门心中林大酒店 | 三星 | ￥688 | ￥288 | 福建省厦门市莲花南路 18 号 |
| 华夏大酒店 | 三星 | ￥678 | ￥310 | 福建省厦门市厦禾路 935 号 |
| 厦门庐山大酒店 | 三星 | ￥645 | ￥278 | 福建省厦门市莲花路口 |
| 厦门航空宾馆 | 准三 | ￥410 | ￥278 | 福建省厦门市莲花南路 5 号 |
| 厦门南方宾馆 | 准三 | ￥480 | ￥228 | 福建省厦门市厦禾路 |

（2）项目地处厦门最繁华地段，租金相对较高，增加投资总成本。

（3）项目地处厦门繁华的商业圈、交通枢纽地带，嘉禾路、厦禾路、莲前路和湖滨南路都是厦门市的交通要道，因此项目周围环境会比较嘈杂。

3. 机会（O）

（1）虽然项目附近的竞争对手较多，但它们大多是三星级及其以上的九点，房价相对较高。

（2）项目周围尚未有同类型的酒店与我们形成竞争。

（3）项目位于厦门市最优地段，交通发达、升值潜力巨大。

4. 威胁（T）

正在新建的明发商业城将会给我们带来不少商机，但它本身定位于集旅游、购物、娱乐、休闲、酒店、餐饮多种功能兼收并蓄的商业城，它建成后附带的明发酒店（四星）将成为我们一个强劲的竞争对手。

**四、投资估算与资金筹措**

1. 投资计划与资金筹措表

（1）投资计划：该项目总投资 2000 万，其中主要用于建设投资 1826 万，还包括 27 万的建设期利息和 147 万的流动资金。建设投资（包括建设期利

息）在建设期（第1年）一次性投入，流动资金在经营期开始（第2年）投入。（详见表1-3）

表1-3 投资计划与资金筹措表 单位：万元

| 项目 | | 合计 | 建设期 | 经营期 | 备注 |
|---|---|---|---|---|---|
| | | | 1 | 2 | |
| 1 | 总投资 | 2000 | 1853 | 147 | 固定资产原值＝建设投资－无形资产－递延资产＋建设期利息＝1776万元 |
| 1.1 | 建设投资 | 1826 | 1826 | | 估算如表1-3所示（见附录）（其中1000万借入，826万自有） |
| 1.2 | 建设期利息 | 27 | 27 | | 借入资金/2×贷款利率（5.58%）＝（1000/2）×5.58%＝27 |
| 1.3 | 流动资金 | 147 | | 147 | 全部自有 |
| 2 | 资金筹措 | 2000 | 1853 | 147 | 资金筹集中，自有资金与借入资金比例约为1：1，因为在"锦江之星"担保的情况下，银行贷款可达投资总额的50%，期限不超过5年 |
| 2.1 | 自有资金 | 1000 | 853 | 147 | |
| 2.1.1 | 用于建设投资 | 853 | 853 | | |
| 2.1.2 | 用于流动资金 | 147 | | 147 | |
| 2.2 | 长期借款 | 1000 | 1000 | | |

（2）建设投资1826万中：固定资产投资1749万，其中包括建安工程费用900万，土地征用费750万，工程其他费用63万，预备费36万；无形资产投资主要是一次性加盟费50万；递延资产投资重要指项目筹建开办费，约27万。（详见附录表1-4）

表1-4 建设投资估算表 单位：万元

| | | 估算价值（万元） | 占建设投资比例（%） | 备 注 |
|---|---|---|---|---|
| 1 | 固定资产投资 | 1749 | 95.78313 | |
| 1.1 | 建安工程费用 | 900 | 49.28806 | 每平米3000元，建筑面积3000平米 3000元/m²×3000m²＝900万元 |
| 1.2 | 土地征用费 | 750 | 41.07338 | 每平米15000元，占地面积500平米 15000元/m²×500m²＝750万元 |
| 1.3 | 工程建设其他费用 | 63 | 3.450164 | 包括：可行性研究费1%、勘察设计费2%、厂址选择费1%及工程监理保险费2%，合计占建安费的7% |

续表

| | | 估算价值（万元） | 占建设投资比例（%） | 备 注 |
|---|---|---|---|---|
| 1.4 | 预备费 | 36 | 1.971522 | 按建安费的 4% 估算 |
| 2 | 无形资产投资（加盟费） | 50 | 2.738226 | 指加盟"锦江之星"一次性支付的加盟费 50 万 |
| 3 | 递延资产投资（开办费） | 27 | 1.478642 | 包括咨询费、人员培训费、筹建人员工资等（占建安工程费用的约 3%） |
| | 合 计 | 1826 | 100 | |

（3）资金筹措计划：2000 万总投资中自有资金 1000 万，长期借款 1000 万。流动资金 147 万全部自有，建设投资 853 万自有 1000 万借入。（详见表 1-3）

2. 还本付息计划

长期借款 1000 万，经营期（第 2 年）开始还款，3 年还清（不含建设期）（表 1-5）：

建设期（第 1 年）应计利息 27 万元。

经营期（第 2 年）计息 56 万元，还本 328 万元。

经营期（第 3 年）计息 37 万元，还本 332 万元。

经营期（第 4 年）计息 19 万元，还本 340 万元。

表 1-5 还本付息计划　　　　　　　单位：万元

| 项目 | | 建设期 | 经营期 | | |
|---|---|---|---|---|---|
| | | 1 | 2 | 3 | 4 |
| 1 | 长期借款及还本付息 | | | | |
| 1.1 | 年初累计借款 | | 1000 | 672 | 340 |
| 1.2 | 本年应计利息 | 27 | 56 | 37 | 19 |
| 1.3 | 本年还本 | | 328 | 332 | 340 |
| 2 | 还本资金来源 | | 328 | 332 | 340 |
| 2.1 | 折旧费 | | 121 | 121 | 121 |
| 2.2 | 摊销费 | | 15 | 15 | 15 |
| 2.3 | 未分配利润 | | 192 | 195 | 204 |

注：本年应计利息＝年初累计借款额×贷款利率 5.58%

年初累计借款＝去年年初累计借款－本年还本额

还本资金来源于折旧费、无形资产及递延资产摊销费和本年末未分配利润

**五、财务分析**

1. 收益估算（表 1-6）

（1）年客房收入＝平均每间客房每天租金×客房出租率×120 间客房×365 天。

其中，平均每间客房每天租金定为 188 元，低于同等级酒店客房出租率第一年为 62％，以后按每年 5％ 的速度递增，第四年达到并稳定于 77％（参照各地"锦江之星"加盟店的经营情况及厦门实际情况）。

（2）一般经济型酒店年客房收入占营业总收入的 60％，据此估算年营业总收入。

（3）一般年餐饮收入和其他收入分别占营业总收入的 35％ 和 5％，据此估算。

估算结果：随着出租率提高，营业总收入在经营期第一年为 851 万，逐年上升，第四年稳定在 1057 万，其中客房收入占 60％，餐饮收入占 35％，其他收入占 5％。（表 1-6）

表 1-6　收益估算表　　　　　　　　　　单位：万元

| | 项目 | 比重 | 经营期 | | | | | | | | |
|---|---|---|---|---|---|---|---|---|---|---|---|
| | | | 2 | 3 | 4 | 5 | 6 | 7 | 8 | 9 | 10 |
| 1 | 年客房收入 | 0.6 | 511 | 552 | 593 | 634 | 634 | 634 | 634 | 634 | 634 |
| | 每间客房每天租金（元） | | 188 | 188 | 188 | 188 | 188 | 188 | 188 | 188 | 188 |
| | 客房出租率 | | 0.62 | 0.67 | 0.72 | 0.77 | 0.77 | 0.77 | 0.77 | 0.77 | 0.77 |
| 2 | 年餐饮收入 | 0.35 | 298 | 322 | 346 | 370 | 370 | 370 | 370 | 370 | 370 |
| 3 | 其他收入 | 0.05 | 43 | 46 | 49 | 53 | 53 | 53 | 53 | 53 | 53 |
| 合计 | 营业总收入 | 1 | 851 | 920 | 988 | 1057 | 1057 | 1057 | 1057 | 1057 | 1057 |

（注：由于只是粗略估算，且 10 年的通涨率难以确定，故我们不考虑通货膨胀因素）

2. 成本费用估算（表 1-7）

（1）营业成本费用占当年经营总收入的约 30％。

其中：

原材料成本控制：同行业原材料占营业额 20％，加盟后团购价低于同行业 20％，故原材料费用占营业额比重为 16％。

人力成本控制：比同等酒店低 2/3，约需营业人员 0.3 人/间，故营业人员约需 120×30％＝36 人，其余保安 5 人，管理人员 9 人，共有员工 50 人；其中一般员工工资福利占营业额 5％，管理人员工资福利占营业额 3％。

水电燃料费占营业额 6％，其他营业费用占 3％。

（2）管理费用包括：

①加盟管理费，按营业额的 3.5％收取。

②固定资产折旧（采用直线折旧法，不考虑资金时间价值）。

固定资产原值＝1776 万元

固定资产残值＝原值×4％＝1776×4％＝71（万元）

折旧年限＝20×60％＋5×40％＝14（年）

（其中建筑折旧年限 20 年，建设费用占建安费的 60％；设备折旧年限 5 年，设备购置安装费用占建安费的 40％）

故每年折旧费＝（固定资产原值－残值）／折旧年限＝121（万元）

③无形及递延资产摊销。

无形及递延资产原值＝加盟费 50（万）＋开办费 27（万）＝77（万）

摊销年限为 5 年

故每年应摊销费用＝原值／摊销年限＝15.4（万元）

（3）财务费用主要为长期借款利息。

建设期应计借款利息算入固定资产原值进行折旧提取

经营期每年借款利息＝年初累计借款额×贷款利率 5.58％

（三年还清贷款，其余年份借款利息为 0）

估算结果：总成本费用变化较小，第一年为 521 万，第二年为 509 万，第三年为 516 万，第四年开始稳定在 522 万；总成本费用包括营业成本、管理费用和财务费用，其中营业成本占 30％。（表 1-7）

**表 1-7　成本费用估算表**　　　　　　　　　　单位：万元

| | 项目 | 占营业总收入比重 | 经营期 | | | | | | | | |
| --- | --- | --- | --- | --- | --- | --- | --- | --- | --- | --- | --- |
| | | | 2 | 3 | 4 | 5 | 6 | 7 | 8 | 9 | 10 |
| 1 | 营业成本及费用 | 0.3 | 255 | 276 | 296 | 317 | 317 | 317 | 317 | 317 | 317 |
| 1.1 | 原材料 | 0.16 | 136 | 147 | 158 | 169 | 169 | 169 | 169 | 169 | 169 |
| 1.2 | 一般人员工资与福利 | 0.05 | 43 | 46 | 49 | 53 | 53 | 53 | 53 | 53 | 53 |
| 1.3 | 水电燃料费 | 0.06 | 51 | 55 | 59 | 63 | 63 | 63 | 63 | 63 | 63 |
| 1.4 | 其他营业费用 | 0.03 | 26 | 28 | 30 | 32 | 32 | 32 | 32 | 32 | 32 |
| 2 | 管理费用 | | 192 | 196 | 201 | 205 | 205 | 205 | 205 | 205 | 205 |
| 2.1 | 加盟管理费 | 0.035 | 30 | 32 | 35 | 37 | 37 | 37 | 37 | 37 | 37 |
| 2.2 | 固定资产折旧 | | 121 | 121 | 121 | 121 | 121 | 121 | 121 | 121 | 121 |
| 2.3 | 无形及递延资产摊销 | | 15 | 15 | 15 | 15 | 15 | 15 | 15 | 15 | 15 |
| 2.4 | 管理人员工资与福利 | 0.03 | 26 | 28 | 30 | 32 | 32 | 32 | 32 | 32 | 32 |

续表

|  | 项目 | 占营业总收入比重 | 经营期 | | | | | | | | |
|---|---|---|---|---|---|---|---|---|---|---|---|
|  |  |  | 2 | 3 | 4 | 5 | 6 | 7 | 8 | 9 | 10 |
| 3 | 财务费用 |  | 75 | 37 | 19 | 0 | 0 | 0 | 0 | 0 | 0 |
| 3.1 | 长期借款利息 |  | 75 | 37 | 19 | 0 | 0 | 0 | 0 | 0 | 0 |
| 4 | 总成本费用 |  | 521 | 509 | 516 | 522 | 522 | 522 | 522 | 522 | 522 |

3. 利润估算（表 1-8）

（1）利润总额＝营业总收入—总成本费用—营业税金及附加

其中，营业税金及附加为营业总收入的 5％。

（2）税后利润＝利润总额—所得税

其中，所得税税率为 33％。

（3）税后利润分配：提 10％的法定盈余公积和 10％公益金，合计 20％的公积金；其余留做未分配利润。

估算结果：随着营业收入增加而成本费用基本不变，利润总额第一年为 287 万，逐年提高，第四年开始稳定在 482 万；税后利润第一年为 192 万，逐年提高，第四年开始稳定在 258 万。（表 1-8）

表 1-8　利润表　　　　　　　　　　　　　　　单位：万元

|  | 项目 | 营业期 | | | | | | | | |
|---|---|---|---|---|---|---|---|---|---|---|
|  |  | 2 | 3 | 4 | 5 | 6 | 7 | 8 | 9 | 10 |
| 1 | 营业总收入 | 851 | 920 | 988 | 1057 | 1057 | 1057 | 1057 | 1057 | 1057 |
| 2 | 总成本费用 | 521 | 509 | 516 | 522 | 522 | 522 | 522 | 522 | 522 |
| 3 | 营业税金及附加 1×5％ | 43 | 46 | 49 | 53 | 53 | 53 | 53 | 53 | 53 |
| 4 | 利润总额 1－2－3 | 287 | 365 | 423 | 482 | 482 | 482 | 482 | 482 | 482 |
| 5 | 所得税 4×33％ | 95 | 120 | 139 | 159 | 159 | 159 | 159 | 159 | 159 |
| 6 | 税后利润 4－5 | 192 | 244 | 283 | 322 | 322 | 322 | 322 | 322 | 322 |
| 6.1 | 公积金 6×20％ |  | 49 | 57 | 64 | 64 | 64 | 64 | 64 | 64 |
| 6.2 | 未分配利润 | 192 | 195 | 226 | 258 | 258 | 258 | 258 | 258 | 258 |

4. 财务比率分析（表 1-9）

由收益费用和利润情况，可得到反映酒店经营效益的几个静态指标，列表如下：

表 1-9　财务比率表　　　　　　　　　　　　　　单位:%

| 项目 | 营业期 | | | | 备注 |
|---|---|---|---|---|---|
| | 2 | 3 | 4 | 5—10 | |
| 成本费用率% | 61 | 55 | 52 | 49 | ＝总成本费用/总经营收入 |
| 税前营业利润率% | 34 | 40 | 43 | 46 | ＝税前利润/总经营收入 |
| 税后营业利润率% | 23 | 27 | 29 | 30 | ＝税后利润/总经营收入 |
| 税后投资利润率% | 15 | | | | ＝税后平均利润/总投资 |

可知：成本费用率以 3% 左右的速率逐年下降，第 5 年稳定在 49%；税前和税后营业利润率以 3% 左右速率逐年上升，第 5 年分别稳定在 46% 和 31%；税后总投资利润率达到 15%。上述各指标都说明该项目的经济效益良好，回报率高，可以投资。

5. 现金流量表估算（表 1-10）

由收入估算表、成本费用表以及利润表可得全部投资的现金流量表如下：

表 1-10　财务现金流量表（全部投资）　　　　　　单位：万元

| | 项目 | 建设期 | 经营期 | | | | | | | | |
|---|---|---|---|---|---|---|---|---|---|---|---|
| | | 1 | 2 | 3 | 4 | 5 | 6 | 7 | 8 | 9 | 10 |
| 1 | 现金流入 | | 851 | 920 | 988 | 1057 | 1057 | 1057 | 1057 | 1057 | 1891 |
| 1.1 | 营业总收入 | | 851 | 920 | 988 | 1057 | 1057 | 1057 | 1057 | 1057 | 1057 |
| 1.2 | 回收固定资产余值 | | | | | | | | | | 687 |
| 1.3 | 回收流动资金 | | | | | | | | | | 147 |
| 2 | 现金流出 | 1853 | 805 | 675 | 705 | 734 | 734 | 734 | 734 | 734 | 734 |
| 2.1 | 建设投资 | 1853 | | | | | | | | | |
| 2.2 | 流动资金 | | 147 | | | | | | | | |
| 2.3 | 总成本费用 | | 521 | 509 | 516 | 522 | 522 | 522 | 522 | 522 | 522 |
| 2.4 | 营业税金及附加 | | 43 | 46 | 49 | 53 | 53 | 53 | 53 | 53 | 53 |
| 2.5 | 所得税 | | 95 | 120 | 139 | 159 | 159 | 159 | 159 | 159 | 159 |
| 3 | 净现金流量 | −1853 | 46 | 244 | 283 | 323 | 323 | 323 | 323 | 323 | 1157 |
| | 累计净现金流 | −1853 | −1807 | −1563 | −1280 | −957 | −634 | −311 | 12 | 334 | 1491 |
| 4 | 净现金流现值 | −1853 | 41 | 202 | 213 | 221 | 200 | 182 | 166 | 151 | 491 |
| | 累计净现值（NPV） | −1853 | −1812 | −1610 | −1397 | −1176 | −976 | −794 | −628 | −477 | 13 |

（注：第 10 年固定资产净值＝固定资产原值−9×每年折旧 ＝1776−9×121＝687 万元

流动资金一次性期末回收，为 147 万元

行业基准收益率 i＝10%）

由上表可知：

（1）现金流入：建设期无现金流入，营业期开始出现现金流入并逐年增加，从第5年开始稳定在1057万元，第10年由于回收固定资产余值和流动资金现金流入增至1891万元；

（2）现金流出：建设期1一次性流出1853万的建设投资，营业期2又投入147万的流动资金使第2期现金流出为805万元，以后现金流出有所减少并从第5年开始稳定在734万元；

（3）净现金流量：建设期为负数，经营期开始出现正值并逐年增加，从第5年开始稳定在323万元，第10年由于现金流入增多而增至1157万；

累计净现金流量：前7年都为负数，但逐年减少，第8年开始出现正值并增多，第10年达到1591万元；

（4）累计净现值NPV（考虑资金时间价值）：前9年出现负数，但逐年减少，第10年出现正值，第10年NPV＝13。

以上第10年末净现金流量＝1591万元，说明该项目的净收入抵偿全部投资后仍有盈余；第10年末净现值NPV＝13万元，说明该项目除获得行业基准收益率10％的收益外还有多余的收益，故该项目可行。

**6. 回收期与内部收益率估算**

（1）静态投资回收期——以净收入抵偿全部投资所需要的时间（不考虑资金时间价值）

①粗略估算

$$公式：\sum_{i=1}^{T}(CI-CO)i = 0$$

其中：$CI$ 为现金流入；$CO$ 为现金流出；$T$ 为投资回收期。

由现金流量表可知，累计净现金流量在第8年出现正值，故静态投资回收期 $T=7$（不包括建设期）。

②精确估算

$$公式：T = (n-1) + \frac{\left|\sum_{t=1}^{n-1}(CI-CO)_t\right|}{(CI-CO)_n}$$

$$= (7-1) + |-311|/323 = 6.9（年）（不包括建设期）$$

其中，$n$ 为累计净现金流开始出现正值的年份。

可知：静态回收期约为7年＜该行业基准回收期10年，故项目可行。

（2）动态投资回收期

考虑资金时间价值的情况下，以净收入抵偿全部投资所需的时间。

①粗略估算

$$公式：\sum_{t=1}^{T}(CI-CO)(1+i)^{-t}=0$$

其中，$i$ 为行业基准收益率，取 $i=10\%$。

由现金流量表可知，累计净现值 NPV 第 10 年出现正值，故动态投资回收期 $T=9$（不包括建设期）

②精确估算

$$公式：T=(n-1)+\frac{\left|\sum_{t=1}^{n-1}(CI-CO)_t(1+i)^{-t}\right|}{(CI-CO)_n(1+i)^{-n}}$$

$$=(9-1)+|-477|/491=8.9年（不包含建设期）$$

其中，$n$ 为累计净现值 NPV 出现正值的年份。

可知：考虑了资金时间价值后，该项目动态回收期约为 9 年，比静态回收期约长 2 年，但仍小于该行业基准回收期 10 年，故该项目可行。

（3）内部收益率 FIRR——使各年净现值累计为 0 的折现率（考虑资金时间价值）

$$公式：\sum_{t=1}^{T}(CI-CO)(1+FIRR)^{-t}=0$$

可算出内部收益率 FIRR＝10.14％＞基准收益率 i＝10％，说明该项目收益率超过基准收益率，除获得基准收益率 10％之外的收益后还有多余的收益，故该项目可行。

## 六、风险分析

1. 盈亏平衡分析（税后利润＝0）

当税后利润＞0 时，该项目赢利；税后利润＜0 时，该项目亏损；故由税后利润＝0 得到该项目的盈亏平衡点时的各项指标：

保本租金＝80 元＜实际定价 188 元

保本出租率＝41％＜预测稳定出租率 77％

保本营业收入＝550 万元＜预测最小营业收入的 851 万元

由于保本价格、保本出租率、保本营业收入都大大低于实际预测值，故该项目有较大把握赢利，风险性较低。

2. 敏感性分析

该项目中可控因素主要为租金、出租率、总投资和成本，故分别分析这些因素同比例变动将引起投资收益率和累计净现值 NPV 如何变动，以确定哪些因素对投资收益率和 NPV 影响最大，为敏感因素。（表 1-11）

表 1-11　投资收益率对各因素的弹性系数

|  | －20％ | －10％ | 0 | 10％ | 20％ |
| --- | --- | --- | --- | --- | --- |
| 租金 | －1.36 | －1.41 | 0.00 | 1.36 | 1.36 |
| 出租率 | －1.19 | －1.22 | 0.00 | 0.66 | 0.46 |
| 总投资 | －1.24 | －1.10 | 0.00 | －0.97 | －0.86 |
| 成本费用 | －0.68 | －0.66 | 0.00 | －0.72 | －0.70 |

由上表可知：

（1）租金和出租率对投资效果有正效应，租金和出租率增加引起营业收入增加，也使投资利润率增大（弹性系数为正）；而总投资和成本费用对投资效果有负效应，总投资和成本增加引起投资利润率减少（弹性系数为负），故我们应在一定范围内提高价格和出租率，降低总投资和成本。

（2）投资收益率对各因素的弹性系数都不是很大（投资收益率对租金、出租率弹性系数处于 1～1.5，投资收益率对总投资、成本弹性系数＜1，说明各因素变动对投资收益率影响有限，故该项目风险性较低，可以接受）。

（3）投资收益率对租金弹性系数最大（租金减少 1％引起投资收益率减少约 1.36％），出租率次之（出租率减少 1％引起投资收益率减少约 1.2％），投资收益率对总投资和成本的弹性系数小于 1（总投资增加 1％引起投资收益率减少约 0.9％，成本增加 1％引起投资收益率减少约 0.7％），故租金和出租率为敏感因素，应使其保持在一定水平之上，并尽量提高出租率。（表 1-12）

表 1-12　各因素变动对 NPV 的影响　　　　　单位：万元

|  | －20％ | －10％ | 0 | 10％ | 20％ | NPV＝0 |
| --- | --- | --- | --- | --- | --- | --- |
| 租金 | －542 | －264 | 13 | 293 | 571 | 160 元 |
| 稳定出租率 | －467 | －228 | 13 | 255 | 496 | 76.6％ |
| 总投资 | 232 | 123 | 13 | －104 | －213 | 2025 万元 |
| 营业成本 | 248 | 131 | 13 | －102 | －219 | 占营业额 30.37％ |

由上表可知：

（1）租金和出租率对净现值 NPV 影响较大，为敏感因素，总投资和营业成本对 NPV 影响较小（租金和出租率同比例变动引起 NPV 变动幅度更大）。

（2）由净现值 NPV＝0，可得该项目的可行性临界点的各项指标：

租金＝160 元　　　出租率＝76.6％

总投资＝2025 万元　　营业成本占营业额比重＝30.37％

为降低风险保证项目可行（NPV 大于 0），各项可控因素需进行控制：控制价格，租金定价需高于 160 元；通过各种途径吸引客源，确保四年后稳定出租率高于 76.6％；控制投资规模，总投资不超过 2025 万元；控制成本，营业成本占营业额比重不超过 30.37％。

### 七、结论

该项目主要项目经济指标如表 1-13：

**表 1-13　项目主要经济指标**

| 项目 | 财务状况 |
|---|---|
| 投资计划 | 总投资 2000 万，建设投资 1826 万，建设期一年 |
| 资金筹集 | 自有 1000 万，借入 1000 万 |
| 偿还期 | 3 年（不含建设期） |
| 税后利润 | 第 2、3、4 年分别为 192 万、244 万、283 万，第 5 年开始稳定于 322 万元 |
| 税后营业利润率 | 第 2、3、4 年分别为 23％、27％、29％，第 5 年开始稳定于 30％ |
| 税后投资利润率 | 15％ |
| 净现值 NPV | 13 万元 ＞0，故该项目可行 |
| 投资回收期 | 静态 6.9（不含建设期） |
| | 动态 8.9（不含建设期） |
| 内部收益率 FIRR | 10.14％ ＞ 基准收益率 10％，故该项目可行 |
| 盈亏平衡点 | 租金 80 元，出租率 41％，收入 550 万元，都较低，说明风险小，有较大把握盈利 |
| 敏感因素 | 租金、出租率 |
| 可行性临界点 | 租金 160 元，出租率 76.6％，总投资 2025 万元，营业成本占营业额比重 30.37％ |

可行性结论：

（1）社会效益

❖该经济型酒店的建立，填补了厦门经济型酒店的缺口，符合普通消费大众的消费需求，适应厦门酒店业结构调整与发展需要，有良好的社会效益；

❖为国家创造更多的税收；

❖项目符合国家"以推动经济型连锁酒店为重点促进住宿业的结构调整"的宏观政策；

（2）经济效益

❖总投资 2000 万，自有 1000 万，借入 1000 万，资金筹措可行；

❖偿还期 3 年，符合借款要求；

❖投资回收期静态 6.9 年，动态 8.9 年，小于 10 年的行业基准回收期，该项目可行；

❖该项目投资收益率高达 15%，第 10 年末净现值 NPV＞0，内部收益率 FIRR＞行业基准收益率，说明该项目收益超过行业基准收益，故该项目可行；

❖盈亏平衡点各项值都较低，且投资收益率对各因素的弹性系数都不高，说明该项目风险较小；

❖该项目敏感因素为租金、出租率，应尽量将租金控制在可行性临界点 160 元以上，将出租率控制在可行性临界点 76.6% 以上，主要大力提高出租率。

综上所述，"锦江之星"经济型酒店的建设方案既能产生良好的社会效应，又能带来较好的经济效益，且抗风险能力较好，项目可行。

# 第二章

# 金融工具——原生金融工具

金融工具（Financial instrument）可以分为原生金融工具和衍生金融工具，原生金融工具的价格和收益直接取决于发行公司的经营业绩。衍生工具（Derivative instrument）其价值是以原生金融工具为基础，价格由原生金融工具决定。

任何金融工具都是标准化的资本证券，标准化的目的是增强流动性。将期限、交易条款、交易金额标准化后，买卖双方之间只需商谈出合适的价格即可成交，这样可以减少交易成本。

按照金融工具的期限：可以分为货币市场（Money market）工具和资本市场（Capital market）工具。货币市场上的金融工具包括短期的、可交易的、流动的、低风险的债券。货币市场工具有时被称作是现金的等同物，相反，资本市场上的金融工具包括一些长期的、风险较大的固定收益证券、股票及衍生金融工具等。

## 第一节　货币市场工具

### 一、概念

货币市场（Money market）是短期资金市场，融资期限在一年以下。货币市场工具，是指期限小于或等于 1 年的债务工具，具有很高的流动性，大多是大宗交易，适合机构投资者，个人投资者难以进入，主要品种有：短期国债、回购协议、欧洲美元、大额可转让存单、商业票据、银行承兑汇票和其他货币市场工具等。

## 二、类型

1. 短期国债（Treasury Bills，T-Bills）

概念：短期国债即短期国库券，是指由一国财政部发行、由该国政府提供信用担保的短期融资工具。短期国债的期限有 13 个星期、26 个星期、52 星期（美国）。短期国库券是折价发行的，到期满时获得债券面值的金额，并且利息免税，最小面值为 10000 美元。短期国债是货币市场中流动性最好的金融工具，无信用风险。

发行目的：首先，发行短期国债作为一种货币政策，是中央银行进行公开市场运作的方式；其次，短期国债的利率，为市场提供了无风险利率基准；再次，作为第二准备金，几乎没有违约风险；发行短期国债作为一种财政政策，是政府筹集资金的一种方式。

美国的短期国库券（T-bills）。

国库券的销售都是通过拍卖的方式进行的，投标报价有竞争报价和非竞争报价两种形式，竞争报价是指投资者报出他所接受的价格。竞争报价具有以价格优先，时间优先为原则，并无数量限制。非竞争报价，是指投资者同意支付财政部所接受的全部报价的平均价格。非竞争报价是无条件的，以成功的竞争性报价的平均价格为国库券的成交价，最大购买额为每一定单不能超过 100 万美元，拍卖前，财政部会宣布其计划发行的所有的国债的总面值和期限，在拍卖的过程中，财政部将接受所有的非竞争报价。例如，计划发行 60 亿美元的 3 个月期限国库券，收到 20 亿美元的非竞争报价，20 亿美元的非竞争报价都将被接受，财政部只能接受 40 亿的竞争报价，按由高往低的原则把国库券卖给竞争报价者，直到 40 亿美元的国库券卖完为止。所有被接受的竞争报价的平均值就是非竞争报价者的购买价格。

中国的短期国债。

改革开放前，只有 20 世纪 50 年代发行过国债，但当时还没有短期国债。1991 我国公开发行国债，只发行了中长期国债。1981—1990 年我国国债的发行方式是行政摊派，1991 年出现承购包销的发行方式，1996 年开始以拍卖的形式发行国债，如表 2-1 所示：

表 2-1　1996 年短期国债发行情况

| 券种 | 期限 | 计息方式 | 年利率 | 发行额 |
| --- | --- | --- | --- | --- |
| 记账式（一期） | 一年 | 贴现 | 12.10% | 135 亿 |

| 券种 | 期限 | 计息方式 | 年利率 | 发行额 |
|------|------|---------|--------|--------|
| 记账式（二期） | 六个月 | 贴现 | 10.53% | 220 亿 |
| 记账式（三期） | 三个月 | 贴现 | 9.92% | 150 亿 |
| 记账式（四期） | 一年 | 贴现 | 12.04% | 100 亿 |

目前我国国债有 3 个品种：记账式国债，无记名国债和凭证式国债。

无记名国债，是一种实物债券，以实物券的形式记录债权，面值等，不记名，不挂失，可上市流通，发行期内，投资者可直接在销售国债机构的柜台购买，在证券交易所设立账户的投资者，可委托证券公司通过交易系统申购；发行期结束后，实物券持有者可在柜台卖出，也可将实物券交证券交易所托管，并通过交易系统卖出。

记账式国债以记账形式记录债权，通过证券交易所的交易系统发行和交易，记名、可挂失，由财政部通过无纸化方式发行的、以电脑记账方式记录债权，并可以上市交易的债券。

投资者进行记账式证券买卖，必须在证券交易所设立账户。由于记账式国债的发行和交易均为无纸化，所以效率高，成本低，交易安全。

凭证式国债是一种国家储蓄债，是指国家采取不印刷实物券，而用填制国库券收款凭证的方式发行的国债，可记名、可挂失，以"凭证式国债收款凭证"记录债权，不能上市流通，从购买之日起计息。在持有期内，持券人如遇特殊情况需要提取现金，可以到购买网点提前兑取。提前兑取时，除偿还本金外，利息按实际持有天数及相应的利率档次计算。

短期国债的收益率计算方法——银行折现收益率

例：期限为 182 天（26 周）的票面价值为 10000 美元的国库券，售价为9600 美元，半年的收益率为：$400/9600 = 0.0417$

年收益率 $r = (1+0.0417)^2 - 1 = 8.51\%$

银行折现（bank discount method）收益率为：

$$r_{bd} = \frac{10000 - p}{10000} \times \frac{360}{n}$$

其中，$P$ 是国库券价格，$n$ 是国库券期限的天数。

故，在本例中，银行折现收益率为 7.912%。

问题：为什么银行折现收益率低于年收益率？

原因分析：

（1）银行折现收益率是按一年 360 天而非 365 天计算的；

（2）转换成计算银行折现年收益率的技术使用的是单利而不是复利

（3）以面值作为分母，而不是国库券的购买价格作为分母。

2．回购协议（Repurchase Agreement）

概念：回购协议是指资金需求方把持有的证券卖给另一家公司，同时签署在将来某一个日期、以约定价格向该证券的买方购回原先售出证券的协议，其实质是短期贷款。

回购协议利率水平的影响因素：有关机构的信用越高，抵押品的质量和流动性越好，回购利率越低；若只需记账的方式交割，不进行实物交割，风险相对较大，回购利率将较高；若需要进行实际的交割，则回购利率将较低。在收购过程中，要警惕回购协议中的多次抵押。

例：1985年，美国回购市场因几个政府证券交易商的破产而受重创，交易商以政府证券作抵押，与投资者签定了回购协议，但没有进行实物交割，投资者没有拿到应有的证券，部分交易商用同一证券重复做多次不同的回购交易，当这些交易商破产时，投资者发现自己无法得到已交易过的证券。所以，保护利益的最好方法就是：实物交割，拿到证券——可以直接领取，或是通过委托代理寻找银行保管人。

3．欧洲美元

概念：欧洲美元是指存放在美国以外的国家的银行美元存款或是美元贷款，由于这种境外存款、借贷业务开始于欧洲，因此称为欧洲美元，它与美国境内流通的美元同质的。

主要业务：数额巨大、期限少于6个月的定期存款和大额存单。

4．大额可转让存单（Certificate Of Deposits，CDs）

概念：大额可转让存单通常面值在10万美元以上、具有特定期限的存款单，本质上是定期存款。因为存款一般不能流通，故进行了标准化为固定金额、固定期限的存款，存款后，可转让，但不能随时提款，提前取款会罚款。该市场的投资者主要是货币市场共同基金和投资公司。大额存单被联邦存款保险公司视为一种银行存款，得到联邦存款保险公司或是国际信用社管理局的保险。

5．商业票据（Commercial paper）

概念：商业票据是一种无担保的票据，以公司的保证和信用做支持，发行者多为信誉较高的公司，一般折价发行，大部分的投资者为机构投资者，如共同基金和退休基金等，投资者大都持有票据到期，所以流通性不强。著名的大公司发行的短期的负债票据，一般期限小于270天，多数是1个月到2个月以内，面额通常为10万美元或其整数倍，由于公司的经营状况在1个月内是可以准确预测的，因此其安全系数相当高。许多公司采用商业票据的滚动发行，为旧商业票据还本付息。

例：在1970年，宾州中央（Penn Central）运输公司违约，商业票据高达 8200 万美元。Penn Central 事件是过去 40 年中商业票据违约的唯一大案。由于贷款人对公司前景过于乐观，卷入公司循环信用式的滚动发行，遭受巨大的损失。由于该事件的发生，今天几乎所有的商业票据都要经过信用评级机构进行信用评级，才能被市场所认可。

6. 银行承兑汇票（Bank's Acceptance Bill）

概念：依据客户要求，在将来某一日期付款给供货商，基于此产生的短期债务，实质是货物抵达前，替客户将货款先支付给供货商。银行承兑汇票，一般期限是 6 个月，在承兑期内，类似于远期支票。银行对汇票背书同意承兑，银行就成为汇票持有者最终支付的责任人。银行的承兑，使得信用增级，因而汇票可在二级市场上交易流通，是十分安全的金融资产。在国际贸易中，交易者互不知晓对方信用的情况下，银行承兑汇票得到了广泛的运用，银行承兑汇票也可以像短期国债一样以面值的折扣价出售。

### 三、货币市场的利率

在美国，商业银行准备金账户上的资金称为联邦基金（Federal funds, or Fed funds）。银行把它们的钱存到联邦储备银行作为准备金，任何时候，银行之间所需要的准备金存在不平衡，由此就形成了银行间的借贷。

联邦基金利率：在联邦基金市场上，有多余基金的银行将资金借给基金不足的银行，这些银行间的贷款，通常是隔夜贷款，所使用的利率即联邦基金利率。

伦敦银行同业拆借利率（London Interbank Offered Rate，LIBOR）是伦敦大银行之间愿意出借资金的利率。以欧洲美元贷款利率表示的利率已经成为欧洲货币市场最主要的短期利率报价，例如，一家公司可能以浮动利率贷款，贷款利率就为伦敦银行同业拆放利率再加上 2%。

# 第二节　固定收入证券（Fixed-Income Securities）

### 一、概念

固定收入证券是指期限在一年以上的能取得固定收益且定期得到支付的证券，主要是指一些期限较长的债务类工具，如中长期国债、公司债券。短期国债是货币市场工具，是贴现发行，到期时一次性付息而平时不付息，而固定收入证券按合约提供固定的现金流（Cash flow）。一般意义上的债券指固定收入证券。

## 二、类型

1. 中、长期国债

中期国债（T-Notes）：指一年以上 10 年以下的国债。

长期国债（T-Bonds）：指期限为 10 年～30 年的国债，国债的收益（资本利得和利息）可以免税。

在美国，中期和长期国债都是以 1000 美元的面值发行，每半年付息一次，属于息票（Coupon）债券。传统的债券附有息票，投资者需要撕下息票到债券发行机构的代理处索取相应的利息，但现在计算机可以直接实现这一过程。

中国政府和企业从 1990 年开始进入美国资本市场，投资大量的美国联邦政府债券，构成了中国外汇储备的主要部分。中国政府也成为美国政府债券的第二大买家。2005 年 2 月 19 日，美国财政部公布，截至 2004 年 11 月份止，中国持有的美国国债，包括中长期债和短期债，总金额达 1911 亿美元，较 10 月份的 1867 亿美元增加 44 亿美元，占中国同期外汇储备的 33.3%，但这仅是中国外汇储备中持有美国国债的一部分。

2001 年我国财政部发行记账式国债，属于固定利息付息债权，发行总额为 200 亿元人民币，期限为 5 年，票面利率按竞争招标中利率确定。该国债发行期为 2001 年 11 月 27 日至 12 月 3 日。该国债利息按年支付，可在全国银行间债券市场流通，每年 11 月 27 日支付利息，2006 年 11 月 27 日偿还本金并支付最后一次利息。

2. 公司债券（Corporate Bonds）

公司债券与国债相比，公司债券的违约（信用）风险较高，因此，公司债券的收益要高于国债。公司债券发行前需要进行评级（Ranking）。

公司债券的主要类型有：

（1）担保债券（Secured bonds）：该债券是在公司破产时有明确的抵押品或保证人作为担保而发行的债券。当企业没有足够的资金偿还债券时，债权人可要求保证人偿还。

（2）无担保债券（Debenture）：无担保债券又称信用债券，指仅依靠发行公司的信誉，没有特定的资产作为担保品发行的债券。与有担保债券相比，无担保债券的持有人承担的风险较大，因而往往要求较高的利率。

（3）次级无担保债券（Subordinated Debenture）又称次级贷款，是指在偿还次序优于公司股本权益，而次于一般债务的一种债务形式，即：跟一般债务相比，次级债在公司破产时对资产具有更低一级的要求权。次级指的是偿还次级的先后，而不是信用等级的高低。

同一公司三种不同债券的价格比较如表 2-2 所示：

表 2-2　同一公司，三种不同债券的价格比较

| 资产要求权 | 回收率（％面值） | 标准差（％） |
| --- | --- | --- |
| 优先担保债券 | 53.80 | 26.86 |
| 优先无担保债券 | 52.13 | 25.45 |
| 优先次级债券 | 38.52 | 23.81 |
| 次级债券 | 32.74 | 20.18 |
| 初级次级债券 | 17.09 | 10.90 |

（4）可赎回债券（Redemptive Bonds）

可赎回债券是指债券的发行者有权在特定的时间，按照某一价格强制从债券所有人那里将其赎回。可赎回债券相当于普通债券＋期权，赎回权属于发行人（持有人卖出一个看涨期权）。

（5）可转换（Convertible）债券

可转换债券是指债券持有者具有可以按照一定的条件，将债券按照一定的比例转换该公司股票的选择权，实质上，是在公司债券的基础上，附加了一份期权。通常具有较低的票面利率，转换权属于持有人。

3. 抵押支持证券（Mortgage Banked Securities，MBs）

抵押支持证券是指抵押贷款的发起人（如银行）将贷款打包后在二级市场出售——资产证券化（Securitization），抵押贷款的发起人，通过向借款人收取本金和利息，并转付给 MBs 的投资者，可以用下图 2-1 表明其关系：

图 2-1

例：有 10 份 30 年期的抵押证券，每份价值 100000 美元，共计 1000000 美元，如果抵押贷款利率为 10％，每份贷款在第一个月的支付总额为 877.57 美元，其中的 833.33 美元是利息，44.24 美元为偿还的本金，持有人第一个月可获得支付 8775.70 美元，这是 10 份的支付总额。另外，无论在哪一月份，如果其中的一份抵押契据支付完毕，则证券的持有人也可获得本金的支付。在以后的时间中，抵押组合中包含的贷款会越来越少，本息支付也就更少，先付的抵押实际上表示抵押证券持有者投资的已偿付的部分。

4. 优先股（Preferred stock，Preference bond）

优先股是股票，通常把它归为固定收益工具，类似于债券，承诺支付定量的利息，不能支付股息时候，不会导致公司破产。优先股相当于无限期的债券。优先股的优先权体现在两个方面：公司利润优于普通股获得、破产清偿顺序优于普通股，但是，优先股股东不能参与公司的经营管理，也没有选举董事会和监事会的权利。例如：信托投资公司获得房地产公司的优先股股权，但对公司的日常经营、人事安排等没有决定权。

5. 其他固定收益证券

其他固定收益证券有：

市政债券（Municipal Bond）：与国债类似，地方政府发行。

国际债券：国际债券有外国债券（由债券销售所在国之外的另一国的筹资者发行）和欧洲债券（以一国货币发行在另一国市场出售的债券）。

垃圾债券（Junk Bond）：指信用评级很低的企业所发行的债券，违约风险较高，信用水平一般低于标准普尔 BBB 级（投资级）。

巨灾债券（Calamity bond）：巨灾债券是指债券公开发行后，未来债券本金及债息。是否偿还根据巨灾损失发生情况而定，即买卖双方通过资本市场债券发行的方式，一方支付债券本金作为债券发行的承购，另一方则约定按期支付高额的债息给另一方，并根据未来是否发生巨灾损失，作为后续付息与否及期末债券清偿的根据。将灾难风险转嫁给资本市场，代表了具体风险从市场保险的新途径。

## 三、固定收益证券的特点

债券与股票相比，债券收益固定，有限的还款期限，需要归还本金；债券反映的是债务关系，债券拥有者无权参与公司的内部管理，是外部人。

债券与存款的利息提前已经约定好的。有期限限制，期满后需归还本金，但两者提前变现的方式、提前变现的对象、可转让性、期限并不相同。

1. 性质（以债券为例）

债券本质上是标准化的借款凭证。借款人向诸多的投资者借钱并出具债务凭证，每个人的条件都是标准化的，格式相同、内容相同、责任义务相同——这样债券才具有可分割、可转让。

2. 债券的要素

债券要包括以下几方面的要素：（1）面值。面值内容包括：币种（国内债券还是欧洲债券）、面值大小（美国一般是 1000 美元）、期限（一般是 1～30 年，英国统一公债没有期限）。（2）利率。利率是支付利息的依据，又可分为固定利率和浮动利率。

### 3. 债券投资的特点

首先，从收益性角度来说，银行贷款利率＞债券的利率＞银行存款利率。这是由于债券融资是直接融资，银行存贷款是间接融资，债券融资的中介费用少，因此费用较低。其次，安全性方面，银行存款的信用风险较小，因此债券的安全性不如银行存款。最后，从流动性角度来说，由于债券是标准化的产品，因此变现能力和流通性比银行存款更好。

# 第三节　权益证券（股票）

股票是股份公司公开发行的、用来证明投资者的股东身份、获取红利和股息的凭证。股票分为普通股和优先股。

## 一、普通股的特征

### 1. 期限的永久性

期限的永久性保证了企业的永续经营，各国法律严格限制公司减资，股东无权要求公司退股，但可以转让。对企业而言，股本资金没有期限，也无须偿还，这样企业只会增资扩股。上市企业一旦被勒令退市（如水仙、郑百文），难以转让更不能退股，对股民伤害是最大的。

### 2. 报酬的剩余性

股利在企业报酬支付序列中排在最后，也就是说，只有支付了排在股东之前的其他利益相关者的收益后，有剩余才能支付股利，所以支付股利取决于企业是否有剩余的利润和企业的股利政策。

### 3. 清偿上的附属性

所谓附属性就是可有可无，股本并不是必然要偿还的。《破产法》规定的清偿顺序为：清算费用、职工工资、有抵押债、无抵押债、优先股，在支付上述费用后有剩余（附属部分）才是股东的。目前《破产法》仅限于调整国有企业，对有限责任公司、股份有限公司、合伙企业等统统没有涉及，即便是国企，也发生了国有控股、参股企业大量增加等新变化，因此相关法律需完善。

### 4. 有限责任（Limited liability）

有限责任是指公司的负债本质上是股东的负债，但是股东仅以出资额为限，支付给债权人。通俗的说，公司的债务与股东个人的财产不具有连带关系。对于无限责任企业，无法清偿的部分要用股东的个人来清偿，且股东之间也有连带关系。

5. 高风险

股票要求剩余报酬，清偿也是附属的，比起债券，其收益是不可预期的，风险大，故需要高收益来补偿其付出的风险。

6. 高收益

债券的收益是固定的，有限的，股东的收益却是没有封顶的，一般地，股票的收益高于债券的收益。

7. 可转让

股票的可转让性，除了以前说的标准化之外，更为关键的是"有限责任"产生了责任化的非人格化。

有限责任—责任只与公司有关—脱离个人关系（非人格化）—股票不会因为持有人财富的不同儿价值不同—责任的标准化。

## 二、中国目前的股票种类

一般可分成成长股、收益股、蓝筹股、投机股和周期股。

成长股（growth stocks）一般由规模较小或处于成长期的公司所发行，一般不发或少发现金股利，如：微软公司 1986—1996 年间没有派发过股利。

收益股（income stocks），一般由成立时间较长，比较成熟的公司发行，派发的红利较多，成长幅度不是很大，一般是低风险的行业，如：公共事业。

蓝筹股（blue-chip stock）一般由实力雄厚、股利优厚且盈利稳定增长的大公司发行。这种股票的违约风险较小，股利增长稳定，资本利得较大。

投机股（speculative stocks），其分红的波动性较大，其市场价格在短期内的变动也比较大，因而风险较高。

周期股（cyclical stocks），指股票行情随着经济周期变化。经济复苏转好时，股票的形势也会逐步转好，例如：汽车制造业发行的股票。

案例

### 资本资产定价模式（CAPM）在上海股市的实证检验

**一、资本资产定价模式（CAPM）的理论与实证：综述**

**（一）理论基础**

资产定价问题是近几十年来西方金融理论中发展最快的一个领域。1952年，亨利·马柯维茨发展了资产组合理论，导致了现代资产定价理论的形成，它把投资者投资选择的问题系统阐述为不确定性条件下投资者效用最大化的问题。威廉·夏普将这一模型进行了简化并提出了资产定价的均衡模型—CAPM，作为第一个不确定性条件下的资产定价的均衡模型，CAPM 具有重大的历史意义，它导致了西方金融理论的一场革命。

由于股票等资本资产未来收益的不确定性，CAPM 的实质是讨论资本风险与收益的关系。CAPM 模型十分简明的表达这一关系，即：高风险伴随着高收益，在一些假设条件的基础上，可导出如下模型：

$$E(R_j) - R_f = (R_m - R_f)\beta_j$$

其中：$E(R_j)$ 为股票的期望收益率。

$R_f$ 为无风险收益率，投资者能以这个利率进行无风险的借贷。

$E(R_m)$ 为市场组合的期望收益率。

$\beta_j = \sigma_{jm}/\sigma_m^2$，是股票 $j$ 的收益率对市场组合收益率的回归方程的斜率，常被称为"$\beta$ 系数"。其中 $\sigma_m^2$ 代表市场组合收益率的方差，$\sigma_{jm}$ 代表股票 $j$ 的收益率与市场组合收益率的协方差。

从上式可以看出，一种股票的收益与其 $\beta$ 系数是成正比例关系的。$\beta$ 系数是某种证券的收益的协方差与市场组合收益的方差的比率，可看作股票收益变动对市场组合收益变动的敏感度。通过对 $\beta$ 进行分析，可以得出结论：在风险资产的定价中，那些只影响该证券的方差而不影响该股票与股票市场组合的协方差的因素在定价中不起作用，对定价唯一起作用的是该股票的 $\beta$ 系数。由于收益的方差是风险大小的量度，可以说：与市场风险不相关的单个风险，在股票的定价中不起作用，起作用的是有规律的市场风险，这是 CAPM 的中心思想。

对此可以用投资分散化原理来解释。在一个大规模的最优组合中，不规则的影响单个证券方差的非系统性风险由于组合而被分散掉了，剩下的是有规则的系统性风险，这种风险不能由分散化消除。由于系统性风险不能由分散化消除，必须伴随有相应的收益来吸引投资者投资。非系统性风险由于可以分散掉，则在定价中不起作用。

**（二）实证检验的一般方法**

对 CAPM 的实证检验一般采用历史数据来进行，经常用到的模型为：

$$R_i = R_f + \beta_i(R_m - R_f) + e_i$$

其中：$e_i$ 为其他因素影响的度量。

对此模型可以进行横截面上或时间序列上的检验。

检验此模型时，首先要估计 $\beta$ 系数，通常采用的方法是对单个股票或股票组合的收益率 $R_i$ 与市场指数的收益率 $R_m$ 进行时间序列的回归，模型如下：

$$R_{it} = \alpha_i + \beta_i R_{mt} + e_{it}$$

这个回归方程通常被称为"一次回归"方程。

确定了 $\beta$ 系数之后，就可以作为检验的输入变量对单个股票或组合的 $\beta$ 系数与收益再进行一次回归，并进行相应的检验。一般采用横截面的数据，回归方程如下：

$$R_i = \gamma_0 + \gamma_1 \beta_i \mu_i$$

这个方程通常被称作"二次回归"方程。

在验证风险与收益的关系时，通常关心的是实际的回归方程与理论的方程的相合程度，回归方程应有以下几个特点：

（1）回归直线的斜率为正值，即 $\gamma_1 > 0$，表明股票或股票组合的收益率随系统风险的增大而上升。

（2）在 $\beta$ 和收益率之间有线性的关系，系统风险在股票定价中起决定作用，而非系统性风险则不起决定作用。

（3）回归方程的截矩 $\gamma_0$ 应等于无风险利率 $R_f$，回归方程的斜率 $\gamma_1$ 应等于市场风险贴水 $R_m - R_f$。

**（三）西方学者对 CAPM 的检验**

从 20 世纪 70 年代以来，西方学者对 CAPM 进行了大量的实证检验。这些检验大体可以分为三类：

1. 风险与收益的关系的检验

由美国学者夏普（Sharpe）的研究是此类检验的第一例。他选择了美国 34 个共同基金作为样本，计算了各基金在 1954 年到 1963 年之间的年平均收益率与收益率的标准差，并对基金的年收益率与收益率的标准差进行了回归，他的主要结论是：

a. 在 1954—1963 年间，美国股票市场的收益率超过了无风险的收益率。

b. 基金的平均收益与其收益的标准差之间的相关系数大于 0.8。

c. 风险与收益的关系是近似线形的。

2. 时间序列的 CAPM 的检验

时间序列的 CAPM 检验最著名的研究是 Black、Jensen 与 Scholes 在 1972 年做的，他们的研究简称为 BJS 方法。BJS 为了防止 $\beta$ 的估计偏差，采用了指示变量的方法，成为时间序列 CAPM 检验的标准模式，具体如下：

a. 利用第一期的数据计算出股票的 $\beta$ 系数。

b. 根据计算出的第一期的个股 $\beta$ 系数划分股票组合，划分的标准是 $\beta$ 系数的大小。这样从高到低系数划分为 10 个组合。

c. 采用第二期的数据，对组合的收益与市场收益进行回归，估计组合的 $\beta$ 系数。

d. 将第二期估计出的组合 $\beta$ 值，作为第三期数据的输入变量，利用下式进行时间序列回归。并对组合的 $\alpha_p$ 进行 $t$ 检验。

$$R_{pt} - R_{fi} = \alpha_p + \beta_p \times (R_{mt} - R_{ft}) + e_{pt}$$

其中：$R_{ft}$ 为第 $t$ 期的无风险收益率，

$R_{mt}$ 为市场指数组合第 $t$ 期的收益率，

$\beta_p$ 指估计的组合 $\beta$ 系数，

$e_{pt}$ 为回归的残差。

BJS 对 1931—1965 年间美国纽约证券交易所所有上市公司的股票进行了研究，发现实际的回归结果与理论并不完全相同。BJS 得出的实际的风险与收益关系比 CAPM 模型预测的斜率要小，同时表明实际的 $\alpha_p$ 在 $\beta$ 值大时小于零，而在 $\beta$ 值小时大于零，这意味着低风险的股票获得了理论预期的收益，而高风险股票获得低于理论预测的收益。

3. 横截面的 CAPM 的检验

横截面的 CAPM 检验区别于时间序列检验的特点在于它采用了横截面的数据进行分析，最著名的研究是 Fama 和 Macbeth（FM）在 1973 年做的，他们所采用的基本方法如下：

a. 根据前五年的数据估计股票的 $\beta$ 值。

b. 按估计的 $\beta$ 值大小构造 20 个组合。

c. 计算股票组合在 1935 年—1968 年间 402 个月的收益率。

d. 按下面的模型进行回归分析，每月进行一次，共 402 个方程。

$$R_p = \gamma_0 + \gamma_1 \beta_p + \gamma_2 \beta_p{}^2 + \gamma_3 \sigma_{ep} + e_p$$

这里：$R_p$ 为组合的月收益率，

$\beta_p$ 为估计的组合 $\beta$ 值，

$\beta_p{}^2$ 为估计的组合 $\beta$ 值的平方，

$\sigma_{ep}$ 为估计 $\beta p$ 值的一次回归方程的残差的标准差，

$\gamma_0$、$\gamma_1$、$\gamma_2$、$\gamma_3$ 为估计的系数，每个系数共 402 个估计值。

e. 对四个系数 $\gamma_0$、$\gamma_1$、$\gamma_2$、$\gamma_3$ 进行 $t$ 检验。

FM 结果表明：

①$\gamma_1$ 的均值为正值，在 95％的置信度下可以认为不为零，表明收益与 $\beta$ 值成正向关系

②$\gamma_2$、$\gamma_3$ 在 95％的置信度下值为零，表明其他非系统性风险在股票收益的定价中不起主要作用。

1976 年 Richard·Roll 对当时的实证检验提出了质疑，他认为：由于无法证明市场指数组合是有效市场组合，因而无法对 CAPM 模型进行检验。正是由于罗尔的批评才使 CAPM 的检验由单纯的收益与系统性风险的关系的检验转向多变量的检验，并成为近期 CAPM 检验的主流。最近 20 年对 CAPM 的检验的焦点不是 $\beta$，而是用来解释收益的其他非系统性风险变量，这些变量往往与公司的会计数据相关，如公司的股本大小，公司的收益等等。这些检验结果大都表明：CAPM 模型与实际并不完全相符，存在着其他的因素在股票

的定价中起作用。

**（四）我国学者对风险—收益关系的检验**

我国学术界引进 CAPM 的概念的时间并不长，一些学者对上海股市的风险与收益的关系做了一些定量的分析，但至今仍没有做过系统的检验。他们的研究存在着一些缺陷，主要有以下几点：

（1）股票的样本太少，不代表市场总体，无法得出市场上风险与收益的实际关系。

（2）在两次回归中，同时选用同一时期的数据进行 $\beta$ 值的估计和对 CAPM 模型中线性关系的验证。

（3）在确定收益率时并没有考虑分红，送配带来的影响并做相应调整，导致收益和风险的估计的偏差，严重影响分析的准确性。

（4）在回归过程中，没有选用组合的构造，而是采用个股的回归易导致，$\beta$ 系数的不稳定性。

**二、上海股市 CAPM 模型的研究方法**

**（一）研究方法**

应用时间序列与横截面的最小二乘法的线性回归的方法，构造相应的模型，并进行统计检验分析。时间序列的线性回归主要应用于股票 $\beta$ 值的估计。而 CAPM 的检验则采用横截面回归的方法。

**（二）数据选取**

1. 时间段的确定

上海股市是一个新兴的股市，其历史并不十分长，从 1990 年 12 月 19 日开市至 1998 年，不过短短八年的时间，在这样短的时间内，要对股票的收益与风险问题进行研究，首先碰到的是数据数量不够充分的问题。一般来说对 CAPM 的检验应当选取较长历史时间内的数据，这样检验才具有可靠性。但由于上海股市的历史的限制，无法做到这一点，因此，首先确定这八年的数据用做检验。

但在这八年中，也不是所有的数据均可用于分析，CAPM 的前提要求市场是一个有效市场：要求股票的价格应在时间上线性无关。通过对上海股市收益率的相关性研究，发现 1993 年之前的数据中，股价的相关性较大，会直接影响到检验的精确性，因此，在本研究中，选取 1993 年 1 月至 1998 年 12 月作为研究的时间段。从股市的实际来看，1992 年下半年，上海股市才取消涨停板制度，放开股价限制，1993 年也是股市初步规范化的开始。所以选取这个时间点用于研究的理由是充分的。

2. 市场指数的选择

目前在上海股市中有上证指数，A 股指数，B 股指数及各分类指数，本书选择上证综合指数作为市场组合指数，并用上证综合指数的收益率代表市场组合。上证综合指数是一种价值加权指数，符合 CAPM 市场组合构造的要求。

3．股票数据的选取

这里用上海证券交易所（SSE）截止到 1998 年 12 月上市的 425 家 A 股股票的每日收盘价、成交量、成交金额等数据用于研究。这里遇到的一个问题是个别股票在个别交易日内停牌，为了处理的方便，本书中这些天该股票的当日收盘价与前一天的收盘价相同。

### 三、上海股市风险—收益关系的实证检验

#### （一）股票 $\beta$ 系数的估计

中国股票市场共有 8 年的交易数据，应采用 3 年以上的数据用于估计单个股票的 $\beta$ 系数，才能保证 $\beta$ 具有稳定性。但是课题组在实践中通过比较发现由于中国股票市场作为一个新兴的市场，无论是市场结构还是市场规模都还有待于进一步的发展，同时各种股票关于市场的稳定性都不是很高，股市中还存在很大的时变风险，因此各种股票的 $\beta$ 系数随着时间的推移其变化将会很大，所以只用上一年的数据估计下一年的 $\beta$ 系数时，$\beta$ 系数将更具有灵敏性，因为了使检验的结果更理想，均采用上一年的数据估计下一年的 $\beta$ 系数。估计单个股票的 $\beta$ 系数采用单指数模型，模型如下：

$$R_{it} = \alpha_i + \beta_i R_{mt} + e_{it}$$

其中：$R_{it}$ 表示股票 $i$ 在 $t$ 时间的收益率，

$R_{mt}$ 表示上证指数在 $t$ 时间的收益率，

$\alpha_i$，$\beta_i$ 为估计的系数，

$e_{it}$：为回归的残差。

进行一元线性回归，得出 $\beta$ 系数的估计值 $\beta_i$，表示该种股票的系统性风险的测度。

#### （二）股票风险的估计

股票的总风险，可以用该种股票收益率的标准差来表示，可以用下式来估计总风险：

$$\sigma_i = \sqrt{\frac{\sum_t (R_{it} - \overline{R_{it}})^2}{(N-1)}}$$

其中：$N$ 为样本数量，$\overline{R_{it}}$ 为 $R_{it}$ 的均值。

非系统风险可用估计 $\beta$ 的回归方程中的残差 $e_{it}$ 的标准差来表示，用 $\sigma_{ei}$ 表示股票 $i$ 的非系统性风险，可用下式求出 $\sigma_{ei}$：

$$\sigma_{ei} = \sqrt{\frac{\sum_t (e_{it} - \overline{e}_{it})^2}{(N-1)}}$$

其中：$e_{it}$ 为一次回归方程的残差，

$\overline{e}_{it}$ 为 $e_{it}$ 的均值。

**（三）组合的构造与收益率计算**

对 CAPM 的总体性检验是检验风险与收益的关系，由于单个股票的非系统性风险较大，用于收益和风险的关系的检验易产生偏差，因此，通常构造股票组合来分散掉大部分的非系统性风险后进行检验。构造组合时可采用不同的标准，如按个股 $\beta$ 系数的大小，股票的股本大小等等，本研究按个股的 $\beta$ 系数大小进行分组构造组合，将所有股票按 $\beta$ 系数的大小划分为 15 个股票组合，第一个股票组合包含 $\beta$ 系数最小的一组股票，依次类推，最后一个组合包含 $\beta$ 数子最大的一组股票。组合中股票的 $\beta$ 系数大的组合被称为"高 $\beta$ 系数组合"，反之则称为"低 $\beta$ 系数组合"。

构造出组合后就可以计算出组合的收益率了，并估计组合的 $\beta$ 系数用于检验，这样做的一个缺点是用同一历史时期的数据划分组合，并用于检验，会产生组合 $\beta$ 值估计的偏差，高 $\beta$ 系数组合的 $\beta$ 系数可能会被高估，低 $\beta$ 系数组合的 $\beta$ 系数可能被低估，解决此问题的方法是应用 Black、Jenson 与 Scholes 研究组合模型时的方法（下称 BJS 方法），即如下四步：

（1）利用第一期的数据计算股票的 $\beta$ 系数。

（2）利用第一期的 $\beta$ 系数大小划分组合。

（3）采用第一期的数据，对组合的收益与市场收益率进行回归，估计组合的 $\beta$ 系数。

（4）将第一期估计出的组合 $\beta$ 值作为自变量，以第二期的组合周平均收益率进行回归检验。

在计算组合的平均周收益率时，我们假设每个组合中的十支股票进行等额投资，这样对平均周收益率只需对十只股票的收益率进行简单平均即可。由于股票的系统风险测度，即真实的 $\beta$ 系数无法知道，只能通过市场模型加以估计。为了使估计的贝塔系数更加灵敏，本研究用上一年的数据估计 $\beta$ 系数，下一年的收益率检验模型。

**（四）组合 $\beta$ 系数和风险的确定**

对组合的周收益率求标准方差，我们可以得到组合的总风险 $\sigma_p$。

组合的 $\beta$ 值的估计，采用下面的时间序列的市场模型：

$$R_{pt} = \alpha_p + \beta_p R_{mp} + e_{pt}$$

其中：$R_{pt}$ 表示 $t$ 时期投资组合的收益率，

$\alpha_p$，$\beta_p$ 为估计的系数，

$R_{mt}$ 表示 $t$ 期的市场组合收益率，

$e_{pt}$ 为回归的残差。

对组合的每周收益率与市场指数收益率回归残差分别求标准差即可以得到组合 $\sigma_{ep}$ 值。在这里我们采取的数据为 1997 年的市场组合收益率。

表 2-3　组合周收益率回归的 *β* 值与风险（1997. 01. 01—1997. 12. 31）

| 组合 | 组合 *β* 值 | 组合 *a* 值 | 相关系数平方 | 总风险 | 非系统风险 |
|------|-----------|-----------|-------------|--------|-----------|
| 1 | 0.781 | 0.001 | 0.888 | 0.063 | 0.021 |
| 2 | 0.902 | 0.000 | 0.943 | 0.071 | 0.017 |
| 3 | 0.968 | 0.000 | 0.934 | 0.076 | 0.02 |
| 4 | 0.989 | 0.000 | 0.902 | 0.079 | 0.025 |
| 5 | 1 | 0.000 | 0.945 | 0.078 | 0.018 |
| 6 | 1.02 | 0.000 | 0.958 | 0.079 | 0.016 |
| 7 | 1.04 | 0.002 | 0.935 | 0.082 | 0.021 |
| 8 | 1.06 | 0.000 | 0.925 | 0.084 | 0.023 |
| 9 | 1.08 | 0.000 | 0.938 | 0.085 | 0.021 |
| 10 | 1.1 | 0.000 | 0.951 | 0.086 | 0.019 |
| 11 | 1.11 | 0.000 | 0.951 | 0.087 | 0.019 |
| 12 | 1.12 | 0.000 | 0.928 | 0.089 | 0.024 |
| 13 | 1.13 | 0.000 | 0.937 | 0.089 | 0.022 |
| 14 | 1.16 | 0.000 | 0.912 | 0.092 | 0.027 |
| 15 | 1.17 | 0.000 | 0.922 | 0.092 | 0.026 |

## （五）组合平均收益率的确定

对组合按前面的构造方法，用第 1998 年的周收益率求其算术平均收益率（表 2-4）。

表 2-4　组合的平均收益率（1998. 1. 1—1998. 12. 31）

| 组合 | 组合 *β* | 平均周收益率 |
|------|---------|-------------|
| 1 | 0.781 | 0.0031 |
| 2 | 0.902 | −0.0004 |
| 3 | 0.968 | 0.0048 |
| 4 | 0.989 | 0.0052 |
| 5 | 1 | 0.0005 |
| 6 | 1.02 | −0.002 |
| 7 | 1.04 | 0.0038 |
| 8 | 1.06 | 0.003 |
| 9 | 1.08 | 0.0016 |
| 10 | 1.1 | 0.0026 |

续表

| 组合 | 组合 $\beta$ | 平均周收益率 |
| --- | --- | --- |
| 11 | 1.11 | 0.005 |
| 12 | 1.12 | 0.0065 |
| 13 | 1.13 | 0.0044 |
| 14 | 1.16 | 0.0067 |
| 15 | 1.17 | 0.0074 |

### （六）风险与收益关系检验

以 1997 年的组合收益率估计 $\beta$，以 1998 年的组合收益率求周平均收益率，对 15 组组合得到的周平均收益率与各组合 $\beta$ 系数按如下模型进行回归检验：

$$R_{pj} = \gamma_0 + \gamma_1 \beta_{pj}$$

其中：$R_{pj}$ 是组合 $j$ 的 1998 年平均周收益率，

$\quad\quad\quad$ $\beta_{pj}$ 是组合 $j$ 的 $\beta$ 系数，

$\quad\quad\quad$ $\gamma_0$，$\gamma_1$ 为估计参数。

按照 CAPM 应有假设：

1. $\gamma_0$ 的估计应为 $R_f$ 的均值，且大于零，表明存在无风险收益率。

2. $\gamma_1$ 的估计值应为 $R_m - R_f > 0$，表明风险与收益率是正相关关系，且市场风险升水大于零。

回归结果如表 2-5：

**表 2-5 多元回归结果**

| | $\gamma_0$ | $\gamma_1$ | $R^2$ |
| --- | --- | --- | --- |
| 均值 | $-0.0143$ | 0.0170 | 0.4867 |
| $T$ 值 | $-2.8078$ | 3.5114 | |

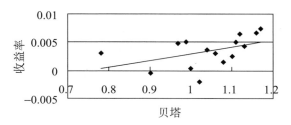

**图 2-2 CAPM 检验**

查表可知，在 5％ 显著水平下回归系数 $\gamma_1$ 显著不为 0，即在上海股市中收益率与风险之间存在较好的线性相关关系。论文在实践检验初期，发现当以

1993 年至 1997 年的数据估计 $\beta$，而用 1998 年的周收益率检验与风险 $\beta$ 关系时，回归得到的结论是 5％显著水平下不能拒绝回归系数 $\gamma_1$ 显著为 0 的假设。这些结果表明，在上海股市中系统性风险 $\beta$ 与周收益率基本呈现正线性相关关系。同时，上海股市仍为不成熟证券市场，个股 $\beta$ 十分不稳定，从相关系数来看，尚有其他的风险因素在股票的定价中起着不容忽视的作用，本研究将在下面进行 CAPM 模型的修正检验。

### 四、CAPM 的横截面检验

#### （一）模型的建立

对于横截面的 CAPM 检验，采用下面的模型：

$$R_p = \gamma_0 + \gamma_1 \beta p + \gamma_2 \beta_p{}^2 + \gamma_3 \sigma_{ep} + e_p$$

该模型主要检验以下四个假设：

1. 系统性风险与收益的关系是线性的，就是要检验回归系数 $E(\gamma_2) = 0$。

2. $\beta$ 是衡量证券组合中证券的风险的唯一测度，非系统性风险在股票的定价中不起作用，这意味着回归方程的系数 $E(\gamma_3) = 0$。

3. 对于风险规避的投资者，高系统性风险带来高的期望回报率，也就是说：$E(\gamma_1) = E(R_{mt}) - E(R_{ft}) > 0$

4. 对只有无风险利率才是系统风险为 0 的投资收益，要求 $E(\gamma_0) = R_f$。

#### （二）检验的结果及启示

对 CAPM 模型的横截面的检验采用多元回归中的逐步回归分析法（stepwise），即在回归分析中首先从所有自变量选择一个自变量，使相关系数最大，再逐步假如新的自变量，同时删去可能变为不显著的自变量，并保证相关系数上升，最终保证结果中的所有自变量的系数均显著不为 0，并且被排除在模型之外的自变量的系数均不显著。（表 2-6）

表 2-6　多元回归的 stepwise 法结果

| | $\gamma_0$ | $\gamma_1$ | $R^2$ |
|---|---|---|---|
| 系数 | −0.0143 | 0.0170 | 0.4867 |
| $T$ 值 | −2.8078 | 3.5114 | |

从表 2-6 中可以得出如下结论：

1. $\beta_p{}^2$ 项的系数的 $T$ 检验结果并不显著，表明风险与收益之间并不存在非线性相关关系。

2. $\sigma_{ep}$ 项的系数的 $T$ 检验结果并不显著，表明非系统风险在资产组合定价中并不起作用。

3. $\gamma_0$ 的估计值为负，即资金的时间价值为负，表明市场具有明显的投机特征。

### 五、影响收益的其他因素分析

#### （一）历史回顾

长期以来，夏普（w. Sharpe，1964）、林特纳（J. Lintner，1965）和莫辛（J. Mossin，1966）分别提出的 CAPM 模型一直是学术界和投资者分析风险与收益之间关系的理论基石，尤其是在布莱克（Black），斯科尔斯（Jensen Scholes，1972），以及法玛（Fama MacBeth，1973）通过实证分析证明了1926—1968 年间在纽约证券交易所上市的股票平均收益率与 $\beta$ 之间的正的相关关系以后。然而 20 世纪 80 年代，波林斯基（Reinganum，1981）和夏皮罗（Lakonishok Shapiro，1986）对后来的数据分析表明这种简单的线性关系不复存在。Roll 对 CAPM 的批评文章发表之后，对 CAPM 的检验也转向对影响股票收益的其他风险因素的检验，并发现了许多不符合 CAPM 的结果。法玛（Fama）和法兰西（French，1992）更进一步指出，从 20 世纪 40 年代以后，纽约股票市场股票的平均收益率与贝塔系数间不存在简单的正线性相关关系。他们通过对纽约股票市场 1963 年至 1990 年股票的月收益率分析发现存在如下的多因素相关关系：

$$R = 1.77\% - (0.11 \times \ln(mv)) + (0.35 \times \ln(bv/mv))$$

其中：$mv$ 是公司股东权益的市场价值，$bv$ 是公司股东权益的账面价值。

从前一节我们对上海股票市场的检验结果可以看出，当选用的历史数据变化以后，上海股市中收益与系统性风险相关的显著程度并不如 CAPM 所预期的那样。罗尔对 CAPM 的解释同样适合于上海市场，即一方面我们无法证实市场指数就是有效组合，以我们分析的上海股票市场而言，上证指数远没有包括所有金融资产，比如投资者完全可以自由投资于债券市场和在深圳证券交易所上市的股票；另一方面，在实际分析中我们无法找到真正的贝塔（true beta）。为了找出上海股市中股票定价的其他因素，本研究结合上海股票市场曾经出现炒作的"小盘股""绩优股""重组股"等现象，对公司的股本大小，公司的净资产收益率，市盈率等非系统因素对收益的影响进行了分析，具体方法是：论文首先对影响个股收益率的各因素进行逐年分析，然后构造组合，再对影响组合收益率的各因素进行分析，组合的构造方法与前相同。

#### （二）单股票的多因素检验及结果

检验方法是用历史数据计算 $\beta$ 系数，再对 $\beta$ 系数、前期总股本、前期流通股本、预期净资产收益率、预期 PE 比率对收益率的解释程度进行分析。例如在分析年所有股票收益率的决定因素时，采用 1993 年股票的收益率计算贝塔系数，总股本为 1993 年末的总股本，净资产收益率和市盈率根据 1994 年的财务指标计算。由于股票在此之后 4 年交易期间，净资产收益率（ROE）和每股收益（EPS）尚未公布，因此净资产收益率和市盈率都称为预期净资产收益率和预期市盈率，具体模型如下：

$$R_j = \gamma_0 + \gamma_1 \beta_j + \gamma_2 G_j + \gamma_3 ROE_j + \gamma_4 PE_j + e_j$$

其中：$R_j$ 是股票 $j$ 的第 $t$ 期年平均周收益率，

$\beta_j$ 是股票 $j$ 的 $\beta$ 系数，$\beta$ 系数由第（$t-1$）期历史数据算出，

$G_j$ 是股票 $j$ 的第（$t-1$）期总股本对数值，

$ROE_j$ 是股票 $j$ 的第 $t$ 期净资产收益率，

$PE_j$ 是股票 $j$ 的第 $t$ 期期末市盈率。

STEPWISE 多元回归发现 1994 年各股票收益率与以上因素并无显著关系，其他各年的结果如下：

$$R_j = \gamma_0 + \gamma_2 G_j$$

表 2-7　1995 年个股收益率的 STEPWISE 多元回归结果

| R2 | $\gamma_0$ | | $\gamma_2$ | |
|---|---|---|---|---|
| | 均值 | T 值 | 均值 | T 值 |
| 0.05 | −0.013 | −3.568 | 0.0011 | 2.958 |

$$R_j = \gamma_0 + \gamma_2 G_j + \gamma_3 ROE_j$$

表 2-8　1996 年个股收益率的 STEPWISE 多元回归结果

| R2 | $\gamma_0$ | | $\gamma_2$ | | $\gamma_3$ | |
|---|---|---|---|---|---|---|
| | 均值 | T 值 | 均值 | T 值 | 均值 | T 值 |
| 0.171 | −0.011 | −1.93 | 0.002 | 2.845 | 0.024 | 5.249 |

$$R_j = \gamma_0 + \gamma_2 G_j$$

表 2-9　1997 年个股收益率的 STEPWISE 多元回归结果

| R2 | $\gamma_0$ | | $\gamma_2$ | |
|---|---|---|---|---|
| | 均值 | T 值 | 均值 | T 值 |
| 0.099 | 0.0317 | 6.328 | −0.0028 | −5.325 |

$$R_j = \gamma_0 + \gamma_1 \beta_j + \gamma_2 G_j + \gamma_3 ROE_j$$

表 2-10　1998 年个股收益率的 STEPWISE 多元回归结果

| R2 | $\gamma_0$ | | $\gamma_1$ | | $\gamma_2$ | | $\gamma_3$ | |
|---|---|---|---|---|---|---|---|---|
| | 均值 | T 值 | 均值 | T 值 | 均值 | T 值 | 均值 | T 值 |
| 0.195 | 0.0343 | 7.799 | 0.005 | 3.582 | −0.003 | −8.548 | 0.0013 | 0.0045 |

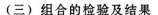

### （三）组合的检验及结果

组合的构造方法与前面所描述的一致，对所有组合 1998 年平均周收益率与组合的 1997 年数据所计算出的贝塔系数、1997 年末平均总股本、1998 年平均净资产收益率、1998 年底平均市盈率进行回归分析，模型如下：

$$R_{pj} = \gamma_0 + \gamma_1 \beta_{pj} + \gamma_2 G_{pj} + \gamma_3 ROE_{pj} + \gamma_4 PE_{pj} + e_j$$

其中：$R_{pj}$ 是组合 $j$ 的 98 年平均周收益率

$\beta_{pj}$ 是组合 $j$ 的 $\beta$ 系数

$G_{pj}$ 是组合 $j$ 的 97 年总股本对数值

$ROE_{pj}$ 是组合 $j$ 的 98 年净资产收益率

$PE_{pj}$ 是组合 $j$ 的 98 年末市盈率

**表 2-11　1998 年组合收益率的 STEPWISE 多元回归结果**

| | $\gamma_0$ | $\gamma_3$ | $R^2$ |
|---|---|---|---|
| 均值 | 0.0425 | −0.0039 | 0.593 |
| $T$ 值 | 4.736 | −4.355 | |

### （四）结果分析

对组合的收益率以及 1997 年以来个股的收益率采用 stepwise 回归分析可以看出，公司的股本因素在上海股票市场的股票定价中起着显著的作用。股票的定价因素同西方成熟股市一样，存在规模效应（Size Effect），即小公司的股票容易取得高收益率。这个结论与中国股市的近几年价格波动实际特点相一致，其原因可以从以下三方面分析：首先，小公司股本扩张能力强。在我国股市中，投资人主要是希望公司股本扩张后带来的资产增值盈利。其次，小股本的股票便于机构投资者炒作，我国机构投资者的实力总体偏弱，截止 1998 年年底，注册资本在 5 亿元以上的券商只有 10 多家。最后，小公司往往被市场认为是资产收购与兼并的目标，许多早期上市的公司，市场规模较小，在激烈的市场竞争中无行业垄断优势和规模经济效益，无法与大企业抗衡。而许多高科技企业或具有较强市场竞争力的企业迫切需要进入资本市场，将收购目标瞄准这些小规模上市公司实行低成本借壳上市。这三方面的因素都导致小股本公司的股票受到市场的青睐，因此在本检验结果中，无论是个股还是组合在历年的收益率中都是显著地与股本相关。

# 第三章

# 金融工具：证券投资基金

基金是社会中的常见词，如中国青少年发展基金、国家自然科学基金、壹基金等等，这些基金都不是本章所要讨论的。我们所讨论的是证券投资基金，是通过委托专家理财，本质上是为了使利润最大化的投资工具。

## 第一节　证券投资基金的概念

证券投资基金（Mutual fund），简称基金，是一种信托投资方式。通过发售基金份额，将众多投资者的资金集中起来，形成独立财产，由基金托管人托管，基金管理人管理，以投资组合的方法进行证券投资的一种利益共享、风险共担的集合投资方式。基金有三方当事人：基金持有人、基金管理人、基金托管人，其关系如图 3-1 所示。

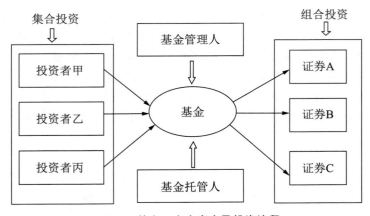

**图 3-1　基金三方当事人及投资流程**

在美国，按照基金是否需要管理，基金投资公司有两大类：

1. 无需管理的

单位投资信托（Unit investment trusts）：在基金生命期内，投资于固定的资产组合的资金集合形式，一旦成立，证券组合结构就固定不变，所以也称为无需管理的基金。

2. 需要管理的

需要管理的基金按照基金运作方式的不同分为开放型基金和封闭型基金。

开放型基金：通常称为共同基金，是指基金发行总额不固定，基金单位总数随时增减，投资者可以按基金的报价在国家规定的营业场所申购或者赎回基金单位的一种基金。

封闭型基金：封闭是相对于开放而言的，基金的发起人在设立基金时，限定了基金单位的发行总额，筹足总额后，基金即宣告成立，并进行封闭，在一定时期内不再接受新的投资，基金通过在二级市场上买卖，保证其流通性。股市大盘上显示的基金是封闭式的。

当然按照其他的分类标准，证券投资基金还可以有其他类别，后面章节会介绍。

注：

信托（Trust）是指委托人基于对受托人的信任，将其财产权（包括物权、债权、知识产权等）委托给受托人，由受托人按委托人的意愿以自己的名义，为委托人的利益或者特定目的，进行管理或者处分的行为。信托财产具有独立性，法律规定：信托财产与委托人未设立信托的其他财产相区别，与属于受托人的固有财产相区别，不得归入受托人的固有财产或者成为固有财产的一部分。

# 第二节　证券投资基金的特点

证券投资基金是一种积少成多的整体组合投资方式，它从广大的投资者处聚集巨额资金，组建投资管理公司进行专业化管理和经营，在这种制度下，资金的运作受到多重监督。

## 一、基金的特点

（1）集合投资。证券投资基金将投资者闲散资金集中起来，委托基金管理人进行共同投资，具有集合投资的特点。资金的规模优势降低了交易成本，并使得中小投资者也能享受专业的投资管理服务。

（2）组合投资。根据投资组合理论，多元化的投资组合，有利于降低非系统风险，一方面借助于资金庞大和投资者众多的优势使每个投资者面临的投资风险变小，另一方面利用不同投资对象之间收益率变化的相关性，达到分散投资风险的目的。

（3）专家理财：基金本质是委托理财。将资金以信托方式交给专业机构进行投资运作，是证券投资基金的一个重要特点。基金实行的都是专家管理制度。

（4）利益共享、风险共担。证券投资基金的风险和收益由基金持有人共同承担。基金投资的收益扣除基金费用后的盈余由基金持有人享有，基金管理人和托管人不参与利益的分配。

（5）投资操作与财产保管严格分离。基金管理人负责具体的投资操作，但基金资产保管又基金托管人负责，基金管理人和基金托管人相互独立，两者相互监督、相互制约。两者的相互制约有利于保护投资者利益。

## 二、基金与其他金融工具的比较

### 1. 与股票、债券的主要不同点

经济关系不同。股票体现的是股东对公司的所有权关系，投资者投资公司股票后成为股东，享有剩余索取权；债券体现的是债权债务关系，投资公司债券即成为公司债权人，有权获得利息及本金收入；基金则体现的是基金持有人和基金管理人之间的信托关系，是基金份额的受益人。

资金投向不同。股票、债券属于直接融资，资金直接投资到企业；基金属于间接投资，投资人购买基金后，由基金管理人再购买股票、债券等产品。

### 2. 基金与存款的差别

性质不同。存款是银行的负债，体现债权债务关系（法定偿债），银行对投资者保本付息。基金是受益凭证，体现信托关系，基金财产独立于基金管理人。

收益与风险特性不同。基金投资有风险，不保证本金安全，投资者自己承担风险。银行存款利率稳定，不会损失本金。

信息披露要求不同。基金有义务定期向投资者披露运作信息，银行没有义务披露信息。

总体而言，收益与风险方面：股票＞基金＞债券＞国债＞存款。

# 第三节　证券投资基金的类型

**1. 按是否可以追加（赎回）投资份额**

开放式基金（Open-end fund）：基金份额不固定、规模可变，在规定时间和场所申购或赎回的一种基金运作方式，一般投资资产流动性强，没有期限，风险小，不能上市。

封闭式基金（Close-end fund）：在基金合同期限内，基金份额固定，可在交易所上市；发行期满后不再追加新的发行单位，类似股票；流动性较低，转让价格由市场决定；有时期限制，5－15 年期满后，按基金份额分配剩余资产。

表 3-1　开放式基金与封闭式基金的比较

|  | 开放式基金 | 封闭式基金 |
|---|---|---|
| 基金规模 | 不固定 | 存续期内，固定 |
| 交易场所 | 证券交易所 | 销售机构的营业场所 |
| 价格决定因素 | 供求关系 | 单位资产净值 |
| 管理要求 | 较低 | 风险管理要求高 |
| 投资策略 | 无赎回压力，可进行长期投资 | 有赎回压力，不可完全进行长期投资 |
| 激励机制 | 缺乏 | 较好 |
| 期限 | 5 年以上，多为 15 年 | 无固定存续期 |

**2. 按法律形式**

不同国家由于法律环境的不同，基金所采用的法律形式也不同，全球有两种基金法律形式。

契约型基金（Contractual-type fund）：基金管理人、投资人、托管人三方签订基金契约，通过基金合同明确三方权利义务，他们之间是合同关系，基金本身不是一个法人，是虚拟企业。

公司型基金（Corporate-type fund）：投资者具有双重身份，既是持有人，又是股东。基金本身是一个独立法人，投资者相当于认购基金的股权。

以上两种形式的基金比较如表 3-2 所示。

表 3-2　契约型基金与公司型基金的比较

|  | 契约型 | 公司型 |
| --- | --- | --- |
| 资金性质 | 受益凭证 | 股票 |
| 投资者地位 | 合同关系、无经营权 | 基金的股东、有经营权 |
| 营运依据 | 基金契约 | 公司章程 |

中国的基金全部是契约型基金。美国大部分是公司型基金。不同法律地位的基金，投资者受到的法律保护不同。

3. 按照投资对象

货币市场基金：（Money Market Fund，简称 MMF）是指投资于货币市场上短期（一年以内，平均期限 120 天）有价证券的一种投资基金。该基金资产主要投资于短期货币工具如国库券、商业票据、银行定期存单、政府短期债券、企业债券等短期有价证券。

股权基金：又称股票基金。60％以上的基金资产投资于股票的，为股票基金。股票基金是以股票为投资对象，投资于不同的股票组合。

固定收益基金：又称债券基金。80％以上的基金资产投资于债券的，为债券基金。债券基金是一种以债券为投资对象的证券投资基金，对债券进行组合投资，寻求较为稳定的收益。

混合基金：是指投资对象有多种投资工具，如同时投资股票、债券，期望通过投资于不同类别的资产来达到风险与收益的均衡。根据中国证监会规定，混合基金可投资于债券、股票和货币市场工具，但股票、债券投资所占总体投资比例不得高于股票型基金和债券基金。

指数基金：为了达到与某指数相同的收益水平，实现与市场的同步增长，试图构造出一个与某一市场的指数业绩相匹配的的基金产品。

4. 按照投资目标

成长型基金：成长型基金是风险最大的一种基金，以资本长期增值为目的，进行战略型投资。成长型基金主要其股票作为投资主要标的，大部分是市场中有较大升值潜力的小公司股票和一些新兴行业的股票。该类基金通常不以分红，通常将投资所得的股息、红利、盈利，再次进行投资来实现资本增值。

收入型基金：收入型基金的目的是追求当期收益，获得稳定收入。投资对象以绩优股和债券为主，一般所得的利息、红利会分配给投资者。这类基金成长性较弱，风险相对较低，适合保守的投资者。

平衡型基金：平衡型基金指以既要获得当期收入，又追求基金资产长期增值为投资目标，把资金分散投资于股票和债券，以保证资金的安全性和盈利性的基金，其收益和风险介于成长型基金和收入型基金之间。

5. **按照募集方式**

公募基金（Public offering fund）：公募基金是受政府主管部门监管的，向非特定投资者公开发行受益凭证的证券投资基金，这些基金在法律的严格监管下，有着信息披露，利润分配，运行限制等行业规范。例如无论是开放式还是封闭式，目前国内证券市场的基金基本都是公募基金。而美国规定，共同基金必须公募。

私募基金（Private placement fund）：私募基金是指向特定的对象募集基金份额。该类基金无需披露信息，对其监管不严，因此类基金的操作具有隐蔽性。如：美国的对冲基金（Hedge fund），采取合伙制度，人数不等超过100人。

其他基金：伞型基金是指在一个母基金之下再设立若干个子基金，各子基金独立进行投资决策的基金运作模式。基金中的基金是以基金为投资对象，通过对基金的在筛选，帮助投资者优化基金投资效果。保本基金是为了保证本金安全，主要进行固定收益投资的基金。

# 第四节　基金的交易

## 一、封闭式基金交易

封闭式基金的交易通过经纪人在基金二级市场自由转让，交易规则同股票，竞价规则是价格优先，时间优先。申报价格最小变动单位为 0.001 元人民币；买入或卖出基金，申报数量应当为 100 份或其整数倍；基金单笔申报最大数量应当低于 100 万份，最小和最大数量分别为 100 份和 100 万份；实现的是 T＋1 交割，交易所对基金交易同样实行价格涨跌幅限制，涨跌幅比例为 10％。

## 二、开放式基金交易

开放式基金没有二级市场，投资者只能向基金管理公司申购（赎回）基金。开放式基金的交易是指基金成立后进行申购和赎回，有别于募集。

开放式基金交易有两大原则：

（1）"未知价"交易原则。投资者在买卖基金时，是按照交易当日的基金净值来计价的。而基金净值一般在第二天公布，所以，在交易时当日的基金净值是未知的。

（2）"金额申购，份额赎回"原则。金额申购是指投资者在买基金时是按购买的金额提出申请，而不是按购买的份额提出申请。份额赎回是指投资者在卖基金时是按卖出的份额提出，而不是按卖出的金额提出。

金额申购：

申购日：净申购额＝申购金额－申购金额×申购费率

次日：申购份数＝净申购额/申购日基金单位净值

基金单位净值（Net asset value）＝

（基金权益－基金负债）/已经出售在外的基金单位。

申购的价格＝基金单位净值＋前端费用

前端收费（Front-end load）：购买基金份额时所支付的佣金或者销售费用。在中国，费率小于5％，一般是1％～1.5％。

例：某个交易日某投资者以10000元认购某基金，费率为1％，前端收费。次日，确定前一个交易日该基金单位净值为0.99元，请确定该投资者认购基金的份额数量。

解答：　　申购日：认购费用＝10000×1％＝100（元）

申购日：认购金额＝10000－100＝9900（元）

次日：认购份数＝9900/0.99＝10000（元）

份额赎回：投资者目的是要知道能赎回多少资金，但是在赎回的时候，价格未知，所以投资者只能申请赎回多少份额。

赎回日：提出赎回数量

次日：赎回金额＝赎回总额－赎回费用

赎回总额＝赎回数量×赎回日基金单位净值

赎回费用＝赎回总额×赎回费率

赎回所得＝基金单位净值－赎回费用

赎回费又称撤离费（Back-end load），后端收费（中国＜3％），一般规定赎回费率按持有年限递减。

例：某投资者以10000元申购某基金，申购日该基金单位净值为1元，申购费率为5％。且规定赎回费率为3％，每年递减1％，假设该基金扣除运作费用后年净收益率为10％（且等于赎回日的净值），求投资者在持有1年后申请全部赎回，能赎回多少资金？

解答：　　　　申购净额＝10000×0.95＝9500（元）

申购份数＝9500/1＝9500（份）

赎回总额＝9500×（1＋10％）＝10350（元）

赎回费用＝10350×2％＝209（元）

赎回金额＝10350－209＝10231（元）

# 第五节　基金净值的估计

基金资产的估值是指根据相关规定对基金资产和基金负债按一定的价格进行评估与计算，进而确定基金资产净值与单位基金资产净值的过程。

## 一、估值的目的

基金资产估值的目的是客观、准确地反映基金资产的价值，并与一定标准比较后，衡量基金是否贬值、增值。依据经基金资产估值后确定的基金资产净值而计算出的基金单位资产净值，是计算开放式基金申购与赎回价格的基础。

## 二、估值对象

基金估值的对象指基金所持有的全部资产，包括股票、债券及配股权证等证券类资产、银行存款、清算备付金等现金类资产、应收利息等应收项目，以及按照有关法规规定应作为资产类的投资估值增值等。同时，为了计算基金资产净值，也需对基金所承担的所有负债进行评估。

## 三、基金资产估值

上市流通的有价证券，以其估值日在证券交易所挂牌的市价（平均价或收盘价）估值；估值日无交易的，以最近交易日的市价估值。未上市的，按照最紧密联系原则处理，如首次公开发行股票按照成本估值。

## 四、运作费用（Operating expenses）

$$基金管理费＝E×R/365$$

E：前一日基金资产净值，

R：费率，中国 $1\%\sim1.5\%$。每日计提累计，按月支付。

基金托管费：跟管理费类似，费率 $<0.25\%$。

基金交易费：基金进行证券买卖交易时候所发生的费用，如交易佣金、过户费、手续费等。

其他费用：审计费、律师费、信息披露费、持有人大会费等。

## 五、资产单位净值（Net asset value，NAV）

资产单位净值＝（资产市值－负债）/已出售的基金份额总数

例：假定有一投资基金，管理着价值 1.2 亿美元的资产组合，假设该基金欠基金管理费和托管费 300 万美元，并欠租金、应发工资及杂费 100 万美元，该基金发行在外的股份为 500 万，则：

资产净值＝（1.2 亿美元－400 万美元）/ 500 万股＝23 美元/份

## 六、基金收益率

基金收益率＝（$NAV_1$－$NAV_0$＋收入＋资本利得）/$NAV_0$

例：如果某个基金在开始月初的资产净值为 20 美元，收入分配为 0.15 美元，资本利得为 0.05 美元，本月月末的资产净值为 20.10 美元，则本月的收益率为：

收益率＝（20.10－20.00＋0.15＋0.05）/ 20.00＝0.015

**案例 3-1**

### 对冲基金与 LTCM 危机

**对冲基金**

对冲基金（Hedge fund）：全称为"风险对冲过的基金"，原意是利用期货、期权等金融衍生产品，对相关联的不同股票买空卖空，但现在成为一种新的投资工具，有名无实。

对冲基金的投资特点：筹资方式不同于基金（向特定的对象招募资金，采用合伙人制得组织结构，人数控制在 100 人一下，每个合伙人出资额在 100 万美元以上）；信息不公开，操作隐蔽；投资策略不确定（会大量使用衍生工具，大量使用保证金等扩大杠杆，在全球范围内运作）。

截至 1998 年底，全世界共有 5830 家对冲基金。对冲基金管理的资产值达 3110 亿美元，年平均增长率接近 20％。目前对冲基金 33.9％设在美国本土，53.6％为离岸基金（通常设在避税所如开曼群岛、英属处女岛、百慕大等）。虽然在欧洲一些国家如英国、荷兰也有类似的基金，但也多由美国人设立，目的是逃避监管。

**LTCM 危机事件**

美国长期资本管理公司：成立于 1993 年，前 3 年，平均每年资产收益达到了 32％，资本金由 12.5 亿增到 1998 年的 38 亿美元。1998 年，公司根据投资模型，看好欧洲债市，俄罗斯等国利率将上升，发达国家的利率将降低，以 22 亿美元的资本金作抵押，借款购买 250 亿美元的债券，然后再用这些债券作抵押，借贷再以借款作保证金，投资总额达 12500 亿美元的金融衍生工具，总杠杆比率达到 568 倍，大量持有德国和美国国债的空头，持有新兴市场经济国家证券多头（如俄罗斯政府债券）。它的投资决策，完全依赖于计算机，根据各种投资模型计算出不同工具的利差，观察两种证券非正常利差，然后进行套利。

1998 年 8 月 13 日，俄罗斯政府宣布停止国债交易，导致新兴市场债券大跌，德美两国国债大涨，公司投资失败，短短 150 天，净亏损 33 亿美元，资产净值下降 90％，9 月 23 日 16 家大银行出资 36.5 亿美元收购了公司的 90％的股权。

## 案例 3-2

### 股票发行定价——以中国银行为例

2005 年始，我国新股发行采用询价制度定价，以当年发行的中国银行为例，说明在询价制度下，新股是如何定价的。

**一、基本情况**

2006 年 6 月中国银行股份有限公司经中国证监会核准，在 A 股市场首次公开发行不超过 100 亿股 A 股股票，募集资金不超过 200 亿元。本次公开发行后，中国银行总股本不超 2573.45656 亿股，A 股占总股本不超过 3.886％。

发行方式采用向 A 股战略投资者定向配售、网下向询价对象询价配售与网上资金申购定价发行相结合的方式，其中，向战略投资者配售 20％，战略投资者持股锁定期为 18 个月；网下配售 32％，股票锁定期 50％为 3 个月，50％为 6 个月；其余 48％为资金申购网上定价发行。

**二、初步询价阶段**

2006 年 6 月 12 日至 16 日，发行保荐人（主承销商）对证券投资基金管理公司、证券公司、财务公司、信托投资公司、保险公司和合格境外机构投资者（QFII）共计 96 家询价对象进行了初步询价。询价对象给出的价格区间上限价格统计如表 3-3：

表 3-3　询价对象给出的价格区间上限价格统计　　　单位：家

| | 基金公司 | 财务公司 | 证券公司 | 信托公司 | 保险公司 | QFII | 合计 |
|---|---|---|---|---|---|---|---|
| 3.05 元以下 | 3 | 2 | 3 | 1 | 1 | 1 | 11 |
| 3.05～3.10 元 | 14 | 4 | 2 | 5 | 4 | 2 | 31 |
| 3.11～3.15 元 | 8 | 5 | 3 | 2 | 0 | 1 | 19 |
| 3.16～3.20 元 | 9 | 3 | 1 | 0 | 2 | 0 | 15 |
| 3.21～3.30 元 | 5 | 2 | 1 | 2 | 0 | 1 | 11 |
| 3.31 元及以上 | 1 | 3 | 0 | 0 | 0 | 3 | 7 |
| 合计 | 40 | 19 | 10 | 10 | 7 | 8 | 94 |

发行人和保荐人（主承销商）根据初步询价情况并综合考虑发行人基本面、所处行业、可比公司估值水平及市场情况，同时参考发行人 H 股发行价格及 H 股上市后的交易情况，确定本次网下向配售对象累计投标询价的询价区间为 3.05～3.15 元/股。

### 三、最终询价

中国银行首次公开发行 A 股网下申购工作于 2006 年 6 月 20 日结束。在规定时间内，保荐人（主承销商）根据收到的有效申购表对累计投标询价情况统计如表 3-4：

表 3-4　有效申购表对累计投标询价情况统计

| 价格<br>（元/股） | 该价格申购数量<br>（万股） | 该价格及以上累计<br>申购数量（万股） | 该价格及以上累计申购<br>数对应申购倍数（倍） |
|---|---|---|---|
| 3.05 | 2200 | 3720090 | 17.903 |
| 3.08 | 1500 | 3717890 | 17.892 |
| 3.10 | 2660 | 3716390 | 17.885 |
| 3.12 | 1500 | 3713730 | 17.872 |
| 3.14 | 200 | 3712230 | 17.865 |
| 3.15 | 3712030 | 3712030 | 17.864 |

发行人和保荐人（主承销商）根据网下向配售对象累计投标询价的情况，综合考虑发行人基本面、所处行业、可比公司估值水平及市场情况，同时参考发行人 H 股发行价格及 H 股上市后的交易情况，确定本次发行价为 3.08 元/股，对应市盈率 24.23 倍。

中国银行首次公开发行 A 股的发行情况为：发行数量 6493506000 股，其中，向战略投资者定向配售 128571.2 万股，往下向询价对象询价配售 175324.7 万股，网上资金申购定价发行 345454.7 万股，网下初步配售比例 5.58892%，网上中签率 1.938%。

# 第四章

# 证券投资基金

## 第一节 证券投资基金的概念与特点

### 一、证券投资基金的概念

证券投资基金是投资基金的一种主要类型，是指通过发售基金份额，将众多投资者的资金集中起来，形成独立资产，由基金托管人托管，基金管理人管理，以投资组合的方式进行证券投资的一种利益共享、风险共担的集合投资方式。基金所募集的资金在法律上具有独立性，基金投资者是基金的所有者。

基金投资收益在扣除由基金承担的费用后的盈余全部归基金投资者所有，并依据各个投资者所购买的基金份额多少在投资者进行分配（也即是买的份额多，分配的利润就多）。

基金合同与招募说明书是基金设立的两个重要法律文件。与直接投资股票与债券不同，证券投资基金是一种间接投资工具。

投资基金是证券市场发展到一定阶段后产生的，它依托于证券市场而存在与发展，它是投资的工具，又是投资的商品。目前投资基金在世界各主要证券市场上都获得了广泛的发展。

在各国及地区其叫法各不相同，比如：在美国叫共同基金，在英国和香港叫单位信托基金，在欧洲一些国家叫集合投资基金或集合投资计划，在日本和中国台湾叫证券投资信托基金，虽然叫法有所不同，但基金运作的原理与机制是相同的。

## 二、证券投资基金的特点

### （一）集合理财、专业管理

基金是这样一种投资方式：它将零散的资金巧妙地汇集起来，交给专业机构投资于各种金融工具，以谋取资产的增值。基金对投资的最低限额要求不高，投资者可以根据自己的经济能力决定购买数量，有些基金甚至不限制投资额大小，完全按份额计算收益的分配，因此，基金可以最广泛地吸收社会闲散资金，集腋成裘，汇成规模巨大的投资资金。在参与证券投资时，资本越雄厚，优势越明显，而且可能享有大额投资在降低成本上的相对优势，从而获得规模效益的好处。

### （二）组合投资、分散风险

以科学的投资组合降低风险、提高收益是基金的另一大特点。在投资活动中，风险和收益总是并存的，因此，"不能将所有的鸡蛋都放在一个篮子里"，这是证券投资的箴言。但是，要实现投资资产的多样化，需要一定的资金实力，对小额投资者而言，由于资金有限，很难做到这一点，而基金则可以帮助中小投资者解决这个困难。基金可以凭借其雄厚的资金，在法律规定的投资范围内进行科学的组合，分散投资于多种证券，借助于资金庞大和投资者众多的公有制使每个投资者面临的投资风险变小，另一方面又利用不同的投资对象之间的互补性，达到分散投资风险的目的。

### （三）利益共享、风险共担

基金投资者是基金的所有者。基金投资人共担风险，共享收益。基金投资收益在扣除由基金承担的费用后的盈余全部归基金投资者所有，并依据各投资者所持有的基金份额比例进行分配。为基金提供服务的基金托管人、基金管理人只能按规定收取一定的托管费、管理费，并不参与基金收益的分配。

### （四）严格监管、信息透明

为切实保护投资者的利益，增强投资者对基金投资的信心，中国证监会对基金业实行比较严格的监管，对各种有损投资者利益的行为进行严厉的打击，并强制基金进行较为充分的信息披露，在这种情况下，严格监管与信息透明也就成为基金的一个显著特点。

### （五）独立托管、保障安全

基金管理人负责基金的投资操作，本身并不经手基金财产的保管。基金财产的保管由独立于基金管理人的基金托管人负责，这种相互制约、相互监督的制衡机制对投资者的利益提供了重要的保护。

### 三、证券投资基金与其他金融工具的比较

#### （一）基金与股票、债券的差异

（1）反映经济关系不同。股票持有人是公司的股东，有权参与公司的重大决策，体现的是一种所有权关系；债券的持有人是债券发行人的债权人，享有到期收回本息的权利，体现的是债权债务关系；基金份额的持有人是基金的受益人，与基金管理人和托管人之间体现的是信托关系。

（2）所筹资金的投向不同。股票和债券主要投向实业领域，而基金主要投向有价证券，其主要投资对象是股票和债券。

（3）投资收益与风险大小不同。一般情况下，股票的风险大于基金。对中小投资者而言，由于受可支配资产总量的限制，只能直接投资于少数几只股票，当其所投资的股票因股市下跌或企业财务状况恶化时，资本金有可能化为乌有；而基金的基本原则是组合投资，分散风险，把资金按不同的比例分别投于不同期限、不同种类的有价证券，把风险降至最低程度；债券在一般情况下，本金得到保证，收益相对固定，风险比基金要小。

#### （二）基金与银行储蓄存款的差异

（1）性质不同。基金是一种受益凭证，基金财产独立于基金管理人；基金管理人只是受托管理投资者资金，并不承担投资损失的风险。银行储蓄存款表现为银行的负债，是一种信用凭证；银行对存款者负有法定的保本付息的责任。

（2）收益与风险特性不同。由于基金主要投资于股票和债券，其收益具有波动性，风险程度适中，银行存款利率相对固定，而且有存款保险金制度，所以其风险较小。

（3）投资方向与获利方式不同。银行将储户的资金更多的投放到生产领域或者消费领域，以获取存贷款利差来获利；而证券投资基金将投资者资金投放到资本市场，通过股票分红，债券付息方式来获利，同时也通过证券市场的价差来获利。

（4）信息披露程度不同。基金需要定期披露投资运作，如净值公告、定期报告等，而银行吸储后，无需披露资金运作。

# 第二节　证券投资基金市场的参与主体

### 一、证券投资基金的运作

基金的运作主要包括基金市场营销、募集、投资管理、资产托管、份额

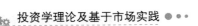
登记、估值与会计核算、信息披露及其他运作活动在内的相关环节。

基金的运作（基金管理人角度）包括：

市场营销（基金份额募集与客户服务），

投资管理（基金管理人的价值），

后台管理（保障基金安全运作）。

## 二、基金的参与主体

基金运作的主要参与主体可以分为：基金当事人、基金市场服务机构、监管和自律机构。

### （一）基金当事人

包括基金份额持有人、基金管理人、基金托管人。

（1）基金份额持有人又名基金投资者，是基金的出资人、基金资产的所有者、基金投资回报的受益人。

（2）基金管理人：是基金产品的募集者和管理者，在基金运作中具有核心作用。在我国，基金管理人只能由依法设立的基金管理公司担任。

（3）基金托管人：基金托管人主要职责是基金资产保管、基金资产清算、会计复核以及对基金投资运作的监督等方面，一般由商业银行和信托公司担任。在我国，基金托管人只能由商业银行担任。

### （二）证券投资基金市场服务机构

基金管理人、基金托管人既是当事人，又是主要服务机构。除此之外还有：

（1）基金销售机构。

（2）注册登记机构（包括基金管理公司、中国证券结算有限责任公司）。

（3）律师事务所与会计事务所。

（4）基金投资咨询公司与基金评级公司。

### （三）证券投资基金的行政监管和自律管理

1. 基金监管机构

2. 基金自律组织

（1）证券交易所是基金的自律管理机构之一。

（2）基金行业自律组织：包括基金管理人、基金托管人、基金销售机构等行业组织成立的同业协会。具有加强行业自律管理、促进行业规范发展的作用。

## 三、证券投资基金运作关系图

基金投资者、基金管理人、基金托管人是基金的当事人。

基金各类中介服务机构通过专业服务参与基金市场。

监管机构对市场上各类参与主体实施全面监管。

其运作关系如图 4-1 所示：

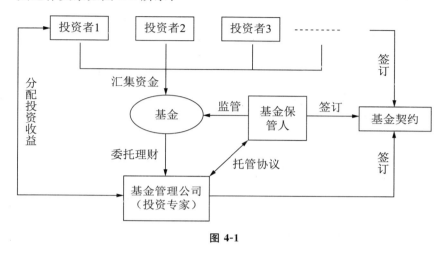

**图 4-1**

# 第三节　证券投资基金的起源与发展

## 一、证券投资基金的起源

证券投资基金是证券市场发展的必然产物，在发达国家已有上百年的历史。证券投资基金作为社会化的理财工具，起源于英国的投资信托公司。

产业革命极大地推动了英国生产力的发展，国民收入大幅增加，社会财富迅速增长。由于国内资金充裕，那些需要大量产业资本的国家在英国发行各种有价证券。另外，为谋求资本的最大增值，人们希望能够投资海外，却苦于资金量小和缺乏国际投资经验，因此萌发了集合众多投资者的资金、委托专人经营和管理的想法。证券投资基金由此萌芽。

1868 年，英国成立"海外及殖民地政府信托基金"，在英国《泰晤士报》刊登招募说明书，公开向社会公众发售认股凭证，投资于美国、俄国、埃及等国的 17 种政府债券，该基金与股票类似，不能退股，亦不能将基金份额兑现，认购者的权益仅限于分红和派息两项。因其在许多方面为现代基金的产生奠定了基础，金融史学家将之视为证券投资基金的雏形。

早期的基金管理没有引进专业的管理人，而是由投资者通过签订契约，推举代表来管理和运用基金资产。1873 年，苏格兰人罗伯特·富莱明创立

"苏格兰美国投资信托"，专门办理新大陆的铁路投资，聘请专职的管理人进行管理，这时投资信托才成为一种专门的赢利业务。

初创阶段的基金多为契约型投资信托，投资对象多为债券。1879 年，英国《股份有限公司法》公布，投资基金脱离原来的契约形态，发展成为股份有限公司式的组织形式。公司型投资基金的经营方式与一般的企业股份有限公司相同，即发行股票或公司债券集资，或向银行借款。不同的是，公司型投资基金既没有工厂，也不从事一般工商业的营运活动，其唯一经营对象就是投资有价证券。

到 1890 年，运作中的英国投资信托基金超过 100 家，以公债为主要投资对象，在类型上主要是封闭型基金。

## 二、证券投资基金的发展

20 世纪以后，世界基金业发展的大舞台转移到美国。1924 年 3 月 21 日，"马萨诸塞投资信托基金"在美国波士顿成立，成为世界上第一只公司型开放式基金。与以往基金运作模式相比，马萨诸塞投资信托基金有三个新的特点：一是基金的组织形式由契约型改变为公司型；二是基金的运作方式由原先的封闭式改变为开放式；三是证券投资基金的回报方式由过去的固定收益方式改变为收益分享、风险分担的分配方式。

1926 年到 1928 年 3 月，美国成立的公司型基金多达 480 家。到 1929 年基金业资产达到 70 亿美元，为 1926 年的 7 倍。1929 年 10 月，全球股市崩溃，大部分基金倒闭或停业，基金业总资产在 1929－1931 年间下降了 50%以上。整个 20 世纪 30 年代，基金业的发展一直处于停滞不前的状态。

20 世纪 40 年代以后，众多发达国家的政府认识到证券投资基金的重要性，纷纷立法加强监管，完善对投资者的保护措施，为基金业发展提供了良好的外部环境。1940 年，美国颁布《投资公司法》和《投资顾问法》，以法律形式明确基金的规范运作，严格限制投机活动，为投资者提供了体系完整的法律保护，并成为其他国家制定相关基金法律的典范。此后的世界基金业基本处于稳中有升的发展态势。

截至 2007 年末，美国的共同基金资产规模达到了 12 万亿美元。1980 年，美国仅有 6.25%的家庭投资基金，现在约有 50%的家庭投资于基金，基金占所有家庭资产的 40%左右。证券投资基金已经成为一种大众化的投资工具。

20 世纪 80 年代以后，证券投资基金在世界范围内得到普及性发展，基金业的快速扩张正在成为一种国际性的现象。根据美国投资公司协会（ICI）的统计，截至 2008 年年末，全球共同基金的资产规模达到 18.97 万亿美元。

### 三、全球基金业发展的趋势与特点

#### （一）美国占据主导地位，其他国家和地区发展迅猛

目前，美国的证券投资基金资产总值占世界半数以上，对全球证券投资基金的发展有着重要的示范性影响，除欧洲、美国、日本外，澳大利亚、拉丁美洲、亚洲新兴国家和地区，如中国香港、中国台湾等地区，以及新加坡、韩国等国家的证券投资基金发展也很快。随着数量、品种、规模的大幅度增长，证券投资基金日益成为各国或各地区资本市场中的重要力量，市场地位和影响不断提高。

#### （二）开放式基金成为证券投资基金的主流产品

20 世纪 80 年代以来，开放式基金的数量和规模增加幅度最大，目前已成为证券投资基金中的主流产品。探究其中的原因，开放式基金更加市场化的运作机制和制度安排是非常重要的因素之一，其独特灵活的赎回机制适应了市场竞争的客观需要，是金融创新顺应市场发展潮流的集中体现和必然结果。事实证明，开放式基金更加全面的客户服务和更加充分的信息披露，已经获得了基金投资者的广泛青睐。

#### （三）基金市场竞争加剧，行业集中趋势突出

在证券投资基金的发展过程中，基金市场行业集中趋势明显，资产规模位居前列的少数最大的基金管理公司所占的市场份额不断扩大。随着市场竞争的加剧，许多基金管理公司不得不走上兼并、收购的道路，这反过来进一步加剧了基金市场的集中趋势。

#### （四）基金资产的资金来源发生了重大变化

个人投资者一直是传统上的证券投资基金的主要投资者，但目前已有越来越多的机构投资者，特别是退休基金成为基金的重要资金来源。比如，美国允许雇主发起的养老金计划和个人税收优惠储蓄计划，以共同基金为投资对象。在近 10 年中，美国共同基金业的迅速发展壮大与退休养老金快速增加紧密相关。

## 第四节　我国基金业的发展概况

我国基金业的发展经历了 20 世纪 80 年代至 1997 年 11 月 14 日《证券投资基金管理暂行办法》（简称《暂行办法》）颁布之前的早期探索阶段；
《暂行办法》颁布之后至 2007 年的封闭式基金的发展阶段。

《开放式证券投资资金试点办法》实施以来的快速发展阶段。

## 一、基金业发展的早期探索阶段

1992 年 11 月，经中国人民银行总行批准成立淄博乡镇企业投资基金，这是境内第一家比较规范的投资基金。

1997 年之前设立的基金统称为老基金，老基金存在的问题有：一是缺乏基本的法律规范，普遍存在法律关系不清、无法可依、监管不力的问题；二是主要投资方向是房地产、企业等产业部门的直接投资基金；三是受房地产市场的影响，老基金的资产质量普遍不高。

## 二、试点发展阶段

1997 年 11 月 14 日颁布《证券投资基金管理暂行办法》。

2004 年 6 月 1 日《证券投资基金法》开始实施，2007 年我国基金市场新发行了 2 支封闭式基金。这是我国基金试点发展阶段。

1999 年 10 月下旬，10 支老基金最先经资产置换后合并改制成为 4 支证券投资基金。

监管部门出台了一系列鼓励基金业发展的政策措施，对基金业的发展起到了重要的促进作用。开放式基金的发展为基金产品的创新开辟了新的天地（具有代表性的基金创新品种）。

试点发展阶段，我国基金业在发展上体现为：

（1）基金在规范化运作方面得到很大的提高（发起人的资本不少于 3 亿元）。

（2）在封闭式基金成功试点的基础上成功推出开放式基金，使我国的基金运作水平实现历史性的跨越。

（3）1998 年 3 月 27 日，新成立的南方基金管理公司和国泰基金管理公司分别发起设立了两只规模均为 20 亿元的封闭式基金——基金开元和基金金泰，拉开证券投资基金试点的序幕。

（4）对老基金进行了全面规范清理，绝大多数老基金通过资产置换、合并等方式被改造成为新的证券投资基金。

## 三、快速发展阶段

2000 年 10 月 8 日，证监会发布了《开放式证券投资基金试点办法》。2001 年 9 月，第一支开放式基金——华安创新诞生，标志我国基金业进入一个全新的发展阶段。

2002 年 8 月南方基金管理公司推出了我国第一支以债券投资为主的南方

宝元债券基金。

2003年3月招商基金管理公司推出我国第一支系列基金。

2003年5月南方基金管理公司推出我国第一支具有保本特色的基金——南方避险保本型基金。2003年12月华安基金管理公司推出我国第一只准货币型基金——华安现金富利基金。

2004年10月南方基金管理公司成立第一支上市开放式基金（LOF）南方基金配置基金。2004年底，华夏基金管理公司推出首只国内交易型开放式基金（ETF）——华夏上证50ETF。

2013年10月阿里巴巴持有天弘基金51％股权。

自《证券投资基金法》实施以来，我国基金业在发展上出现了一些新的变化：

（1）基金业监管的法律体系日益完善。

（2）基金品种日益丰富，开放式基金取代封闭式基金成为市场发展的主流。

（3）基金公司业务开始走向多元化，出现了一批规模较大的基金管理公司。

（4）基金行业对外开放长度不断提高。

（5）基金业市场营销和服务创新日益活跃。

（6）基金投资者队伍迅速壮大，个人投资者取代机构投资者成为基金的主要持有者。

# 第五节　基金业在金融体系中的作用

证券投资基金是证券市场发展的必然产物，其具有独特的制度优势，对金融市场和经济发展的作用日益突出，表现为以下几点：

## 一、为中小投资者拓宽了投资渠道

对中小投资者来说，存款或购买债券较为稳妥，但收益率较低；投资于股票有可能获得较高收益，但风险较大。证券投资基金作为一种新型的投资工具，把众多投资者的小额资金汇集起来进行组合投资，由专家来管理和运作，经营稳定，收益可观，可以说是专门为中小投资者设计的间接投资工具，大大拓宽了中小投资者的投资渠道，可以说基金已进入了寻常百姓家，成为大众化的投资工具。

## 二、优化金融结构，促进经济增长

基金吸收社会上的闲散资金，为企业在证券市场上筹集资金创造了良好的融资环境，实际上起到了把储蓄资金转化为生产资金的作用。这种储蓄转化为投资的机制为产业发展和经济增长提供了重要的资金来源，而且，随着基金的发展壮大，这种作用越来越大。

## 三、有利于证券市场的稳定和健康发展

基金的发展有利于证券市场的稳定。证券市场的稳定与否同市场的投资者结构密切相关。基金的出现和发展，能有效地改善证券市场的投资者结构，成为稳定市场的中坚力量。基金由专业投资人士经营管理，其投资经验比较丰富，信息资料齐备，分析手段较为先进，投资行为相对理性，客观上能起到稳定市场的作用。同时，基金一般注重资本的长期增长，多采取长期的投资行为，较少在证券市场上频繁进出，能减少证券市场的波动。

## 四、完善金融体系和社会保障体系

基金作为一种主要投资于证券的金融工具，它的出现和发展增加了证券市场的投资品种，扩大了证券市场的交易规模，起到了丰富活跃证券市场的作用。随着基金的发展壮大，金融体系才能不断的完善，社会保障体系才能不断的健全。

案例

### 公募基金与私募基金合谋下的内幕交易
### （来自《21世纪经济》报道）

只有私募基金与上市公司间有内幕交易吗？朗朗晴天下，公募基金与私募基金、上市公司间正在合谋着一桩桩交易，拨开其层层内幕，并公布于众，是媒体的责任。在呼吁监管层严厉处罚这些违规事件时，我们也呼唤更多人能投入到这场舆论监督中来。

2007年的春天，这是个异动股比春花还要灿烂的季节。在充满重组传闻的资本市场中，有多少基金在这场异动中蠢蠢欲动？

据某位业内知情人士透露，基金的身影一直都在这轮垃圾股的炒作中闪现，涉及内幕人交易、关联交易者甚多。

**合谋内幕**

3月，中国股市进入了垃圾股时代。

业内通常把引发低股价大跃进的幕后黑手指认为私募基金和游资所为，而一向自诩价值投资的基金公司在公开场合常常宣称并未参与这场"对赌"游戏。

"事实并非如此，"一位熟悉基金以及私募的券商人士称，"在某些股票的操作上，基金公司和私募合作得十分愉快。"

他说，公募与私募基金的内幕交易最基本手法是公募基金先购进一些股票，然后锁仓。接着，私募开始协助股价拉升，之后收益双方分成。

案例之一就是前不久异动的长城股份（000569）。

2月26日、3月2日、3月14日，长城股份先后三次因为股票交易异常波动而发布公告。其股价从异动之初3.75元（2月14日开盘价）一路猛升到7.56元（3月13日收盘价），涨幅一倍有余。

即使2月27日A股大跌，该股仍然拉出一根小阳线。

与之形成鲜明对比的是，就在此前，1月31日，长城股份还发布公告称，预计2006年度亏损金额2.4亿元左右。

在股价波动的公告里，年度亏损也被反复提及，并强调"从2006年年度报告披露之日起，公司股票将被实施退市风险警示的特别处理"。

预亏并没有挡住基金参与该股票的炒作。

上述知情人士称，这只股票的异动即是某家知名基金公司和私募机构配合操作，先由基金买进股票，按住不动，之后由私募拉升。

世上没有不透风的墙。

往往这种合作未必总能得手。由于消息的泄漏或者合作双方之间的利益问题，都可能成为内幕合作不能达到预期效果的导火线。

"就说长城股份，这只股票本来还可以拉得更高，但是后来由于上述原因而没有再创新高。"上述人士表示。

以收取规模管理费的公募基金，旱涝保收，缘何冒如此大的风险博取收益？

但有关基金公司人士对此类事件表示理解。

"2007年1月，原来的基金重仓股一直表现不佳，所谓的绩优股也明显弱于大势，与此同时，去年一直沉寂的垃圾股开始暴涨。"他说。

"公募基金赚取的是相对收益，就是要跑赢大盘。在这段时间要取得好成绩，胜过大盘只能靠频繁地换手做波段，甚至冒着高风险与其他资金合作炒作低价股。好在以目前的市场环境中壳资源受追捧，股票退市的风险较小。"

更令基金持有人担忧的是，基金公司之间相互哄抬或打压股价，以及基金公司旗下的数只基金产品之间的利益输送也不鲜见。

某些上市公司的股票一直为数只基金重仓持有并拉高，高处不胜寒之下无人敢进退。更有甚者，"有的基金公司旗下数只基金同时重仓某只股票，新进资金就为老基金抬轿"。这位人士说。

当然基金也被指称有砸盘嫌疑，在2月27日A股大跌之日，就有基金内部人士称，下午跌势已成定局之时，即有基金卖出竞争对手的重仓股，"让对方的重仓股不得不跌停"。

**历年顽疾**

多起股价异动，业内声音更多地把责任归结在私募机构。似乎信息披露相对透明、监管更为严格的公募基金在这其中扮演的不是主角。

"更多的基金内幕交易发生在去年，基金借股改之机与上市公司之间达成协议。"某知情人士表示。

作为最主要的流通股东，基金在股改中有着相当的话语权。在股改之前，上市公司与基金之间就股改方案就已经完成了充分的沟通，一方面，上市公司申购该基金的大笔份额；另一方面，基金为上市公司股改投赞成票。股改方案出台之后，上市公司股价大涨，基金净值上扬，双方均得利益。

"从过去到现在，内幕交易从来就难以避免。作为透明化最高的投资机构，基金在这方面的问题可能相对好一些，但是，上市公司、券商和基金之间毕竟存在着的千丝万缕的联系。"上述人士表示。

出于双方利益的需要，基金公司总是更便于从上市公司得到非公开消息，而这些对将来股价的涨跌影响重大。

至于券商与基金之间则更为亲密，上述人士表示"不少基金公司的股东即是券商，基金公司的人员也很多来自于券商，而券商投行为基金公司获取上市公司信息提供了天然的渠道，防火墙形同虚设"。

基金内幕交易和关联交易这一顽症的原动力，不仅来源于基金们对净值的角逐，更有甚者，与市场的接近让他们具有更多的个人获利机会。

另一家基金公司人士表示："在这些交易中，从中获利的不仅只是基金公司管理的基金产品，基金公司内部的个人以及相关人也将会从中牟利，俗称'老鼠仓'。"

比较突出的案例是去年传得沸沸扬扬的华安基金高位接盘海欣股份。消息称，上海电气早前推高海欣股份的股价，之后华安基金在高位接盘，上海电气以获利部分入股华安基金，并持有华安基金20％的股权。

一方面，华安基金坚持认为，华安投资海欣股份是增发而来，二级市场的买卖行为严格遵守内部投资流程，合法合规。

而另一方面，华安基金总经理韩方河以及海欣股份总裁袁永林相继被要求协助调查一事，很难让局外人不产生联想。

这只是一个缩影。除了基金公司管理层在内幕交易利益输送中扮演角色之外，基金经理更难得幸免。

由于证监会要求基金经理上报直系亲属身份证号和证券账户，并着手建立针对基金管理人员直系亲属证券投资的监控体系。上有政策下有对策，仍有基金经理在建立基金重仓股前建立老鼠仓，并用自己亲戚朋友的账户操作股票。

**监管摸索**

冰冻三尺，非一日之寒。

"对基金内幕交易的监管其实一直在进行之中，但是并没有特别突出的进展。"有证监会人士表示。这种状态显然与目前基金所处的市场地位不符。目前，基金公司的管理规模已过万亿，是目前市场上话语权最大的机构。加强对基金的监管对资本市场的管理影响巨大。

于是，监管技术层面的水平的提高被认为是目前所急需的。最新一期上证联合研究计划课题中建议称，内幕信息操纵主要来源于金融市场微观结构的证据，这些证据获得主要依靠证券交易所的动态监测。

这需要从技术上构建内幕操纵的动态监管体系，对内幕交易和市场操纵行为进行有效、及时甄别，及时发现并防止内幕操纵事件。

研究证券内幕交易和信息披露的上海同济大学博士黄建中认为，这只是一个方面。此外，就事前防范来说，证券市场的个人信用体系的建立急待完善，"目前违背诚信进行内幕交易所需要付出的成本太小"；就事后防范来说，对股价异动的事后调查应该加强。

眼下的现实是：根据我国现行的相关法律法规，证券交易所最多只能对上市公司进行信息披露谴责或对股价异常波动进行停牌。

"目前出股价异动的情况，或者一些未披露信息在市场流传，上市公司都会及时公告，这已经算是一大进步。可惜的是，交易所对上市公司的停牌公告只做形式审查。这样，上市公司的公告也就流于形式。"黄建中如是说。

这些并不足以避免基金对上市公司股价的操纵以及内幕交易存在的可能性。"应该加强公告的监管。尤其要督促公告把实际情况披露出来，而不是走过场。"黄说。

此外，我国证券市场违规行为的监管稽查职责主要集中于中国证监会。

因此，有必要在证监会、交易所、司法部门、证券登记结算公司之间完善并强化证券联合监管机制，通过合理的合作机制和工作流程，加大证券监管稽查力度，联合防范和打击证券市场内幕操纵行为。

# 第五章

# 证券投资基金类型

　　证券投资基金的一大特色就是数量众多、品种丰富，可以较好的满足广大投资者的投资需要。不管是投资人还是从事基金管理的专业人士都必须对基金分类有一个深入的了解。作为投资人，要了解基金分类可以根据基金的特点和自身的偏好选择适合自己的基金，以便获得与自己风险相适应的投资收益。而作为基金从业人员，要清楚基金的分类，对于基金业务的开展和维护基金业的公平竞争都具有重要意义。

## 第一节　证券投资基金分类概述

### 一、证券投资基金分类的意义

　　2012 年底美国开放式基金的数量达到了 8031 只，对于这么多基金，科学合理的分类无论是对于投资者，基金管理公司，还是基金评级部门和监管机构而言，都具有重要的意义。

　　对于投资者来说，便于投资者对各种基金的认识及对风险收益特征的把握，在众多基金中选择适合自己的基金很困难，因为对基金的合理分类，有利于投资者认识和比较各种基金，在挑选基金时候能够根据自己风险爱好，作出正确的投资选择与比较。

　　对于基金公司而言，不同的基金其管理的理念，投资策略和操作风险各不相同，科学的分类有利于基金管理者对不同的基金采取不同的策略，有效的提高业绩和降低管理的成本。

　　对于评级公司而言，基金的分类是评级的基础。基金的绩效考评应该有一个明确的标准，也就是说在考评时候必须在同一个类型，同一个级别的基金中比较，这样才比较公平，否则比较就没有意义了。

对于监管者而言，明确基金的类型特征有利于针对不同基金的特点实施更有效的分类监管。

## 二、基金分类的困难性

科学的分类至关重要，但实际工作中对基金的统一分类却并非易事。由于基金产品的不断创新，没有一个分类方式能满足所有投资者的需求，除此之外，基金各个分类方法之间又不可避免的存在重合与相交。

基金的分类标准一般而言是由国家监管部门或者行业协会制定统一的分类标准，比如美国投资公司依据基金投资目标和策略不同，将美国的基金分为 33 种。

随着我国基金行业的不断发展，基金产品的品种也随之丰富起来。2004年 7 月 1 日，《证券投资基金运作管理办法》将我国基金分为股票基金、债券基金、混合基金、货币市场基金等。

## 三、基金分类的标准和划分

构成基金的要素很多，因此可以依据不同的标准对基金进行分类。

**（一）根据运作方式不同，可以将基金分为封闭式基金和开放式基金**

**（二）根据法律形式不同，可以将基金分为契约型基金、公司型基金等**

**（三）依据投资对象不同，可以将基金分为股票基金、债券基金、货币市场基金、混合基金**

股票基金是指以股票为主要投资对象的基金，在各类基金中历史最为悠久，也是各国广泛采用的一种基金类型。基金资产 60％以上投资于股票的为股票基金。

债券基金主要以债券为投资对象，基金资产 80％以上投资于债券的债券基金。

货币市场基金以货币市场工具为投资对象，仅投资于货币市场工具的为货币市场基金混合基金同时以股票、债券等为投资对象，以期通过在不同资产类别上的投资实现收益与风险之间的平衡。

**（四）根据投资目的不同，可以将基金分为成长型基金、收入型基金和平衡型基金**

成长型基金是指以追求资本增值为基本目标，较少考虑当期收益的基金，主要以良好增长潜力的股票为投资对象。

收入型基金是指以追求稳定的经常性收入为基本目标的基金，主要以大盘蓝筹股、公司债券、政府债券等稳定证券为投资对象。

平衡型基金则是既注重资本增值又注重当期收入的一类基金。

成长型基金的风险大、收益高；收入型基金的风险小、收益较低；平衡型基金的风险、收益则介于成长型基金与收入型基金之间。

**（五）依据投资理念的不同，可以将基金分为主动型基金与被动（指数）型基金**

主动型基金是一类力图取得超越基准组合表现的基金。

被动型基金并不主动寻求取得超越市场的表现，而是试图复制指数的表现。被动型基金一般选取特定的指数作为跟踪的对象，通常称为指数型基金。

**（六）根据募集方式不同，可以将基金分为公募基金和私募基金**

公募基金是指可以向社会公众公开发售的一类基金特点：可以面向社会公众公开发售基金份额和宣传推广，基金募集对象不固定；投资金额要求低，适宜中小投资者参与；必须遵守基金法律和法规的约束，并接受监管部门的严格监管。

私募基金只能采取非公开方式，面向特定投资者募集发售，不能进行公开发售和宣传推广，投资金额要求高，投资者的资格和人数常常受到严格限制。

**（七）根据基金的来源和用途不同，可以将基金分为在岸基金和离岸基金**

在岸基金是指在本国募集资金并投资于本国证券市场的证券投资基金。

离岸基金是指一国的证券投资基金组织在他国发售证券投资基金份额，并将募集的资金投资于本国或第三国证券市场的证券投资基金。

**（八）特殊类型基金**

1. 系列基金，又称伞型基金

是指多个基金公用一个基金合同，子基金独立运作，子基金之间可以进行互相转换的一种基金结构形式。我国目前共有9支系列基金（包括24支子基金）。

2. 基金中的基金

是指以其他证券投资基金为投资对象的基金，其投资组合由其他基金组成，我国目前尚无此类基金存在。

3. 保本基金

是指通过采取投资组合保险技术，保证投资者在投资到期时至少能够获得投资本金或一定回报的证券投资基金。

4. 交易型开放式指数基金（ETF）与上市开放式基金（LOF）

1990 年，加拿大多伦多证券交易所推出世界上第一支 ETF——指数参与份额的基金。而今，ETF 已成为美国基金市场上成长速度最快的基金品种之一。我国于 2004 年底推出上证 50ETF。

LOF 与 ETF 的区别为：

（1）申购、赎回的标的不同

LOF 是基金份额与现金的交易。ETF 是基金份额与"一篮子"股票的交易。

（2）申购、赎回的场所不同

ETF 通过交易所进行；LOF 在代销网点进行。

（3）对申购、赎回限制不同

ETF 要求的数额较大，在 100 万份以上；LOF 在申购、赎回上没有特别要求。

（4）基金策略不同

ETF 通常采用完全被动式管理方法，以拟合某一指数为目标；而 LOF 既可以采用主动方式，也可以采用被动方式。

（5）报价时间不同

在二级市场的净值报价上，ETF 每 15 秒提供一个基金净值报价；而 LOF 通常一天只提供一个或几次基金净值报价。

（6）套利机制不同

ETF 可实时套利；而 LOF 在套利上没有 ETF 方便，需要承担较大的套利风险。

# 第二节　证券投资基金的主要类型及特征

## 一、封闭式基金和开放式基金

证券投资基金的运作方式不同，证券投资基金可以分为封闭式基金和开放式基金。

### （一）封闭式基金

封闭式基金是指基金份额在基金合同期内固定不变，基金份额可以在依法设立的证券交易所交易，但基金份额持有人不得申请赎回的一种基金运作方式。

### （二）开放式基金

开放式基金是指基金份额不固定，基金份额可以在基金合同约定的时间和场所进行申购或者赎回的一种基金运作方式。

这里不包括交易型开放式指数基金和上市开放式基金等新开放式基金。

### （三）封闭式基金与开放式基金的区别

第一，期限不同。封闭式基金的存续期应在 5 年以上，封闭式基金期满后可以通过一定的法律程序延期。目前，我国封闭式基金的存续期大多在 15 年左右。

第二，份额限制不同，封闭式基金的基金份额是固定的，在封闭期内未经法定程序认可不能增减；开放式基金规模不固定，投资者可以随时提出申购和赎回申请，基金份额会随之增加或减少。

第三，交易场所不同。封闭式基金在证券交易所上市交易；开放式基金投资者可以按照基金管理人确定的时间和地点向基金管理人或销售代理人提出申购、赎回申请。

第四，价格形成方式不同。封闭式基金的交易价格主要受二级市场供求关系影响；开放式基金的买卖价格以基金份额净值为基础，不受供求关系影响。

第五，投资策略不同。封闭式基金在封闭期间内基金规模不会减少，因此可以长期投资，而开放式基金可以随时赎回，所募集的资金不能全部用于投资，需要保持一定资金的流动性。

## 二、契约性基金和公司型基金

有价证券依据法律形式不同，证券投资基金可以分为契约性基金和公司型基金。

### （一）契约型基金

依基金投资者、基金管理人、基金托管人之间所签署的基金合同而设立，基金合同是规定基金当事人之间权利义务关系的基本法律文件。

### （二）公司型基金

在法律上是具有独立法人地位的股份投资公司。公司型基金根据基金公司章程设立，基金投资者是基金公司的股东，按所持有的股份承担有限责任，分享收益，设有董事会。

与一般股份公司的区别：委托基金管理公司作为专业的财务顾问经营管理基金资产。

### （三）契约型基金与公司型基金的区别

1. 资金的性质不同

契约型的资金是通过发行基金份额筹集起来的信托资产；而公司型基金的资金是通过发行普通股票筹集的公司法人资本。

2. 投资者的地位不同

契约型基金的投资者购买基金份额后成为基金的委托者，基于对基金管理人的信任，将资金交给基金管理人管理和运营，同时又是基金的受益者，享有投资收益。公司型的投资者购买基金份额后变成公司的股东，其运作的影响比契约型基金的投资大。

3. 基金营运依据不同

契约型基金依据基金合同营运基金；公司型基金依据基金公司章程营运基金。

二者主要区别在于法律形式不同，无优劣之分。目前我国的基金全部是契约型基金。

## 三、股票基金

### （一）股票基金在投资组合中作用

追求长期的资本增值为目标，比较适合长期投资，与房地产一样，股票基金是应付通货膨胀最有效的手段。

### （二）股票基金与股票的不同

股票是上市公司股权的份额，可以在证券交易所进行买卖交易，如果你买了某支股票，就直接拥有了某个上市公司的一部分股权。

股票基金是用于购买股票的基金，就是把投资者的钱集合到一起，再用去买股票，因此如果你买了这种基金，你就拥有了这支基金的一部分份额，而这支基金又拥有某个上市公司的一部分股权，从而你就间接拥有了该上市公司的股权。

### （三）股票基金的类型

① 按投资市场分类：国内股票基金；国外股票基金，分为单一国家型股票基金、区域型股票基金、国际型股票基金；全球股票基金。

② 按股票规模分类：小盘股票基金，市值小于 5 亿；中盘股票基金；大盘股票基金，市值大于 20 亿。

③ 按股票性质分类：价值型股票基金；成长型股票基金，如持续成长型基金、趋势增长型基金、周期型股票基金；平衡型股票基金。

### （四）股票基金的投资风险

系统性风险：是指由整体政治、经济、社会等环境因素对证券价格所造成的影响；

非系统性风险：是指个别证券特有的风险，包括企业的信用风险、经营风险、财务风险等。

管理运作风险：是指由于基金经理对基金的主动性操作行为而导致的风险，比如基金经理不适当地对某一行业或某一个股集中投资而导致的风险。

### （五）股票基金的分析

①反映基金经营业绩的指标：主要有：分红、已实现收益、净值增长率等。

②反映基金风险大小的指标：标准差、β值、持股集中度、行业投资集中度、持股数量等。

③反映股票基金组合特点的指标。

④反映基金运作成本的指标：费用。

⑤反映基金操作策略的指标：基金股票周转率。

## 四、债券基金

### （一）债券基金在投资组合中的作用

主要以债券为投资对象，流动性小于股票基金，能分散投资风险。债券基金同为组合投资中不可或缺的重要组成部分。

### （二）债券基金与债券的不同

①收益没有债券的利息固定。

②债券基金没有确定的到期日。

③债券基金的收益率比买入并持有到期的单个债券的收益率更难以预测。

④投资风险不同。

### （三）债券基金的类型

①政府公债基金，主要投资于国库券等由政府发行的债券（政府公债）；

②市政债券基金，主要投资于地方政府发行的公债（市政债券）；

③公司债券基金，主要投资于各公司发行的债券（公司债券）；

④国际债券基金，主要投资于国际市场上发行的各种债券（国际债券）。

### （四）债券基金的投资风险

①利率风险

债券的价格与市场利率变动密切相关，且成反向变动。当市场利率进入

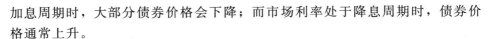

加息周期时，大部分债券价格会下降；而市场利率处于降息周期时，债券价格通常上升。

②信用风险

一些债券评级机构会对债券信用进行评级，信用等级较低的债券收益率会高于同类信用等级更高的债券。但是，如果债券发行人不能按时支付利息或者偿还本金，该债券就面临很高的信用风险。如果债券信用等级下降，将会导致该债券价格下跌。

③提前赎回风险

提前赎回风险也就是流动性风险，即投资人在需要卖出时面临的变现困难和不能在适当价格上变现的风险。例如开放式基金在正常情况下投资者不存在由于在适当价位找不到买家的流动性风险，但当基金面临巨额赎回或暂停赎回的极端情况时，基金投资人有可能会承担无法赎回或因净值下跌而低价赎回的风险，这就是开放式基金的流动性风险。

④通货膨胀风险

通货膨胀风险也是债券基金投资者不能忽视的问题，考虑到通货膨胀会吞噬掉固定收益的购买力，成熟的投资者常常把债券基金和股票基金一起列入资产配置的范围。

**（五）债券基金的分析**

债券基金的分析主要集中余对债券基金久期以及债券信用等级的分析。

久期是指一只债券的加权到期时间，久期越长，承担的利率风险就越高。

## 五、货币市场基金

**（一）货币市场基金在投资组合中的作用**

货币市场基金具有风险低，流动性好的特点，是厌恶风险、对资产流动性和安全性要求高的投资者进行短期投资的理想工具。

**（二）货币市场工具**

货币市场工具是指到期日不足1年的短期金融工具，被称为"现金投资工具"，主要包括短期存款、国库券、公司短期债券、银行承兑票据以及商业票据等货币市场工具。

**（三）货币市场基金的投资对象**

目前我国货币市场基金能够投资的金融工具主要包括：（1）现金；（2）1年以内（含1年）的银行定期存款、大额存单；（3）剩余期限在397天以内（含397天）的债券；（4）期限在1年以内（含1年）的债券回购；（5）期限在1年以内（含1年）的中央银行票据；（6）剩余期限在397天以内（含397

天）的资产支持证券；（7）中国证监会、中国人民银行认可的其他具有良好流动性的货币市场工具。

货币市场基金不得投资以下金融工具：（1）股票；（2）可转换债券；（3）剩余期限超过 397 天的债券；（4）信用等级在 AAA 以下的企业债券；（5）国内信用评级机构评定的 A－1 级或者相当于 A－1 级的短期信用级别及该标准以下的短期融资券；（6）流通受阻的证券；（7）中国证监会、中国人民银行禁止投资的其他金融工具。

**（四）货币市场基金的投资风险**

货币市场的投资风险相对较低，但并不保证收益，所以风险依然存在。

**（五）货币市场基金的分析**

①收益分析：基金收益通常用日每万份基金净收益和最近 7 日年化收益率表示。

②风险分析：组合平均剩余期限，目前我国法规要求货币市场基金投资组合的平均剩余期限在每个交易日均不超过 180 天；融资比例，货币市场基金债券正回购的资金余额不得超过 20％；浮动利率债券投资情况。

## 六、混合基金

**（一）混合基金在投资组合中的作用**

混合基金提供了在不同类别资产之间进行分散投资的工具，通常同时投资于股票和债券，比较适合保守的投资者。

**（二）混合基金的类型**

偏股型基金：股票比例在 50％－70％；偏债型基金：债券比例在 50％－70％；股债平衡型：两者比例均衡。灵活配置型基金对股票和债券的配置比例会依市场状况进行调节。

## 七、保本基金

保本基金是指通过采用投资组合保险基数，保证投资者在投资到期时至少能够获得投资本金或一定回报的证券投资基金。其基金产品的一个保本周期内（基金一般设定了一定期限的锁定期，在中国一般是 3 年，在国外甚至达到了 7 年至 12 年），投资者可以拿回原始投入本金，但若提前赎回，将不享受优待。这类基金对于风险承受能力比较弱的投资者或是在未来股市走势不确定的情形下，是一个很好的投资品种，既可以保障所投资本金的安全，又可以参与股市上涨的获利，具有其特定的优势。

### （一）保本基金的特点

保本基金的特点是满足一定持有期后，为投资者提供本金或收益的保障，其主要体现在：1. 保障本金安全，一般保本基金在基金合同上都写明了本金的安全程度，保本程度包括部分保证本金安全，如保证 90％的本金；2. 在一段时间内保证本金安全，一般来说投资者只有全程参与保本期，本金才能得到保证，而其间后进、先出的投资者并不享受基金合同中的保本条款。

### （二）保本基金的保本策略

对冲保险策略：主要依赖金融衍生产品实现组合的保本增值，国内尚没有。保本基金经常使用一种动态投资组合保险技术（CPPI）实现保本，这种技术的基本思路是将大部分资产（保险底线）投入固定收益证券，以保证保本周期到期时能收回本金；同时将剩余的小部分资金（安全垫）乘以一个放大倍数投入股票市场，以博取股票市场的高收益，其主要目标是锁定下跌风险的同时力争获得潜在的高回报。这样，如果股票市场上涨，CPPI 按照放大倍数计算出的投资股票市场的资金会增加，从而增加基金的投资收益；相反，当股票市场下降时，CPPI 计算出的投资于股票市场的资金量会减少，基金会将一部分资金从股票市场转移至风险较小的债券市场，从而规避了股票市场下跌的风险，保证基金总资产不低于事先确定的安全底线。

### （三）保本基金的类型

保本基金可以分为本金保证、收益保证、红利保证等。

### （四）保本基金的投资风险

保本基金的投资风险主要来自于三个方面：

1. 市场短期内突然巨幅下跌，且下跌过程中流动性极度丧失，以致于放大了的风险暴露部分来不及变现就击穿了净值保本线，如美国股市 1987 年"黑色星期一"。

2. 投资标的市场处于频繁的剧烈波动状态，引发大量的赎回，基金不得不频繁地调整风险资产与固定收益资产间的比例，运作成本增加，影响了保本目标的实现。

3. 基金管理人风险监控与内控管理不严，未能严格执行策略，导致基金投资到期不能保本。从整体制度安排而言，保本基金投资风险的防范通过为保本基金引入担保机构可得到有效增强。

### （五）保本基金的控制风险

保本基金的保本期通常为 3－5 年，投资保本基金并不等于将资金作为银行存款放在银行，在极端情况下仍然存在本金损失的风险，如提前赎回不保本。

### （六）保本基金的分析

保本基金的主要分析指标包括：保本期、保本比例、赎回费、安全垫、担保人等。

## 八、交易型开放式指数基金

ETF 是英文"Exchange Traded Funds"简称，被译成"交易所交易基金"，上海证券交易所将其名为"交易型开放式指数基金"。ETF 是一种在交易所上市交易，基金份额可变的一种基金运作方式，其结合了封闭式与开放式基金运作的特点，一方面可以像封闭式基金一样在交易所二级市场进行买卖，另一方面又可以像开放式基金一样申购、赎回。

### （一）ETF 的特点

①被动操作的指数型基金

ETF 以某一选定的指数所包含的成分证券为投资对象，依据构成指数的股票种类和比例，采取完全复制的方法。ETF 不但具有传统指数基金的全部特色，而且是更为纯粹的指数基金。

②独特的实物申购赎回机制

所谓实物申购赎回机制，是指投资者向基金管理公司申购 ETF，需要拿这只 ETF 指定的一揽子股票来换取；赎回时得到的不是现金，而是相应的一揽子股票；如果想变现，需要再卖出这些股票。实物申购赎回机制是 ETF 最大的特色，使 ETF 省却了用现金购买股票以及为应付赎回卖出股票的环节。此外，ETF 有"最小申购、赎回份额"规定，只有大的投资者才能参与 ETF 一级市场的实物申购赎回。

③实行一级市场与二级市场并存的交易制度

ETF 实行一级市场与二级市场并存的交易制度。在一级市场上，大投资者在交易时间内可以随时进行以股票换份额（申购）、以份额换股票（赎回）的交易，中小投资者被排斥在一级市场之外。在二级市场上，ETF 与普通股票一样在市场挂牌交易。无论是大投资者还是中小投资者均可按市场价格进行 ETF 份额的交易。一级市场的存在使二级市场交易价格不可能偏离基金份额净值很多，否则两个市场的差价会引发套利交易。套利交易会最终使套利机会消失，使二级市场价格回复到基金份额净值附近。因此，正常情况下，ETF 二级市场交易价格与基金份额净值总是比较接近。

ETF 本质上是一种指数基金，因此对 ETF 的需求主要体现为对指数产品的需求上。由一级和二级市场的差价所引致的套利交易则属于一种派生需求。与传统的指数基金相比，ETF 的复制效果更好，成本更低，买卖更为方便（可以在交易日随时进行买卖），并可以进行套利交易，因此对投资者具有独特的吸引力。

### （二）ETF 的套利交易

当同一商品在不同市场上价格不一致时就会存在套利交易。传统上，数量固定的证券会在供求关系的作用下，形成二级市场价格独立于自身净值的交易特色，如股票、封闭式基金即是如此。而数量不固定的证券，如开放式基金则不能形成二级市场价格，只能按净值进行交易。ETF 的独特之处在于实行一级市场与二级市场交易同步进行的制度安排，因此，投资者可以在 ETF 二级市场交易价格与基金份额净值二者之间存在差价时进行套利交易。

具体而言，当二级市场 ETF 交易价格低于其份额净值，即发生折价交易时，大的投资者可以通过在二级市场低价买进 ETF，然后在一级市场赎回（高价卖出）份额，再于二级市场上卖掉股票而实现套利交易。相反，当二级市场 ETF 交易价格高于其份额净值，即发生溢价交易时，大的投资者可以在二级市场买进一揽子股票，于一级市场按份额净值转换为 ETF（相当于低价买入 ETF）份额，再于二级市场上高价卖掉 ETF 而实现套利交易。套利机制的存在将会迫使 ETF 二级市场价格与净值趋于一致，使 ETF 既不会出现类似封闭式基金二级市场大幅折价交易、股票大幅溢价交易现象，也克服了开放式基金不能进行盘中交易的弱点。折价套利会导致 ETF 总份额的减少，溢价套利会导致 ETF 总份额的扩大，但正常情况下，套利活动会使套利机会消失，因此套利机会并不多，通过套利活动引致的 ETF 规模的变动也就不会很大。ETF 规模的变动最终取决于市场对 ETF 的真正需求，也就是说投资者可以在 ETF 二级市场交易价格与基金份额净值二者之间存在差价时进行套利交易。

### （三）ETF 的类型

ETF 根据跟踪的指数不同可分为股票型 ETF、债券型 ETF。ETF 根据复制方法的不同，可以将 ETF 分为完全复制型 ETF 与抽样复制型 ETF。完全复制型 ETF 是依据构成指数的全部成分股在指数中所占的权重，进行 ETF 的构建，我国首只 ETF——上证 50ETF 采用的就是完全复制。在标的指数成分股数量较多、个别成分股流动性不足的情况下，抽样复制的效果可能更好。抽样复制就是通过选取指数中部分有代表性的成分股，参照指数成分股在指数中的比重设计样本股的组合比例进行 ETF 的构建，目的是以最低的交易成本构建样本组合，使 ETF 能较好地跟踪指数。

### （四）ETF 的风险

首先，与其他指数基金一样，ETF 会不可避免地承担所跟踪指数面临的系统性风险。其次，尽管套利交易的存在使二级市场交易价格不会偏离基金份额净值太大，但由于受供求关系的影响，二级市场价格常常会高于或低于基金份额净值。此外，ETF的收益率与所跟踪指数的收益率之间往往会存在跟踪误差。抽样复制、现金留存、基金分红以及基金费用等都会导致跟踪误差。

### （五）ETF 的分析

收益指标：二级市场价格收益率、基金净值收益率。

运作效率的指标：折（溢）价率、周转率、费用率、跟踪偏离度、跟踪误差等。

## 九、QDII 基金

### （一）QDII 基金

2007年6月18日，中国证监会颁布《合格境内机构投资者境外证券投资管理试行办法》规定，符合条件的境内基金管理公司和证券公司，经批准可以可以在境内募集资金进行境外证券投资管理。QDII基金可以人民币、美元或其他主要外汇货币为计价货币募集。

### （二）QDII 基金在投资组合中的作用

①提供新的投资机会。②降低投资组合风险。

### （三）QDII 的投资对象

可投资对象有：

银行存款、可转让存单、银行承兑汇票、银行票据、商业票据、回购协议、短期政府债券等货币市场工具。

政府债券、公司债券、可转换债券、住房按揭支持证券、资产支持证券及经中国证监会认可的国际金融组织发行的证券。

与中国证监会签署双边监管合作谅解备忘录的国家或地区证券市场挂牌交易的普通股、优先股、全球存托凭证和美国存托凭证、房地产信托凭证。

在已与中国证监会签署双边监管合作谅解备忘录的国家或地区证券监管机构登记注册的公募基金。

与固定收益、股权、信用、商品指数、基金等标的物挂钩的结构性投资产品。

远期合约、互换及经中国证监会认可的境外交易所上市交易的权证、期权、期货等金融衍生产品。

### （四）QDII 的投资风险

①国际市场投资会面临国内基金所没有的汇率风险。

②国际市场将会面临国别风险、新兴市场风险等特别投资风险。

③尽管进行国际市场投资有可能降低组合投资风险,但并不能排除市场风险。

④QDII基金的流动性风险也需注意。由于QDII基金涉及跨境交易,基金申购、赎回的时间要长于国内其他基金。

# 第六章

# 基金的募集、交易与登记

## 第一节　封闭式基金的募集与交易

### 一、封闭式基金的募集

封闭式基金的募集又称封闭式基金份额的发售，是指基金管理公司根据有关规定向中国证监会提交募集文件、发售基金份额、募集资金的行为。要经过申请、核准、发售、备案、公告 5 步。根据我国《证券投资基金法》规定，基金管理人发售基金份额，募集资金，需要向中国证监会提交下列文件并被核准：

（1）基金募集申请报告。

（2）基金合同草案。

（3）基金托管协议草案。

（4）招股说明书草案。

（5）基金管理人和基金托管人的资格证明文件。

（6）经会计师事务所审计的基金管理人和基金托管人最近三年或者成立以来的财务会计报告。

（7）由律师事务所出具的法律意见书。

（8）证监会规定提交的其他文件。

证监会应当自受理封闭式基金申请 6 个月内做出核准或者不核准的决定，基金募集申请经核准后，才能发售基金份额。

基金管理人应当自收到核准文件起 6 个月内进行封闭式基金的发售，发售 3 日前公布招募说明书、基金合同及其他相关文件。发售期限为 3 个月。发售价格采用 1 元基金份额面值加计 0.01 元发售费用的方式，通过网上和网下两种渠道发售。

募集期限届满，基金份额总额达到核准规模的 80％以上，并且份额持有人人数达到 200 以上，基金管理人应当自期满之日起 10 日内聘请法定验资机构验资，自收到验资报告之日起 10 日内，向中国证监会提交备案申请和验资报告。

如果基金募集失败，30 日内返还投资者已缴纳的款项，并加计银行同期存款利息。

## 二、封闭式基金的交易

**（一）我国《证券投资基金法》规定，封闭式基金的基金份额，在基金管理人申请后，经国务院证券监督管理机构核准，可在证券交易所上市交易**

基金份额上市交易，须符合下列条件：

（1）基金份额总额达到核准规模的 80％以上；

（2）合同期限 5 年以上；

（3）募集金额不低于 2 亿；

（4）持有人不少于 1000 人；

（5）基金份额上市交易规则规定的其他条件。

基金份额在上市交易后，如有下列情形之一的，由证券交易所终止其上市交易：

（1）不再具备规定的上市交易条件。

（2）基金合同期限届满。

（3）基金份额持有人大会决定提前终止上市交易。

（4）基金合同约定的或者基金份额上市交易规则规定的终止上市交易的其他情形。

**（二）交易账户的开立**

开放式基金可以直接在基金公司网站（需开通网银）或通过各个银行购买。封闭式基金则必须开通股票账户，像买卖股票一样进行交易，且每个有效证件只能开立一个交易账户。

**（三）交易规则**

交易时间：每周一至周五，每天 9：30—11：30、13：00—15：00，早盘 9：15—9：25 为集合竞价时段，法定公假日除外。

交易遵循价格优先、时间优先的原则；报价最小变动单位为 0.001 元，申报数量为 100 及其整数倍，最大低于 100 万份。

### （四）交易费用

交易费用为成交金额的 0.3%，不足 5 元的按 5 元收取，上海证券交易所还按成交面值的 0.05%收取登记过户费，不收取印花税。

### （五）基金指数

为了反映基金市场的综合变动情况，深圳证券交易所和上海证券交易所都以现行证券投资基金编制基金指数。

上证基金指数以 2000 年 5 月 8 日为基日，基点为 1000 点，自 2000 年 6 月 9 日正式发布，采用派许指数公式计算，以发行的基金单位总份额为权数。

深证基金指数以 2000 年 6 月 30 日为基日，基点为 1000 点，自 2000 年 7 月 3 日正式发布，采用派氏加权综合指数法计算，权数为各证券投资基金的总发行规模。

# 第二节　开放式基金的募集与认购

## 一、开放式基金的募集

### （一）开放式基金的募集程序

开放式基金的募集指的是基金管理公司根据有关规定，向中国证监会提交募集文件，首次发售基金份额来募集基金的过程。开放式基金的募集要经过申请、核准、发售、备案、公告五步。

### （二）申请募集文件

基金管理人应按照《证券投资基金法》和中国证监会的规定提交申请材料。与封闭式基金相比，开放式基金在一些文件的具体内容上与封闭式基金有所不同，如需要提交的文件中多了基金份额申购赎回的程序、时间、地点、费用计算方法等。

### （三）募集申请的核准

与封闭式基金一样，根据《证券投资基金法》及配套法规要求，证监会应当自受理开放式基金申请 6 个月内做出核准或者不核准的决定。开放式基金募集申请在经中国证监会核准后方可发售基金份额。

### （四）开放式基金的募集期

同封闭式基金一样，基金管理人应当自收到核准文件起 6 个月内进行基金的募集。开放式基金的募集不得超过中国证监会核准的基金募集期限。开放式基金的募集期限自份额发售之日起开始计算，不得超过 3 个月。

**（五）开放式基金份额的发售**

基金份额的发售，由基金管理人负责。基金管理人可委托商业银行、证券公司等国务院证券监督管理机构人定的其他机构代理基金份额的发售。基金管理人应在发售的 3 天前公布招募说明书、基金合同及其他有关的文件。

**（六）开放式基金合同的生效**

（1）基金募集期限届满，所募集的基金份额总额符合《证券投资基金法》第 44 条规定，并具备以下条件的，基金管理人应按照规定办理验资和基金备案手续：

①基金募集份额总额不少于 2 亿份，基金募集金额不少于 2 亿元人民币。

②基金份额持有人人数不少于 200 人。

中国证监会自收到基金管理人验资报告和基金备案材料之日起 3 个工作日之内予以书面确认；自中国证监会书面确认之日起，基金备案手续办理完毕，基金合同生效。基金管理人应在收到中国证监会确认文件次日予以公告。

（2）基金募集期限届满，基金不满足有关募集要求和规定的，基金募集失败，基金管理人应承担下列责任：

①以固有财产承担由于募集行为而产生的债务和费用。

②在基金募集期限届满后 30 日内返还投资者已缴纳的款项，并加计银行同期存款利息。

## 二、开放式基金的认购

### （一）开放式基金的认购渠道

在基金募集期限之内购买基金份额的行为通常被称为基金的"认购"，基金销售由基金管理人负责办理。基金管理人可委托具有基金代销业务资格的其他机构代为办理，目前，我国可办理开放式基金认购业务的机构主要包括了商业银行、证券公司、证券投资咨询机构、专业的基金销售机构及中国证监会规定的其他具备基金代销业务资格的机构。

### （二）认购的步骤

投资者参与认购开放式基金，可分为开户、认购、确认三个步骤。不同的开放式基金在开户、认购、确认的具体要求上有所不同，具体要求以基金份额发售的公告为准。

1. 基金账户的开立

基金账户是基金登记人为基金投资者开立的、用于记录其持有的基金份额余额和变动情况的账户。投资者认购开放式基金必须拥有基金登记人为投资者开立的基金账户。基金账户可以通过基金代理销售机构办理。

基金投资者主要分为个人投资者和机构投资者。基金账户的开户手续会因投资者身份以及认购地点的不同而有所不同。

个人投资者申请开立基金账户，一般需提供下列资料：

（1）本人法定身份证件（身份证、军官证、士兵证、武警证、护照等）；

（2）委托他人代为开户的，代办人须携带授权委托书、代办人有效身份证件；

（3）在基金代销银行或证券公司开设的资金账户；

（4）开户申请表。

机构投资者申请开立开放式基金账户需要指定经办人办理，并且需要提供法人营业执照副本或民政部门、其他主管部门颁发的注册登记证书原件、授权委托书等资料。

2. 资金账户的开立

资金账户是投资者在基金代销银行、证券公司开立的用于基金业务的结算账户。投资者的认购、申购、赎回基金份额以及分红、无效认（申）购的资金退款等资金结算均通过该账户进行。

3. 认购确认

个人投资者办理开放式基金认购申请时，需要在资金账户中存入足够的现金，填写基金认购申请表进行基金的认购。个人投资者可亲自到基金销售网点认购基金，也可通过电话、网上交易、传真等方式提交认购申请。机构投资者办理开放式基金认购申请时，需先在资金账户中存入足够的现金，填写加盖机构公章和法定代表人章的认购申请表进行基金的认购。在一般情况下，基金认购申请一经提交，不得撤销。

投资者于 T 日提交认购申请后，一般可于 T＋2 日后到办理认购的网点查询认购申请的受理情况。投资者在提交认购申请后应及时到原认购网点打印认购成交确认情况。销售网点（包括代销网点和直销网点）对认购申请的受理并不表示对认购申请的成功确认，而仅代表销售网点确实接受了投资者的认购申请。申请的成功确认应以基金登记人的确认登记为准。基金合同生效后，基金登记人将向基金投资者邮寄基金认购确认单。当认购申请被确认无效时，认购资金将退还给投资者。

**（三）认购方式与认购费率**

1. 认购方式

开放式基金的认购采取金额认购的方式，即在投资者办理认购申请时，不是直接以认购数量提出申请，而是以金额提出申请。在扣除相应费用后，再以基金面值为基准换算为认购数量。

2. 前端收费模式与后端收费模式

在基金份额认购上存在着两种收费的模式：前端收费模式和后端收费模式。

前端收费是指当认购、申购基金时就需支付认/申购费的付费方式。

后端收费指的则是你在购买开放式基金时并不支付申购费，等到卖出时才支付的付费方式。

3. 认购费用与认购份额

为了统一规范基金认（申）购费用及认（申）购份额的计算方法，更好地保护基金投资人的合法权益，中国证监会于 2007 年 3 月对认（申）购费用及认（申）购份额计算方法进行了统一的规定。根据规定，基金认购费率将统一按净认购金额为基础收取，相应的基金认购费用与认购份额的计算公式为：

$$净认购金额＝认购金额－认购费用$$
$$认购费用＝净认购金额×认购费率$$
$$认购份数＝净认购金额/当日基金单位面值$$

**（四）不同基金类型的认购费率**

《证券投资基金销售管理办法》规定开放式基金的认购费率不超过认购金额的 5％。

我国股票型基金的认购费率大多在 1％－1.5％左右，债券型基金的认购费率在 1％以下，货币型基金一般认购费率为 0。

**（五）最低认购金额与追加认购金额**

部分开放式基金在认购时会设定最低认购金额。目前，我国开放式基金的最低认购金额一般为 1000 元人民币，此外，一些基金还对追加认购金额有最低金额要求。

# 第三节　开放式基金的申购、赎回

## 一、申购、赎回的概念

申购指在基金成立后的存续期间，处于申购开放状态期内，申请购买基金份额的行为。若申请购买开放式基金，习惯上称之为基金申购，以此来区分在发行期内的认购。基金的申购，就是买进。

赎回是指申请者将手中持有的基金单位按公布的价格卖出并收回现金的

过程。基金的赎回，就是卖出。开放式基金是以手上持有基金的全部或一部分，申请卖给基金公司，赎回本人的资金。赎回所得金额，是卖出基金的单位数，乘以卖出当日净值，再减去赎回费用。开放式基金的封闭期不超过 3 个月。

## 二、申购、赎回场所

开放式基金份额申购、赎回的场所与认购渠道一样，可通过基金管理人的直销中心与基金销售代理人的代销网点进行。投资者也可以通过基金管理人或其指定的基金销售代理人以电话、传真或互联网等形式进行申购、赎回的操作。

## 三、赎回时间

基金管理人应当在申购、赎回开放日前 3 个工作日在至少一种中国证监会指定的媒体上刊登相关公告。基金申购赎回必须是在交易日及交易时间，时间是周一到周五 9：30～15：00，如果是当天 3 点之前赎回基金，则按当天的净值，当天 3 点之后按第二天的净值计。

## 四、申购、赎回的原则

### （一）股票基金、债券基金的申购赎回原则

①未知价交易原则，即申购、赎回价格以申请当日收市后计算的基金份额净值为基准进行计算。

②金额申购、份额赎回原则，即申购用金额申请，赎回用份额申请。

### （二）货币市场基金申购、赎回原则

①确定价原则，即它申购、赎回基金份额的价格是以 1 元人民币为基准进行计算的。

②金额申购、份额赎回原则。货币市场基金申购以金额申请，赎回以份额申请。

## 五、收费模式与申购份额、赎回金额的确定证券市场的特征

### （一）收费模式与申购费率

收费模式即如前所述的前端收费和后端收费模式。

申购费率一般不会超过申购金额的 5％，一般在 1％左右，并且随申购金额的大小有相应的减让。

### （二）赎回金额的确定

赎回费是开放式基金投资者赎回的时候从赎回款中扣除的费用。收取赎

回费主要是为了减少投资者在短期内的过多次数赎回给其他投资者带来损失，来限制投资者的任意赎回行为。赎回费一般不超过赎回金额的 3%，我国目前的开放式基金的赎回费率一般在 1% 以下，相关额计算公式为：

$$赎回金额＝赎回总额－赎回费用$$
$$赎回总额＝赎回数量×赎回日基金份额净值$$
$$赎回费用＝赎回总额×赎回费率$$

### （三）货币市场基金的手续费

通常为 0，提取销售服务费不高于 0.25%。

## 六、申购、赎回款项的支付证券市场的结构

基金管理人应当自受理赎回申请之日起 7 个工作日内支付赎回款项。对于 QDII 而言，将在 10 日内支付。

## 七、申购赎回的登记

申购成功后，投资者自 T＋2 日起有权赎回基金份额。赎回基金到账时间根据基金种类不同而不同。货币基金和短债型基金赎回，资金一般 T＋2 个工作日到账；股票型基金和普通债券型基金赎回，资金一般 T＋5 个工作日到账；QDII 基金赎回，资金一般 T＋7 个工作日到账。

## 八、巨额赎回的认定、处理方式

### （一）巨额赎回的认定

单个开放式基金的净赎回申请超过基金中份额的 10% 时，为巨额赎回。单个开放日的净赎回申请，是指该基金的赎回申请加上基金转换中该基金的转出申请之和，扣除当日发生的该基金申购申请及基金转换中该基金的转入申请之和后得到的余额。

### （二）巨额赎回的处理方式

当出现巨额赎回时，基金管理人可根据基金当时的资产组合状况决定接受全额赎回或部分延期赎回。

①接受全额赎回。当基金管理人认为有能力兑付投资者的全额赎回申请时，可按正常赎回程序执行。

②部分延期赎回。当基金管理人认为兑付投资者的赎回申请有困难，或者认为兑付投资者的赎回申请进行的资产变现可能使基金份额净值产生较大波动时，基金省理人可在当日接受赎回比例不低于上一日基金总份额 10% 的前提下，对其余赎回申请延期办理。对单个基金份额持有人的赎回申请，应

按照其申请赎回份额占申请赎回总份额的比例确定该单个基金份额持有人当日办理的赎回份额，未受理部分除投资者在提交赎回申请时选择将当日未获受理部分予以撤销外，延迟至下一开放日办理。转入下一开放日的赎回申请不享有赎回优先权，并且将以下一个开放日的基金份额净值为基准计算赎回金额，以此类推，直到全部赎回为止。

当发生巨额赎回及部分延期赎回时，基金管理人应立即向中国证监会备案，并在 3 个工作日内在至少一种中国证监会指定的信息披露媒体公告，并说明有关处理方法。

基金连续 2 个开放日以上发生巨额赎回，如果基金管理人认为有必要，可以暂停接受赎回申请；已经接受的赎回申请可以延缓支付赎回款项，但不得超过正常支付时间 20 个工作日，并且应当在至少一种中国证监会指定的信息披露媒体公告。

# 第四节 开放式基金份额的转换、非交易过户、转托管与冻结

## 一、开放式基金份额的转换

开放式基金份额的转换指投资者不需要先赎回已持有的基金份额，就可以将其持有的基金份额转换成同一基金管理人管理的另一基金份额的一种业务模式，一般采取未知价法，按照转换申请日的基金份额净值为基础计算转换基金份额数量。

## 二、非交易过户

指不采用申购、赎回等基金交易方式，将一定数量的基金份额按照一定规则从某一投资者基金账户转移到另一投资者基金账户的行为，主要包括继承、司法强制执行等方式。

## 三、基金份额的转托管

基金份额转托管是一种基金份额的转出/转入业务，是指投资者申请将其在某一个销售机构（或网点）交易账户中所持有的基金份额全部或部分转出，并转入另一个销售机构（或网点）的交易账户。

一般情况下，投资者于 T 日转托管基金份额成功之后，转托管的份额于 T＋1 日到达转入方网点，投资者可于 T＋2 日起赎回该部分的基金份额。

## 四、基金份额的冻结

基金注册登记机构只接受并办理国家有权机关依法要求的基金账户或基金份额的冻结与解冻。在基金份额被冻结时，被冻结部分产生的权益（包括现金分红和红利再投资）一并冻结。

# 第五节　ETF 的募集与交易

## 一、ETF 份额的发售

ETF 认购的方式分为场内认购和场外认购。场内认购是指通过证券交易所网络系统进行的认购。场外认购是指投资者通过基金管理人或其指定的发售代理机构进行的认购。

## 二、ETF 份额折算与变更登记

### （一）ETF 份额折算的时间

基金合同生效后，基金管理人应当逐步调整实际组合直至达到跟踪指数要求，此过程为 ETF 建仓阶段。ETF 建仓期不超过 3 个月。

### （二）ETF 份额折算的原则

基金份额折算后，基金份额持有人将按照折算后的基金份额享有权利并承担义务。

## 三、ETF 份额的交易规则

基金合同生效后，基金管理人可以向证券交易所申请上市。ETF 上市后二级市场的交易与封闭式基金类似，必须遵循下列交易规则：

（1）基金上市首日的开盘参考价为前一工作日基金份额净值。

（2）基金实行价格涨跌幅 10％限制，自上市首日起实行。

（3）基金买入申报数量为 100 份或其整数倍，不足 100 份可以卖出。

（4）基金申报价格最小变动为 0.001 元。

## 四、ETF 的申购与赎回

### （一）申购赎回的场所

基金管理人在开始申购、赎回业务前会公告申购、赎回代理证券公司的名单。投资者应在代办证券公司办理基金申购、赎回业务的营业场所或按代理证券公司提供的其他方式办理基金的申购和赎回，部分 ETF 基金管理人还提供场外申购赎回的模式，投资者可采用现金方式，通过场外申购赎回代理机构办理申购赎回业务。

**（二）申购、赎回的时间**

①申购、赎回的开始时间。基金在基金份额折算日之后就可以开始办理申购。基金自基金合同生效日后不超过 3 个月的时间起开始办理赎回。

基金管理人应当在申购开始日、赎回开始日前至少 3 个工作日在至少一种中国证监会指定的信息披露媒体公告。

②开放日及开放时间。投资者可以办理申购、赎回等业务的开放日为证券交易所的交易日，开放时间为 9：30—11：30 和 13：00—15：00，除此时间之外不办理基金份额的申购、赎回。

**（三）申购和赎回的数额限制**

投资者申购、赎回的基金份额需为最小申购、赎回单位的整数倍。我国 ETF 最小申购、赎回单位为 50 万份或 100 万份。

**（四）申购、赎回的原则**

①场内申购赎回 ETF 采用份额申购、份额赎回的方式，场外采用金额申购、份额赎回的方式。

②场外申购赎回 ETF 的申购对价、赎回对价包括组合证券、现金替代现金差额及其他对价。

③申购、赎回申请提交后不得撤销。

**（五）申购和赎回的程序**

（1）提出申购、赎回申请。投资者按照代办证券公司规定办理相关手续后，在开放日的开放时间之内，备足对价，提出申购、赎回申请。投资者在申请申购时，须根据申购赎回清单备足相应组合证券和现金。投资者申请赎回时，须有足够的基金份额和现金。

（2）申购和赎回申请的确认。交易所对符合要求的申购、赎回申报即时予以确认，对不符合要求的申购、赎回申报做无效处理。投资者可在申请当日通过其办理申购、赎回的销售网点查询确认情况。

（3）申购和赎回的清算交收与登记。投资者 T 日申购、赎回成功后，登记结算机构在 T 日收市后为投资者办理组合。

证券的清算交收以及基金份额、现金替代的清算，在 T＋1 日办理基金份额、现金替代等的交收以及现金差额的清算，在 T＋2 日办理现金差额的交收，并将结果发送给代办证券公司、基金管理人和基金托管人。

**（六）申购、赎回的对价、费用及价格**

场内申购赎回时申购对价指的是投资者申购基金份额时应交付的组合证券、现金替代、现金差额及其他对价。赎回对价是指投资者赎回基金份额时，基金管理人应交付给赎回人的组合证券、现金替代、现金差额及其他对价。申购对价、赎回对价根据申购、赎回清单和投资者申购、赎回的基金份额来确定。

场外的申购赎回时，申购对价、赎回对价为现金。

投资者在申购或赎回基金份额时，申购赎回代理证券公司可以按照 0.5％的标准收取佣金，其中包含证券交易所、登记结算机构等收取的相关费用。

T 日的基金份额净值在当天收市后计算，并在 T＋1 日公告，计算的公式为计算日基金资产净值除以计算日发售在外的基金份额总数。T 日的申购、赎回清单在当日上海证券交易所开市前公告。如果出现特殊情况，可以适当延迟计算或公告，并上报中国证监会备案。

**（七）申购、赎回清单**

1. 清单内容

各成分证券数据、现金替代、T 日预估现金部分、T－1 日现金差额、基金份额净值及其他相关内容。

2. 现金替代的类型

（1）禁止现金替代。（2）可以现金替代。（3）必须现金替代。

3. 预估现金部分相关内容

预估现金部分是指为便于计算基金份额参考净值及申购赎回，代理证券公司预先冻结申请申购、赎回的投资者的相应资金，有基金管理人计算的现金数额。

# 第六节　LOF 的募集与交易

## 一、LOF 募集概述

LOF 基金，即上市型开放式基金，也就是在上市型开放式基金发行结束后，投资者既可以在指定网点申购与赎回基金份额，也可以在交易所买卖该基金。

LOF 的募集分为场外募集和场内募集两部分。场外募集的基金份额注册登记在中国结算公司的开放式基金注册登记系统。场内募集的基金份额注册登记在中国结算公司的证券登记结算系统。

## 二、LOF 的场外募集

场外募集的基金份额面值认购份额按四舍五入的原则保留到小数点后两位。认购资金募集期间的利息可折合成基金份额，募集期结束后统一记入投资者深圳开放式基金账户。

## 三、LOF 的场内募集

LOF 通过交易所场内募集基金份额，除了要遵循一般开放式基金的募集规定外，基金管理人还需要向深圳证券交易所提出发售申请。在获得深圳证券交易所的确认之后，在基金募集期内每个交易日的交易时间，上市开放式基金均在深圳交易所挂牌发售。

## 四、封闭期和开放期

在基金合同生效后进入封闭期，封闭期不超过 3 个月，基金管理人应在开放时间前 5 个交易日通知深圳证券交易所和中国结算公司，并且提前 3 个工作日公告。

## 五、LOF 的上市交易

LOF 在完成登记托管手续后，由基金管理人向深圳证券交易所提交上市申请，申请在交易所挂牌上市。基金上市首日的开盘参考价为上市首日前一日的基金份额净值。LOF 在交易所的交易规则与封闭式基金基本相同，具体的内容如下：

（1）买入 LOF 申报数量应当为 100 份或者其整数倍，申报价格最小变动单位为 0.001 元人民币。

（2）深圳证券交易所对 LOF 交易实行价格涨跌幅限制，涨跌幅比例为10％，自上市首日起执行。

（3）投资者 T 日卖出基金份额后的资金 T＋1 日即可到账，而赎回资金至少 T＋2 日到账。

## 六、LOF 份额的申购、赎回流程

LOF 的申购赎回采取金额申购、份额赎回原则，具体流程如下：

（1）开立开放式基金账户：通过证券公司开立深圳证券账户，并在中国结算总公司将此证券账户注册为开放式基金账户。

（2）在银行营业部开立交易账户，并将此交易账户与开放式基金账户建立关联。

（3）申购和赎回：与普通开放式基金完全一致，同一开放式基金账户可以多次认购。

# 第七节　开放式基金份额的登记

## 一、开放式基金份额登记的概念

开放式基金份额的登记，是指投资者在认购基金份额后，由登记机构为投资者建立基金账户，在投资者的基金账户中进行登记，表明投资者所持有的基金份额。之后，投资者申购基金，也由登记机构在投资者的基金账户中登记，表明投资者所持有的基金份额的增加，投资者赎回基金份额后，取得款项，由登记机构在投资者基金账户中注销，表明投资者所持有的基金份额的减少。

基金登记机构不但负责基金份额的登记工作，并且还承担着与基金份额登记有关的份额存管、资金清算和资金交收等业务。登记机构对确保开放式基金的健康运作有重要的作用。从国外的情况看，登记机构承担的工作可以包括：

（1）对基金份额的申购、赎回、转换进行确认与登记；

（2）负责红利的发放或红利的再投资；

（3）根据基金申购与赎回的情况，完成与销售机构和托管银行之间的资金划拨；

（4）向投资者报告账户的业绩表现，接受投资者的电话咨询，邮寄基金报表、分红通知、税务处理资料等。

## 二、开放式基金登记机构及其职责

我国《证券投资基金法》规定，开放式基金的登记业务既可以由基金管理人办理，也可以委托中国证监会认定的其他机构办理。

代办登记业务的机构，可以接受基金管理人的委托，开办下列业务：

（1）建立并管理投资者基金份额账户；

（2）负责基金份额登记；

（3）确认基金交易；

（4）代理发放红利；

（5）建立并保管基金投资者名册；

（6）基金合同或者登记代理协议规定的其他职责。

目前，我国开放式基金的登记体系有以下几种模式：

（1）基金管理人自建登记系统的"内置"模式；

（2）委托中国结算公司作为登记机构的"外置"模式；

（3）以上两种情况兼有的"混合"模式。

**案例**

## 房地产信托基金案例

### 一、房地产信托基金分类

按资产投资的类型划分，REITs 分为权益型、抵押型和混合型三种形式。REITs 选择投资的领域非常广泛，其投资涉及许多地区的各种不同类型的房地产权益和抵押资产。由于有专业投资管理者负责经营管理，其收益水平也大大高于一般的股票收益，因而 REITs 股票往往成为个人投资者以及大型机构投资者（包括退休基金、慈善基金、保险公司、银行信托部门和共同基金等）间接投资房地产的重要工具。

### 二、房地产信托基金等级

根据风险程度的不同，房地产信托基金的等级也是要有所区分的，这样也才能满足不同类型的顾客的需求。具体说来，房地产信托基金主要有以下主要风险：

#### 1. 经营风险

该风险是指由于 REITs 公司的经营获利能力大小不同导致贷款的收益差别。产生经营风险的主要因素包括经理人的投资和管理能力、外部经济环境和投资项目的盈利能力等。

#### 2. 市场风险

该风险是指由于 REITs 证券价格在交易场所的变化而给投资者带来的风险。因为多数股票价格的变动都和整个市场大趋势存在相当程度的正相关，这就会造成公司本身的经营状况无法完全决定其股票价格的变化，如果投资者在市场不景气时谋求变现，无疑会因证券价格的下跌而蒙受损失，这就是市场所造成的投资风险。

#### 3. 利率风险

利率的变化会给 REITs 的实际收益带来损失，特别是抵押债权型房地产投资信托，因为它的资产主要是由一些长期固定利率的抵押贷款组成。如果利率上升，就会引起债权组合价值相对下降。为避免利率风险，美国 REITs 通常采用浮动利率，一般对于一些短期贷款来说，利率风险非常小。

### 三、房地产信托基金案例 联信·宝利中国房地产信托基金

（1）案例介绍

2005 年 3 月 11 日，中国内地推出了首只准房地产投资基金——联信·宝利中国房地产投资基金，原定 30 天的推介期，提前于 3 月 25 日便发行结束，投资者认购金额达 8515 万元。该基金是不指定用途的、实行分期发行的房地产信托计划，可以投资于房地产经营企业股权、给房地产经营企业贷款、购买商品房或住宅等。信托资金的收益主要来源于房地产企业的贷款利息收入，房地产企业的股权投资收益，房产转让与租赁收入。该项目还聘请戴德梁行作为投资项目的专业评估机构，商业银行作为信托资金的托管方，普华永道会计师事务所作为独立审计机构，并定期向投资者公开披露信息，由中介机构参与管理、按照公开募集产品要求进行充分的信息披露的信托计划，增加了透明度，使得该信托更类似于房地产投资信托基金。联信·宝利房地产投资信托计划将信托受益人分为优先受益人和普通受益人两类，信托计划终止时，优先受益人优先参与信托利益的分配，通过优先、次级受益权的结构设计来保证优先受益权资金的安全性。优先受益人的预计最低基准年收益率为 5.3%，并随银行利率上调而上调；当整体信托计划运作年收益率低于 5.3% 时，则由普通受益人以其信托财产补足。该信托还首次引进了受益人大会制度，与基金公司的基金份额持有人大会制度相似。

（2）案例分析

"联信·宝利"房地产信托虽然采用的是房地产投资信托计划形式，却是按照房地产投资信托基金的标准来设计的，并借鉴了美国 REITs、香港领汇房地产信托基金和内地证券市场基金的成熟管理模式，基本接近于契约型封闭式房地产投资基金，如采用了不同于以往的房地产信托计划的规划设计，即不是先有投资标的再进行集资而是先集合资金再选定投资标的，投资方式多样化并采用分多期连续发行等。此外，"联信·宝利"房地产信托还采取了在预期收益以外增加浮动收益的措施，十分类似于 REITs 的分红，这也是为何本信托被认为是更类似于房地产投资信托基金。

虽然"联信·宝利"房地产信托有很多优势，但是也存在一些问题：第一，本信托计划主要立足投资我国房地产行业，但是我国房地产行业的整体发展受到诸多因素的影响，如宏观调控政策、税收、收入分配等，这些因素会使房地产行业的利润产生不确定性，这种不确定性又会影响该信托理财产品的最终收益。第二，信托计划中有关资金的运用虽然初期采取抵押型的模式，但是不排除权益型与混合型模式的可能，所以对于同一个投资标的，可能会运用不同的方式进行投资，如贷款给房地产经营企业（抵押型）后再对

同一地房地产经营企业进行股权投资（权益型），这时，对于拥有不同类型产品的投资人来说，处于债权人与企业股东的地位，容易产生利益冲突与利益输送等问题。此外，受到当时法律规定的 200 份上限的限制，本产品采取的仍然是签订信托合同的方式募集资金，本质上是债券类产品，属于信贷融资；而在美国房地产投资信托投资中，投资者可通过购买 REITs 的受益凭证方式进行投资，受益凭证可以在相关证券交易所上市交易，因此"联信·宝利"房地产投资计划的流动性、变现性受到一定限制。

# 第七章

# 基金管理人

## 第一节　基金管理人概述

基金管理人是基金的组织者和管理者，在整个基金的运作中起着核心作用，不仅仅要负责基金的投资管理，而且还承担着产品设计、基金营销、基金注册登记、会计核算、基金估值以及客户服务等职责。基金管理人的主要收入来源是基金管理费。基金持有人的利益与基金管理人的行为有高度的相关性，因此基金管理人只有以基金持有人的利益为重，不断使投资者获得满意的投资收益才能在竞争中脱颖而出。

### 一、基金管理公司的市场准入条件

《中华人民共和国证券投资基金法》规定：在我国，设立基金管理公司，应具备以下条件，并且须经过证监会批准：（1）有符合本法和《中华人民共和国公司法》规定的章程；（2）注册资本不低于1亿元人民币，且必须为实缴货币资本；（3）主要股东具有从事证券经营、证券投资咨询、金融资产管理的较好的经营业绩和良好的社会信誉，且最近3年没有违法记录，注册资本不低于3亿元人民币；（4）基金公司取得基金从业资格的人员达到法定人数；（5）有完善的内部稽核控制制度和风险控制制度；（6）有符合要求的营业场所、安全防范设施和与基金管理业务相关的其他设施；（7）法律、行政法规规定的和证监会规定的其他条件。

### 二、基金管理人的职责

基金管理人受基金持有人的委托运作和管理基金，按照诚实信用原则，依据国家法律、法规和基金契约的规定履行职责。

我国《基金法》规定，基金管理人的职责主要有：按照基金的契约规定投资管理基金资产；及时、足额的向基金持有人支付基金收益；保存基金的会计账本、记录 15 年以上；编制基金财务报告，及时报告并向中国证监会报告；计算并公告基金资产净值及每一基金单位资产净值等。依据契约规定，决定基金收益分配方案；编制并公告定期报告；办理和基金有关的信息披露事宜；确保需要向基金投资人提供的各项文件或资料在规定时间内发出；并且保证投资人能够按照基金契约规定的时间和方式，随时查阅到与基金有关的公开资料，并得到有关资料的复印件等。

### 三、基金管理公司的主要业务

最初，我国基金管理公司的业务主要局限于对证券投资基金的募集和管理，但是当前随着资本市场的不断发展进步，我国的基金管理公司已经可以从事诸如提供投资咨询服务、其他资产管理业务等，从单一资产管理机构向综合资产管理机构的方向发展。

**（一）证券投资基金业务**

证券投资基金业务主要包括基金的募集与销售、投资管理、营运服务。

（1）基金的募集与销售。根据我国《基金法》规定，依法募集基金是基金管理公司的一项法定权利，其他任何的基金不得从事基金的募集活动。为了成功募集并销售基金，基金公司必须在市场调查的基础上进行基金产品的开发和创新，尽可能多地设计出满足不同投资者需求的基金产品及类型。

（2）投资管理。该业务是基金公司最核心的一项业务。随着基金公司数量的不断增加，基金行业的竞争也日趋激烈，谁的投资管理能力更强，谁就能在行业中取得竞争优势从而避免被淘汰。

（3）运营服务。基金的运营事务使基金投资管理与市场营销的后台暴涨，包括基金注册登记、核算与估值、基金清算和信息披露等业务，该业务在很大程度上反映了基金管理公司对投资者服务的质量，对基金管理公司整体业务的开展起了非常重要的支撑作用。

**（二）受托资产管理**

客户委托初始资产不得低于 5000 万人民币。基金管理公司申请开展特定客户资产管理业务需具备以下条件：（1）净资产不低于 2 亿元人民币；（2）在最近一个季度末资产管理规模不低于 200 亿或等值外汇资产；（3）经营行为规范，管理证券投资基金 2 年以上，且一年内没有违规违法。

**（三）投资咨询服务**

基金管理公司向特定的对象和机构提供投资咨询服务时禁止以下行为：

（1）侵害基金份额持有人和其他客户的合法权益；（2）承诺投资收益；（3）同投资咨询客户约定分享投资收益或者分担投资损失；（4）通过广告等公开方式招揽客户；（5）代理投资咨询客户从事证券投资。

# 第二节　基金管理公司机构设置

## 一、专业委员会

### （一）投资决策委员会

投资决策委员会是基金管理公司管理基金投资的最高决策机构，在遵守国家有关法律法规、条例的前提下，拥有对所管理基金的投资事务的最高决策权。投资决策委员会一般由基金管理公司的总经理、分管投资的副总经理、投资总监、研究部经理、投资部经理及其他相关人员组成，主要负责决定公司所管理基金的投资计划、投资策略、投资原则、投资目标、资产分配及投资组合的总体计划等，具体的投资细节则由各基金经理自行掌握。

### （二）风险控制委员会

风险控制委员会一般由副总经理、监察稽核部经理及其他相关人员组成，其主要工作是制定和监督执行风险控制政策，根据市场变化对基金的投资组合进行风险的评估，并提出风险控制的相关建议。风险控制委员会的工作对于基金财产的安全提供了较好的保障。

## 二、投资管理部门

### （一）投资部

投资部负责根据投资决策委员会制定的投资原则和计划进行股票选择和组合管理，向交易部下达投资指令。同时，投资部还担负着投资计划反馈的职能，向投资决策委员会提供及时的市场动态信息。

### （二）研究部

研究部是基金投资运作的支撑部门，主要从事宏观经济分析、行业发展状况分析和上市公司投资价值分析。研究部的主要职责是通过对宏观经济、行业状况、市场行情和上市公司价值变化的详细分析和研究，向基金投资决策部门提供研究报告及投资计划的建议，为投资提供一定的决策依据。

### （三）交易部

交易部是基金投资运作的具体执行部门，负责组织、制定和执行交易计划。交易部的主要职能有：执行投资部下达的交易指令，记录并保存每日投资的交易情况，保持与各证券交易商的联系并控制相应的交易额度，负责基金交易席位的安排、交易量的管理等。目前，有些公司出于更好控制风险的需要，已将该部门划归基金运营体系下，从而加强了对投研部门的制衡。

### 三、风险管理部门

#### （一）监察稽查核部

监察稽核部负责监督和检查基金公司运作的合法、合规情况以及公司内部风险控制情况，定期向董事会提交分析报告。监察稽核部的主要工作包括：基金管理稽核，财务管理稽核，业务稽核，定期或不定期执行、协调公司对外信息披露等工作。监察稽核部在规范公司运作、保护基金持有人的合法权益、完善公司内部控制制度、查错防弊等方面起到了相当重要的作用。

#### （二）风险管理部

风险管理部负责对公司运营过程中产生的或潜在的风险进行有效的管理。该部门的工作主要对公司高级管理层负责，对基金投资、研究、交易、基金业务管理、基金营销、基金会计、IT系统、人力资源、财务管理等各业务部门及运作流程中的各项环节进行监控，并提供有关风险评估、测算、日常风险点检查、风险控制措施等方面的报告以及相关的针对性的建议。

### 四、市场营销部门

#### （一）市场部

市场部主要负责基金产品的设计、募集和客户服务及持续营销等工作。市场部的主要职能有：依据基金市场的现状和未来发展趋势及基金公司内部状况设计基金产品，并完成相应的法律文件；负责基金营销工作，包括策划、推广、组织、实施等；对客户提出的申购、赎回要求提供相应服务，并负责公司的公司形象设计以及公共关系的建立、往来与联系等。

#### （二）机构理财部

机构理财部是基金管理公司为了适应业务向受托资产管理方向发展的需要而设立的独立部门，它专门服务于提供该类型资金的机构。单独设立该部门是相关法律法规的要求，是为了更好地处理共同基金与受托资产管理业务间的利益冲突问题，这两块业务必须在组织上、业务上进行适当的隔离。

### 五、基金运营部门

基金运营部负责基金的注册与过户登记和基金会计与结算，其工作职责主要包括基金清算和基金会计两部分。

基金清算工作包括：开立投资者基金账户；确认基金认购、申购、赎回、转换以及非交易过户等交易类申请，完成基金份额的清算；管理基金销售机构的资金交收情况，负责相关账户的资金划转，完成销售资金清算；设立并管理资金清算相关账户，负责账户的会计核算工作并保管会计记录；复核并监督基金份额清算与资金清算结果。

基金会计工作包括：记录基金资产运作过程，完成当日所发生基金投资业务的账务核算工作；核算当日基金资产净值；完成与托管银行的账务核对，复核基金净值计算结果；按日计提基金管理费和托管费；填写基金资产运作过程中产生的投资交易资金划转指令，传送至托管行；根据基金份额清算结果，填写基金赎回资金划转指令，传送至托管行；完成资金划转指令产生的基金资产资金清算凭证与托管行每日资金流量表间的核对；建立基金资产会计档案，定期装订并编号归档管理相关凭证账册。

## 六、后台支持部门

### （一）行政管理部

行政管理部是基金管理公司的后勤部门，为基金管理公司的日常运作提供文件管理、文字秘书、劳动保障、员工聘用、人力资源培训等行政事务的后台支持。

### （二）信息技术部

信息技术部负责基金管理公司业务和管理发展所需要的电脑软、硬件的支持，确保各信息技术系统软件业务功能运转正常。

### （三）财务部

财务部是负责处理基金管理公司自身财务事务的部门，包括有关费用支付、管理费收缴、公司员工的薪酬发放、公司年度财务预算和决算等。

# 第三节　投资决策

## 一、投资决策

### （一）投资决策机构

我国基金管理公司大多在内部设有投资决策委员会，负责指导基金资产的运作，确定基金投资策略和投资组合的原则。投资决策委员会是公司非常设机构，是公司最高投资决策机构，一般由公司总经理、投资总监、研究总监等相关人员组成，总经理为投资决策委员会主任，督察长列席会议。

投资决策委员会的主要职责包括：（1）审批投资管理相关制度；（2）确定基金投资的原则、策略、选股原则等；（3）确定资金资产配置比例或比例范围；（4）确定各基金经理可以自主决定投资的权限以及投资总监和投资决策委员会审批投资的权限；（5）根据权限，审批各基金经理提出的投资额超过自主投资额度的投资项目。

**（二）投资决策制定**

我国基金管理公司一般的决策程序是：

1. 公司研究发展部提出研究报告

研究发展部负责向投资决策委员会和其他投资部门提供研究指导。研究执行包括：宏观经济分析报告、行业分析报告、上市公司分析报告和证券市场行情报告。

2. 投资决策委员会决定基金的总体投资计划

投资决策委员会在认真分析研究发展部提供的研究报告及其投资建议的基础上，根据现行法律法规和基金合同的有关规定，决定基金的总体投资计划。

3. 基金投资部制定投资组合的具体方案

在投资决策委员会制定的总体投资计划的基础上，投资部在研究发展部的研究报告的支持下，构建投资组合方案等。

4. 风险控制委员会提出风险控制建议

为降低投资风险，风险控制委员会通过监控投资决策实施和执行的整个过程，并根据市场价格水平及公司的风险控制政策，提出风险控制建议。

**（三）投资决策实施**

投资决策实施就是由基金经理根据投资决策中规定的投资对象、投资结构和持仓比例等，在市场上选择合适的股票、债券和其他有价证券来构建投资组合。基金经理通过中央交易室下达交易指令后要由交易员负责完成。

## 二、投资研究

投资研究是基金管理公司进行实际投资的基础和前提，基金实际投资绩效在很大程度上决定于投资研究的水平。基金管理公司研究部的研究一般会包括：（1）宏观与策略研究；（2）行业研究；（3）个股研究。

估值就是确定上市公司股票的投资价值。最常使用四种估值方法，分别为市盈率（PE）、市净率（PB）、现金流折现（DCF）以及经济价值对息税折旧摊提前利润（EV/EBITDA）。对于债券研究而言，它主要侧重于债券久期的判断和券种的选择。

基金管理公司的研究工作均需要依靠大量的外部研究报告，主要是作为卖方的证券公司的研究报告，其主要原因在于证券公司与基金管理公司各自的资源优势不同。

### 三、投资交易

基金经理不能直接向交易员下达交易指令，或者直接进行交易。在基金的交易中，应该避免同一基金账户对同一只股票既买又卖的反向报单委托行为。

# 第四节　基金管理公司治理结构与内部控制

## 一、基金管理公司的治理结构

### （一）总体要求

目前，我国的基金管理公司都是有限责任公司，必须满足《公司法》对有限责任公司治理结构的相关规定，例如股东大会、董事会、监事会等各自的职责及其相互之间的关系等。此外，公司在治理结构上还要遵守《基金法》等法规的相关规定，建立组织机构健全、职责划分清晰、制衡监督有效、激励约束合理的公司治理结构，保证公司的规范运作，维护基金份额持有人利益。

### （二）公司治理的基本原则

（1）基金份额持有人利益优先原则。基金管理公司从公司章程、规章制度、工作流程、议事规则等到各级组织机构职权的行使以及公司员工的从业行为，都应体现出基金份额持有人利益优先的原则，并且在利益发生冲突时，应该优先保障基金份额持有人的利益。

（2）公司独立运作原则。对基金公司独立性的具体要求是：公司及其业务部门与股东、实际控制人及其下属部门之间不存在隶属关系；股东及其实际控制人不得越过股东会和董事会直接任免公司高管；不得违反公司章程干预投资、研究、交易等具体事务以及公司员工的选聘工作；董事、监事之外的所有员工不得在股东单位兼职；所有与股东签署的技术支持、服务、合作等协议都应该上报，不得签署任何影响公司独立性的协议等。

（3）强化制衡机制原则。基金管理公司应当明确股东会、董事会、监事会、经理层等的职责权限，完善决策程序，形成协调高效、相互制衡的制度方面的安排。

（4）维护公司统一性和完整性原则。公司应当在组织机构和人员的责任体系、报告路径、决策机制等方面体现统一和完整性。

（5）股东诚信和合作原则。股东对公司和其他股东负有诚信义务，应当承担社会责任。股东之间应建立相互尊重、沟通协商、共谋发展的和谐关系，具体要求诸如：应当审慎审议、签署股东协议和公司章程等法律文件，按照约定认真履行义务，出现有关情形立即书面通知公司和其他股东。

（6）公平对待原则。公司董事会和管理层应当公平对待所有的股东，不可以接受任何股东超越董事会和股东会的指示，不得偏向任何一方股东。公司开展业务应当公平对待和管理资产，不得在不同的基金财产之间、基金财产和委托资产之间进行利益输送。

（7）业务与信息隔离原则。公司应该建立业务与信息隔离制度，来防范不正当的关联交易和利益输送。

（8）经营运作公开、透明原则。公司的经营和运作应保持公开、透明，保障股东和董事享有合法的知情权，此外公司还要依法认真履行信息披露义务。

（9）长效激励约束原则。公司可以结合基金行业特点建立长效激励约束机制，并且同时营造出规范、诚信、和谐的企业文化，从而培养并留住人才，维持公司的竞争力。

（10）人员敬业原则。公司员工的履职水平直接关系到基金份额持有人的利益，因此要专业、诚信、勤勉、尽职，并且遵守职业道德，从而维护持有人利益和公司的资产安全，促进公司的高效运营。

**（三）独立董事制度**

基金管理公司应建立健全独立董事制度。独立董事的人数不得少于3人，且不得少于董事会人数的1/3。

董事会审议下列事项时应经过2/3以上的独立董事通过：

（1）公司及基金投资运作中的重大关联交易。

（2）公司和基金审计失误，聘请或更换会计事务所。

（3）公司管理的基金的半年度报告和年度报告。

（4）法律、行政法规和公司长成规定的其他事项。

**（四）督察长制度**

中国证监会发布的《证券投资基金管理公司督察长管理规定》明确要求基金公司应建立健全督察长制度。督察长是监督检查基金和公司运作的合法合规情况及公司内部风险控制情况的高级管理人员，由总经理提名，董事会聘任，并应经全体独立董事同意。督察长主要负责组织指导公司监督稽查工作，职责范围应涵盖基金及公司运作的所有业务环节。

## 二、公司内部控制

基金管理公司内部控制包括：内部控制机制、内部控制制度。

内部控制机制是指公司的内部组织结构及其相互之间的运作制约关系；内部控制制度是指公司为防范金融风险，保护资产的安全与完整，促进各项经营活动的有效实施而制定的各种业务操作程序、管理与控制措施的总称。

公司内部控制机制一般包括四个层次：一是员工自律；二是部门各级主管的检查监督；三是公司总经理及其领导的监察稽核部对各部门和各项业务的监督控制；四是董事会领导下的审计委员会和督察员的检查、监督、控制和指导。

公司内部控制制度由内部控制大纲、基本管理制度、部门业务规章、业务操作手册等部分组成。

### (一) 内部控制的目标和原则

1. 基金管理公司内部控制的总体目标

主要是保证公司经营运作遵守法律法规和行业监管规则，防范和化解经营风险，提高经营管理效益，确保经营业务的稳健运行和受托资产的安全完整，实现公司的持续、稳定、健康发展，确保基金、公司财务和其他信息真实、准确、完整、及时。

2. 基金管理公司内部控制应当遵循的原则

(1) 健全性原则：内部控制应包括公司的各项业务、各个部门或机构和各级人员，且涵盖到决策、执行、监督、反馈等各个环节。

(2) 有效性原则：通过运用科学的内部控制手段和方法，建立合理的内部控制程序，从而维护内部控制制度的有效执行。

(3) 独立性原则：公司各机构、部门和岗位职责应保持相对独立，公司基金资产、自有资产、其他资产的运作应当相互分离。

(4) 相互制约原则：公司内部部门和岗位的设置应该要权责分明、相互制衡，防止权力滥用。

(5) 成本效益原则：公司运用科学化的经营管理方法降低运作成本，提高经济效益，合理控制成本达到最佳的内部控制效果。

3. 制定内部控制制度的原则

(1) 合法、合规性原则：公司内部控制制度必须符合国家法律法规、规章和各项规定。

(2) 全面性原则：内部控制制度必须涵盖到公司经营管理的各个环节，必须普遍适用于公司每一个员工，不得在制度上留有空白或漏洞。

（3）审慎性原则：公司内部控制的核心是风险控制，制定内部控制制度要以审慎经营、防范和化解风险作为出发点。

（4）适时性原则：内部控制制度的制定应当具有前瞻性，且必须随着有关法律法规的调整和公司经营战略、经营方针、经营理念等内、外部环境的变化进行及时修改和完善。

**（二）内部控制的基本要求**

（1）部门设置要体现职责明确、相互制约的原则；

（2）严格授权控制；

（3）强化内部监察稽核控制；

（4）建立完善的岗位责任制度和科学、严格的岗位分离制度；

（5）严格控制基金资产的财务风险；

（6）建立完善的信息披露制度；

（7）严格制定信息技术系统的管理制度；

（8）建立科学严密的风险管理系统。

督察长可以列席公司相关会议、调阅公司相关档案，就内部控制制度的执行情况独立地履行检查、评价、报告、建议职能。督察长应当定期和不定期向董事会报告公司内部控制执行情况，董事会应当对督察长的报告进行审议。

公司应保证监察稽核部门的独立性和权威性。公司应当强化内部检查制度，通过定期或不定期检查内部控制制度的执行情况，确保公司各项经营管理活动的有效运行。

**案例**

### 常州瑞新网络科技股份有限公司
### "新三板"挂牌项目案例分析

常州瑞新网络科技股份有限公司成立于 2008 年，公司核心团队由信息安全行业资深专家、学者组成，一直以来为广大用户提供网络安全风险评估、网络安全运维服务，经过多年技术积累，依靠自身的技术优势，成功的研发出多项新型安全管理系统，公司目前拥有自主知识产权 6 项，发明专利 1 项，业务范围涵盖政府、司法、金融、军队、教育等多个领域，为用户在信息保密、信息传输、数据存储、管理体系等方面提供全面的技术支撑。

瑞新公司致力于成为网络安全风险评估行业领域的先行者，致力于探索最前沿的信息安全技术，为此，瑞新公司确立了未来发展目标：为用户提供最新的信息安全方案和技术服务，以用户应用为出发点，科技创新为动力，打造全新的市场服务模式，在未来"云计算"应用领域中再创新的辉煌。

为实现这一战略目标，瑞新公司拟通过进入"股份转让代办系统"（新三板），利用资本市场的优势，为公司未来发展融入资金，为企业跨越式、可持续性发展注入新的血液与活力，为推动常州创意产业园现代服务业的发展贡献力量。

1. 前期接洽

常州新北国家高新区内的创意产业基地是常州第一个国家级的高新园区，园区内的企业已经参加过多次由券商、律师事务所等中介机构举办的有关"新三板"的专题讲座，企业对新三板相关的信息有了一定的了解，各个中介机构也对其中大多数的企业进行了走访，那么怎么在众多的中介机构中脱颖而出，从而与企业达成合作意向，这对律师的现场工作能力是一种挑战。就瑞新公司而言，由于该企业质地优良，比较符合新三板的挂牌条件，已经有多家律师事务所与之接洽过，而公司也在各个中介机构中不断进行考察和挑选，凭借着在现场法律咨询问题的准确解答和一丝不苟、勤勉踏实的工作态度，最终承办律师赢得了公司的肯定和信任，使双方的合作有了一个良好的开端。

2. 对项目公司进行尽职调查

作为企业来说，要实现新三板挂牌，仅有意愿不行，还需要满足新三板挂牌的相关条件，因此作为承办律师，第二个阶段的工作就是要进行深入调查，对瑞新公司进行实地考察和调研，主要关注以下几个方面：

（1）主营业务是否突出。主营业务突出是主办报价券商推荐的园区公司须具备的重要条件之一。通常情况下，公司的主营业务收入应当占到总收入的70%以上，主营业务利润应当占到利润总额的70%以上，业务过于分散对于中小企业挂牌而言，绝对是"减分"事项。

（2）是否存在同业竞争，同业竞争要处理好。公司实际控制人或大股东从事的其他业务，有无同业竞争及关联交易情况是中国证券业协会等主管机构备案审查的重点，具体关注内容包括：同一实际控制人之下是否存在与拟挂牌企业同业竞争的企业；公司高级管理人员是否兼任实职，财务人员是否在关联企业中兼职；公司改制时，发起人是否将构成同业竞争关系的相关资产、业务全部投入股份公司。

通常可以采取以下三种方式解决同业竞争：以股权转让的方式将同业竞争公司转为拟挂牌企业的子公司；注销同业竞争公司（这种情况多发生在同一实际控制人之下有两个和两个以上同业竞争企业，注销其余同业竞争企业不对实际控制人产生影响）；拟挂牌企业回购同业竞争公司的业务和资产。此外，根据具体企业情况，以协议买断销售、以市场分割协议解决和充分论证同业但不竞争等方式也可解决同业竞争问题。

（3）持续经营是否有保障。虽然新三板挂牌条件中并无明确的财务指标要求，对企业是否盈利也无硬性规定，但企业的持续经营要有保障，即企业经营模式、产品和服务没有重大变化，在所处的细分行业有很好的发展前景。

（4）是否存在资金占用问题，若有，要尽早解决。许多中小民营企业在发展初期都存在"公司个人不分"的问题，即公司的资产、账户与个人的财产、账户有一定的混用现象。实践中，拟挂牌企业与其控股股东、关联企业资金往来会较为频繁，因为从银行等金融机构获得外部融资并不是件容易的事情，而且还要花费相当的成本，而调用关联企业暂时富裕的资金，对于实际控制人则是更易做到的事情。对于拟挂牌企业与关联方的资金拆借、资金占用问题，关键是尽早规范，不将问题带到以后的挂牌公司。

（5）财务处理是否真实。财务数据直接反映了企业的经营业绩，因此，企业经营过程中存在的经营风险和财务风险也是主管机构审核时关注的重点之一。对此，企业应在尊重客观事实的基础上尽可能给出合理解释。

（6）股权激励的规划。申请挂牌新三板的企业都有自己的专利技术，都是轻资产的中小科技企业，对于企业而言，人才是核心竞争力，仅靠高工资留住人才的做法一方面成本较高，另一方面也无法应对同行业已上市公司的股权诱惑。但股权激励是一个系统工程，涉及管理、法律和财务等方面的问题，如果没有提前规划，诸如稀释多少股权，如何定价，与业绩如何挂钩？会计如何入账等问题在挂牌改制时会接踵而至，而此时再处理的难度会加大。

拟挂牌企业可以在团队相对稳定后就进行股权激励规划，在具体的操作上，首先，要精选激励对象，股权激励要在战略高度上给予人才足够的重视，以期激励对象为公司的发展做出重大贡献；其次，激励股份要分期授予，每期分别向激励对象授予一定比例的股权；再次，作为附加条件，激励对象每年必须完成相应的考核指标，并设置好完不成目标、严重失职等情况下的股权处理意见；最后，对于考核指标，公司也需制定详细、明确的书面考核办法。

3. 通过尽职调查发现问题并处理问题

通过前期的相关工作，承办律师认为瑞新公司初步符合挂牌要求，虽然在公司治理结构及营业模式方面有一些瑕疵和不规范的地方，但是并不会构成对挂牌的实质性障碍，即没有硬伤。那么在此情况下，承办律师需要指导并协助企业在挂牌工作启动之前，对照新三板的挂牌条件，在相应法律法规的指引下将问题进行有效地梳理和调整，把这些可能会影响日后工作进程的相关障碍问题在启动挂牌工作之前就先行解决，如：

（1）股权分配问题。一般的企业或多或少都会涉及到此类问题，有些可能是由于历史遗留问题所以出现委托持股、代持股的现象，有些则是企业出于激励人才，稳定核心人员共同创业的考虑，而需要对现有的股权结构进行调整，因此承办律师在了解情况以后，协助企业清理调整这部分的股权，协助确定转让价格和对象，起草和修改相关转让协议、章程和公司决议文件，并协助进行工商变更登记。

（2）知识产权问题。新三板虽然对于挂牌企业的盈利要求和政策门槛并不高，但是新三板制度的建立基础和定位是服务于国家高新区的高科技中小企业的，虽然目前挂牌的企业行业分布比较广泛，信息技术、制造业、生物医药、新能源、新经济、新材料、新农业、节能环保、文化传媒、咨询服务等各个行业的都有，但是未来挂牌公司在选择企业方面，必然越来越关注企业的行业属性，主要还是偏向于包括科技创新、文化创意、商业模式创新的各类创新型公司，因此为了确保瑞新公司新三板挂牌的成功，承办律师建议并协助公司加大在知识产权，即核心竞争力方面的投入，通过申报多项专利和著作权来增强自身的科技含金量。

（3）内部治理规范问题。承办律师通过对瑞新公司的指导，协助企业规范内部文件，建立健全内部治理机构，并按要求召开相关公司会议。

4. 企业股份制改造

股份制改造的程序：

（1）由4家中介机构，即证券公司、律师事务所、会计师事务所、资产评估事务所从上市挂牌的角度对企业法律、财务方面进行梳理，发现存在的问题，制定解决方案及重组改制方案，在此过程中，承办律师配合并协助公司董事会制定了改制方案，主要包括下列内容：①变更的目的和目标；②变更的依据；③变更后公司的名称、注册资本、组织结构和经营范围等；④将原有限责任公司公司股东的出资额转换成股份有限公司股份的方式和依据；⑤变更步骤和大致时间表；⑥具体负责机构和人员；⑦其他事项。

（2）拟改制的有限责任公司召开股东会，对董事会制订的股份制改造方案进行审议，对是否进行股份制改造作出决议。

（3）对公司的会计报表进行审计。股东会作出股份制改造决定后，应当由改制公司聘请资产评估机构对公司会计报表进行审计，以确定公司的净资产额，并以之作为折股依据。

（4）改制公司再次召开股东会，由股东会对上述审计结果进行确认，以界定各股东所占的净资产份额。

（5）由改制公司聘请验资机构对股东出资（亦即各股东所占的净资产份额）进行检验并出具验资报告。

（6）改制公司召开股东大会，通过股份有限公司章程，选举公司组织机构（董事会、监事会）组成人员。

（7）承办律师制作相关的改制法律文件，在此过程中与各个中介机构及公司管理层进行沟通和磋商，确定相关法律文件中所涉及的内容、数据及条款。

（8）依据《公司法》第 93 条和《公司登记管理条例》（国务院令第 45 号）第 34 条的规定，承办律师协助并配合公司到登记管理机关办理工商、税务、组织机构代码、银行账号变更登记手续。

在此过程中应注意：

一是拟进行股份制改造的有限责任公司在改制前，发起人认购和募集的股本要达到（股份有限公司）法定资本最低限额，即股份有限公司注册资本的最低限额为人民币 500 万元。同时，按照《公司法》第 96 条规定，有限责任公司变更为股份有限公司，是将净资产折股，换言之，对于拟进行股份制改造的有限责任公司而言，净资产不得低于人民币 500 万元，问题在于，瑞新公司在改制前是低于 500 万元的，那么我们的解决办法是：在改制前先进行增资扩股，使公司净资产超过 500 万元。

二是有限责任公司变更为股份有限公司时，折合的实收股本总额不得高于公司净资产额，反而言之，折合的实收资本总额可以低于公司净资产额，那么余下的净资产额作何处理呢？依据现行会计准则，公司改制时未折合为注册资本的净资产应该计入资本公积。

# 第八章

# 基金托管人

基金托管人是证券投资基金的主要当事人之一。

为了保护投资者的利益，防止基金资产被基金管理人任意使用，基金监管体制一般要求基金资产存放于独立的托管人处，由托管人负责持有基金资产并确保基金资产的安全。国际证监会组织（IOSCO）《集合投资计划监管原则》第二原则指出，监管体制必须寻求保全基金资产的物理上和法律上的完整，将基金资产与管理资产、其他基金资产及托管人的资产分离。

在基金运作中引入基金托管人制度，有利于基金财产的安全和投资者利益的保护。

## 第一节　基金托管人概述

### 一、基金托管人及基金托管业务

基金托管人是根据法律法规的要求，在证券投资基金运作中承担资产保管、交易监督、信息披露、资金清算与会计核算等相关职责的当事人。基金托管人是根据法律法规的要求，在证券投资基金运作中承担资产保管、交易监督、信息披露、资金清算与会计核算等相应职责的当事人。

根据我国法律法规的要求，基金资产托管业务或者托管人承担的职责主要包括以下四项：

（1）资产保管，即基金托管人应为基金资产设立独立的账户，保证基金的全部资产安全完整；

（2）资金清算，即执行基金管理人的投资指令，办理基金名下的资金往来。

（3）资产核算，即建立基金账册并进行会计核算，复核审查管理人计算的基金资产净值和份额净值；

（4）投资运作监督，即监督基金管理人的投资运作行为是否符合法规及基金合同的规定。

基金托管人主要通过托管业务获取托管费作为其主要收入来源，托管规模与其托管费收入成正比。在一些国家和地区，托管人也通过进行绩效评估、提供会计核算等增值性服务来扩大收入来源。

## 二、基金托管人在基金运作中的作用

基金托管人在基金运作中主要有以下三点作用：

（1）防止基金财产挪作它用，有效保障资产安全。

（2）通过基金托管人对基金管理人的投资运作进行监督，可以促使基金管理人按照有关法律法规和基金合同的要求运作基金财产，有利于保护基金份额持有人的权益。

（3）基金托管人对基金资产所进行的会计复核和净值计算，有利于防范、减少基金会计核算中的差错，保证基金份额净值和会计核算的真实性和准确性。

## 三、基金托管人的市场准入

基金托管人由依法设立并取得基金托管资格的商业银行担任。

申请取得基金托管资格，应当具备下列条件，并经中国证监会和中国银监会核准：

（1）净资产和资本充足率符合有关规定。

（2）设有专门的基金托管部门。

（3）取得基金从业资格的专职人员达到法定人数。

（4）有安全保管基金财产的条件。

（5）有安全高效的清算、交割系统。

（6）有符合要求的营业场所、安全防范设施和与基金托管业务有关的其他设施。

（7）有完善的内部稽核监控制度和风险控制制度。

（8）法律、行政法规规定的和经国务院批准的中国证监会、中国银监会规定的其他条件。

由取得基金托管资格的商业银行担任基金托管人，主要出于以下考虑：一方面，商业银行具有网点、技术和人员优势，能够满足基金资金清算和划拨的需要；另一方面，商业银行具有健全的组织体系和风险控制能力，在现阶段，有利于基金的规范运作。

此外，《证券投资基金托管资格管理办法》对托管业务准入有更详细的规定。如，最近3个会计年度的年末净资产均不低于20亿元人民币；设有专门的基金托管部门；基金托管部门拟从事基金清算、核算、投资监督、信息披露等业务的执业人员不少于5人，并具有基金从业资格；有安全保管基金财产的条件等。

## 四、基金托管人的职责

基金托管人担负十一项具体职责，《证券投资基金法》第29条对基金托管人应当履行的职责进行了明确规定，在此不一一列举，应重点理解以下三项：

（1）对所托管的不同基金财产分别设置账户、确保基金财产的完整与独立。

（2）对基金财务会计报告、中期和年度基金报告出具意见。

（3）按照规定召集基金份额持有人大会。

## 五、基金托管业务流程

以开放式基金的托管为例，按照业务运作的顺序，在托管银行内部的基金托管业务流程主要分四个阶段：签署基金合同、基金募集、基金运作和基金终止。

（1）起始阶段：签署基金合同。签署基金合同阶段是基金托管人介入基金托管业务的起始阶段，在这一阶段，托管人与拟募集基金的基金管理公司商洽基金募集及托管业务合作事宜。如达成合作意向后，双方草拟、共同签署基金合同（草案）、托管协议（草案），提交监管机构评审。

（2）准备阶段：基金募集。基金募集阶段是基金托管人开展基金托管业务的准备阶段，在基金募集期间，基金托管人要进行基金托管业务的各项准备，该阶段的主要工作有：刻制基金业务用章、财务用章，开立基金的各类资金账户、证券账户，建立基金账册，与管理人及注册登记机构进行技术系统的联调、测试，将基金有关参数输入监控系统，在募集结束后接受管理人将按规定验资后的募集资金划入基金资金账户。如果基金募集不成立，则由基金管理人承担将募集资金返还到投资人账户的职责。

（3）主要阶段：基金运作。基金运作阶段是基金托管人全面行使职责的主要阶段，基金合同生效后，基金管理人开始进行投资运作，基金托管人也开始根据法律法规和基金合同等的规定，进行各类托管业务的运作。托管人在该阶段的主要工作或业务内容有：安全、独立保管基金的全部财产；每个工作日进行基金资产净值计算与会计核算，并与管理人核对；根据管理人的指令办理资金划拨；监督基金投资范围、投资比例、投资风格、关联交易等；承担基金定期报告、招募说明书（更新）等信息披露文件的复核监督；对基金费用提取、收益分配、基金份额持有人大会等业务的实施承担监督职责；保管基金份额持有人名册、重要合同、有关实物证券、业务档案等。

（4）善后阶段：基金终止。基金终止阶段是基金托管人尽责的善后阶段，在更换托管人或基金终止清算两种情形下，根据法律法规的要求，托管人要参与基金终止清算，按规定保存清算结果和相关资料。

## 第二节　机构设置与技术系统

### 一、基金托管人的机构设置

《证券投资基金法》规定：基金托管人为履行职责，要设有专门的基金托管部门，并要求有安全保管基金财产的条件，有安全高效的清算、交割系统，有符合要求的营业场所、安全防范设施和与基金托管业务有关的其他设施，有完善的内部稽核监控制度和风险控制制度等条件。为此，各托管银行按照业务运作的需要，在内部均设立了专门的基金托管部或资产托管部。

为了履行职责，托管银行在托管部设有不同的处室来履行职责，一般包括以下四个部分：

（1）主要负责证券投资基金托管业务的市场开拓、研究，客户关系维护的市场部门；

（2）主要负责基金资金清算、核算的部门；

（3）主要负责技术维护、系统开发的部门；

（4）主要负责交易监控、内部风险控制的部门。

### 二、基金托管人的员工配置

《证券投资基金托管资格管理办法》规定："拟从事基金清算、核算、投资监督、信息披露、内部稽核监控等业务的执业人员不少于 5 人，并具有基金从业资格。"

实践中，各个托管银行会根据业务需要合理配置人员，并根据业务发展不断充实员工队伍。1998 年，基金托管业务发展初期，托管银行基金托管部的人数较少，普遍在 10～20 人左右。近两年，随着基金托管数量和规模的增加，以及企业年金、保险资产、QFII、QDII，集合资金信托计划等托管业务新品种的增加，各托管银行基金托管部或资产托管部的从业人数和岗位也普遍增加，大的托管银行基金或资产托管部的从业人数一般在 50 人以上。

### 三、基金托管业务的技术系统

《证券投资基金托管资格管理办法》要求，基金托管人要有安全高效的清算、交割系统；基金托管部门有满足营业需要的固定场所，配备独立的安全监控系统；基金托管部门配备独立的托管业务技术系统，包括网络系统、应用系统、安全防护系统、数据备份系统；系统内证券交易结算资金在两小时内汇划到账，从交易所安全接收交易数据，与基金管理人、基金注册登记机构、证券登记结算机构等相关业务机构的系统安全对接等；据此，各托管银行都建立、完善了符合业务需要的机房系统、软件和硬件系统、数据传输系统。

目前，各托管银行的基金托管任务技术系统主要有以下特征：

（1）主要托管业务通过技术系统完成的。基金会计核算、资金清算、投资监督等基金托管业务活动都可以通过技术系统完成。

（2）系统配置完整、独立运作。一般的托管银行都配置了托管业务主机系统、备份系统、数据接受系统、录音录像监控系统、安防系统、电源系统、资讯系统、资金划拨系统等。

（3）系统管理严格。包括：系统运行、账户、密码的管理；系统管理工作与安全审计；数据备份；系统应急与灾难恢复；有害数据及计算机病毒预防、发现、报告及清除等。

（4）技术系统安全运作。保证基金业务应用产品符合安全保密要求等，能够从技术手段上保证基金托管业务的安全运作。

# 第三节　基金财产保管

## 一、基金财产保管的基本要求

### （一）保证基金资产的安全

基金托管人的首要职责就是要保证基金财产的安全，独立、完整、安全地保管基金的全部资产。基金托管人必须将基金资产与自有资产、不同基金的资产严格分开，要为基金设立独立的账户，单独核算，分账管理。不同基金之间在持有人名册登记、账户设置、资金划拨、账册记录等方面应完全独立，实行专户、专人管理。不同基金的债权债务是不能相互抵消的。

**（二）依法处分基金财产**

基金托管人没有单独处分基金财产的权利。

未接到基金管理人的指令，基金托管人不得自行运用、处分、分配基金的任何资产。

**（三）严守基金商业秘密**

除《证券投资基金法》、基金合同及其他有关法规另有规定外，基金信息公开披露前应予保密，基金托管人不得向他人泄露。

**（四）对基金财产的损失承担赔偿责任**

## 二、基金资产账户的种类及管理

基金资产账户主要包括银行存款账户、结算备付金账户和证券账户三类。

基金银行存款账户是以基金名义在银行开立的结算账户。货币市场基金和债券基金在投资银行存款时开立的银行存款账户就属于投资类账户。

结算备付金账户是以托管人的名义在中国证券登记结算有限责任公司开立的账户，包括中国证券登记结算有限责任公司上海结算备付金账户和深圳结算备付金账户。托管人可以以基金的名义设立结算备付金二级账户，由托管人再与基金进行二级结算。

基金的证券账户包括交易所证券账户和全国银行间市场债券托管账户。其中，交易所证券账户是以托管人和基金联名的方式在中国结算公司开立的证券账户，全国银行间市场债券托管账户是指以基金名义在中央国债登记结算有限公司开立的乙类债券托管账户。

## 三、基金财产保管的内容

### （一）保管基金印章

基金托管人代基金刻制的基金章、基金财务专用章及基金业务章等基金印章均由托管人代为保管和使用。保管好基金印章是保证基金资产安全的前提，因此，基金托管人必须加强基金印章的管理，制定严格基金印章管理制度。

### （二）基金资产账户管理

（1）基金托管人应做好基金资产账户的更名、销户及资产过户等工作。

（2）托管人负责开立全部资产账户，保证基金账户独立于托管银行账户；不同基金的账户也相互独立，对每一个基金单独设账，分账管理。

（3）严格按照基金管理的有效指令办理资金支付，并保证基金的一切货币收支活动均通过基金的银行账户进行。

（4）基金托管人和基金管理人不得假借基金的名义开立任何其他账户。

### （三）重要文件保管

基金托管人负责保管基金的重大合同、基金的开户资料、预留印鉴、实物证券的凭证等重要文件。

### （四）核对基金资产

一般情况下，基金银行存款账户、基金结算备付金余额、基金证券账户的资产数量以及余额要进行每日核对；基金债券托管账户在交易当日进行核对，如无交易每周核对一次。

# 第四节　基金资金清算

基金的资金清算依据交易场所的不同，分为交易所交易资金清算、全国银行间市场交易资金清算和场外资金清算三部分。

## 一、交易所交易资金清算

交易所交易资金清算指基金在证券交易所进行股票、债券买卖及回购交易时所对应的资金清算。

交易所资金清算流程如下：

（1）接收交易数据。T日闭市后，托管人通过卫星系统接收交易数据。

（2）制作清算指令。托管人对当日交易进行核算、估值并核对净值后，制作清算指令，完成T日的工作流程。

（3）执行清算指令。T＋1日，托管人将经复核、授权确认的清算指令交付执行。

（4）确认清算结果。基金托管人对指令的执行情况进行确认，并将清算结果通知管理人。

## 二、全国银行间市场交易资金清算

全国银行间债券市场交易资金清算包括基金在银行间市场进行债券买卖、回购交易等所对应的资金清算。

全国银行间债券市场资金清算的流程如下：

（1）基金在银行间债券市场发生债券现货买卖、回购业务时，基金管理公司将该笔业务的成交通知单加盖公司业务章后发送基金托管人。

（2）基金托管人在中央债券综合业务系统中，采取双人复核的方式办理债券结算后，打印出交割单，加盖基金资金清算专用章，传送基金管理公司，原件存档。

（3）债券结算成功后，按照成交通知单约定的结算日期，制作资金清算指令，进行资金划付。

（4）基金托管人负责查询资金到账情况，资金未到账时，要查明原因，及时通知管理人。

### 三、场外资金清算

场外资金清算指基金在证券交易所和银行间市场之外所涉及的资金清算，包括申购、增发新股、支付基金相关费用以及开放式基金的申购与赎回等的资金清算。

场外资金清算流程如下：

（1）基金托管人通过加密传真等方式接收管理人的场外投资指令。

（2）基金托管人对指令的真实性、合法性、完整性进行审核，审核无误后制作清算指令。清算指令经过复核、授权后，交付执行。

（3）对指令的执行情况进行查询，并将执行结果通知基金管理人。

# 第五节　基金会计复核

目前，对于国内证券投资基金的会计核算，基金管理人与基金托管人按照有关规定，分别独立进行账簿设置、账套管理、账务处理及基金净值计算。基金托管人按照规定对基金管理人的会计核算进行复核，基金管理公司负责将复核后的会计信息对外披露。基金托管人对会计核算进行复核的主要内容包括：基金账务的复核、基金头寸的复核、基金资产净值的复核、基金财务报表的复核、基金费用与收益分配的复核和业绩表现数据的复核等。

### 一、基金财务的复核

依据《证券投资基金法》《证券投资基金会计核算办法》对管理人的账务处理过程与结果进行核对的过程。

### 二、基金头寸的复核

基金头寸指基金在进行交易后的所有现金类账户的资金余额。现金类账户包括银行存款账户和清算备付金账户。

### 三、基金资产净值的复核

根据《证券投资基金法》《证券投资基金会计核算办法》《关于进一步规范证券投资基金估值业务的指导意见》对基金管理人的估值结果即基金份额净值、累计基金份额净值以及期初基金份额净值进行核对的过程。

### 四、基金财务报表的复核

基金财务报表的复核指基金托管人对基金管理人出具的资产负债表、基金经营业绩表、基金收益分配表、基金净值变动表等报表内容进行核对的过程。

### 五、基金费用与收益分配复核

计提管理人报酬及其他费用，并对基金收益分配等进行复核。

### 六、业绩表现数据的复核

## 第六节 基金投资运作监督

### 一、基金托管人对基金管理人监督的依据

监督基金管理人的投资运作，是保障基金资产安全、维护基金份额持有人利益的重要手段。在我国，基金托管人主要依据《证券投资基金法》《证券投资基金运作管理办法》、证券投资基金信息披露内容与格式准则第 7 号《托管协议的内容与格式》及其他有关法规和规范性文件、基金合同、基金托管协议等规定，对基金投资范围和投资对象、基金投融资比例、基金投资禁止行为等内容进行监督和核查。

基金管理人应积极配合和协助基金托管人的监督和核查，包括但不限于在规定时间内答复基金托管人并改正，就基金托管人的疑义进行解释或举证。对基金托管人按照法规要求须向中国证监会报送基金监督报告的，基金管理人应积极配合提供相关数据资料。

### 二、基金托管人对基金管理人监督的主要内容

#### （一）对基金投资范围、投资对象的监督

监督基金的投资范围、投资对象是否符合基金合同及有关法律法规的要

求。如基金合同明确约定基金的投资风格（如主要投资于大盘股票、基础行业股票、可转债或跟踪指数等）或证券选择标准，基金托管人应据以建立相关技术系统，对基金实际投资是否符合基金合同的相关约定进行监督，对存在疑义的事项进行核查。

### （二）对基金投融资比例的监督

监督内容包括但不限于基金合同约定的基金投资资产配置比例、单一投资类别比例限制、融资限制、股票申购限制、法规允许的基金投资比例调整期限等。

### （三）对基金投资禁止行为的监督

监督内容包括但不限于《证券投资基金法》、基金合同规定的不得承销证券、向他人贷款或提供担保等。根据法律法规有关基金禁止从事的关联交易的规定，基金管理人和基金托管人应相互提供与本机构有控股关系的股东或与本机构有其他重大利害关系的公司的名单。

### （四）对参与银行间同业拆借市场交易的监督

为控制基金参与银行间债券市场的信用风险，基金托管人应对基金管理人参与银行间同业拆借市场交易进行监督。控制银行间债券市场信用风险的方式包括但不限于交易对手的资信控制和交易方式（如见券付款、见款付券）的控制等。

### （五）对基金管理人选择存款银行的监督

货币市场基金投资银行存款时，托管人和管理人根据法律法规的规定及基金合同的约定，要签署专门的补充协议，对存款银行的资质、利率标准、双方的职责、提前支取的条件及赔偿责任等进行规定。

实际运作中，托管人对基金管理人投资运作的监督有以下特点：一是不同基金类型监督的依据和内容不同，如货币市场基金与股票型基金的监督内容存在较大差异。二是日常运作中，托管人对基金管理人投资运作行为的监督主要是基金投资范围、投资比例、交易对手、投资风格等方面。三是根据投资需要和监管机构的要求，不断增加、完善监督内容。例如，近两年增加了对基金投资非公开发行股票等流通受限证券、权证产品、资产支持证券等的监督。四是场内交易主要通过技术系统实现，场外交易主要借助于人工手段完成。

## 三、监督与处理方式

基金托管人对基金管理人投资运作的监督，可以通过多种方式与手段进行。基本方式是，通过技术和非技术手段监督基金投资比例、范围等，对发现的问题，采取定期和不定期报告形式提醒基金管理人并向中国证监会报告。

**（一）电话提示**

对所托管基金投资比例接近超标或者对媒体和舆论反映集中的问题等，一般电话提示管理人。

**（二）书面警示**

对基金运作中违反法律法规或合同规定的，如投资超比例、资金头寸不足等问题，以书面形式对基金管理人进行提示，督促并要求管理人改正。

**（三）书面报告**

对基金运作中严重违反法律法规或合同规定的，例如资金透支、涉嫌违规交易等行为，书面提示有关管理人，并向监管机构报告。

**（四）定期报告**

（1）编制持仓统计表。每日对基金的持仓情况编制日报，并向监管机构报告。

（2）基金运作监督周报。托管银行根据对基金运作的监督情况，每周编制基金运作监督周报，向监管机构报告。

另外，托管银行还要向监管机构报送内部监察稽核报告，即每季度由托管人撰写内部监察稽核报告，向监管机构报告。

# 第七节　基金托管人内部控制

## 一、内部控制的目标和原则

### （一）内部控制的目标

内部控制的目标是：保证业务运作严格遵守国家有关法律法规和行业监管规则，自觉形成守法经营、规范运作的经营思想和经营风格；防范和化解经营风险，保证托管资产的安全完整；维护基金份额持有人的权益；保障基金托管业务安全、有效、稳健运行。

### （二）内部控制的原则

（1）合法性原则。内部控制制度应当符合国家法律法规及监管机构的监管要求，并贯穿于托管业务经营管理活动的始终。

（2）完整性原则。托管业务的各项经营管理活动都必须有相应的规范程序和监督制约；监督制约应渗透到托管业务的全过程和各个操作环节，覆盖所有的部门、岗位和人员。

（3）及时性原则。托管业务经营活动必须能在发生时准确、及时地记录；按照"内部控制优先"的原则，新设机构或新增业务品种时，必须已建立相关的规章制度。

（4）审慎性原则。各项业务经营活动必须防范风险，审慎经营，保证基金资产的安全与完整。

（5）有效性原则。内部控制制度应根据国家政策、法律及经营管理的需要适时修改完善，并保证得到全面落实执行，不得有任何空间、时限及人员的例外。

（6）独立性原则。托管人托管的基金资产、托管人的自有资产、托管人托管的其他资产应当分离；直接操作人员和控制人员应相对独立，适当分离；内部控制制度的检查、评价部门必须独立于内部控制制度的制定和执行部门。

## 二、内部控制的基本要素

内部控制的基本要素包括环境控制、风险评估、控制活动、信息沟通和内部监控。

### （一）环境控制

环境控制构成托管人内部控制的基础。环境控制包括经营理念、内部控制文化、组织结构、员工道德素质等内容。

### （二）风险评估

风险评估是指通过建立科学严密的风险评估体系，对托管业务内、外部风险进行识别、评估和分析。

### （三）控制活动

控制活动是指托管人通过制定完善的管理制度和采取有效的控制措施，及时防范和化解风险。

### （四）信息沟通

信息沟通是指托管人内部应当维护畅通的信息沟通渠道，建立清晰的报告系统。

### （五）内部监控

内部监控是指托管人通过建立有效的稽核监督体系、内部监控制度、稽核检查制度、内部控制制度的评审和反馈机制，设置专业人员和独立的监察稽核部门，对内部控制制度的执行情况进行持续的监督，保证内部控制落实。

### 三、内部控制的主要内容

基金托管人内部控制的内容主要包括资产保管、资金清算、投资监督、会计核算和估值、技术系统五个方面。

**（一）资产保管的内部控制**

资产保管是基金托管业务的重要方面，可能存在的风险包括：各类账户开设不及时、不独立，印章使用不规范，重要合同没有按规定保管，没有认真对账导致基金账务出现差错等。基金托管人应制定完善的基金资产保管制度、操作流程和岗位工作手册，并采取有效的风险控制措施。

（1）基金托管人必须将基金资产与自有资产、不同基金的资产严格分开。基金托管人要为基金设立独立的账户，单独核算，分账管理。不同基金之间在持有人名册登记、账户设置、资金划拨、账册记录等方面应完全独立。

（2）托管人不得自行运用、处分、分配基金的任何资产。

（3）基金托管人应按照有关规定代基金开立银行存款账户、证券账户、清算备付金账户，并安全保管基金印章、账户印鉴、证券账户卡和账户原始资料。

（4）基金托管人应安全保管与基金资产有关的重大合同和实物券凭证。

（5）基金托管人应建立定期对账制度，定期核对全部账户资产，保证账实、账账、账证相符。

**（二）资金清算的内部控制**

资金清算环节的主要风险点是基金资金清算和交收不及时，从而延误成交时间。资金清算和交收没有及时进行会导致向基金或其他第三方赔偿利息、被登记公司或中央国债登记结算有限责任公司强制罚款、罚息、强制卖券、被监管机构通报批评、罚款或者其他方式的处罚等后果。

基金托管人应制定规范的基金资金清算制度、操作流程和岗位工作手册，加强对资金清算工作的内部控制。具体措施有：

（1）基金托管人应实行严格的岗位分离制度。在岗位分工的基础上明确各资金清算岗位职责，严禁需要相互监督的岗位由一人独自操作全过程。

（2）基金托管人应严格按照基金管理人的有效划款指令办理基金名下资金清算。没有基金管理人的划款指令不得办理基金名下资金清算。

（3）建立复核制度，形成相互制约机制，防正差错的产生。

（4）基金托管人应建立严格的授权管理制度，在授权范围内及时、准确地完成基金清算，确保基金资产的安全。

**（三）投资监督的内部控制**

基金投资监督环节可能出现的风险点主要是因为人为或系统原因对于基

金管理人的投资违规行为未能及时发现、发现后未能有效制止，因此，基金托管人应依据有关法规制定、完善投资监督制度和业务流程等，对基金投资范围、基金资产的投资组合比例、基金投资禁止行为、基金资产核算、基金价格的计算方法、基金管理人报酬的计提和支付、基金收益分配等行为的合法性、合规性进行监督和核查。基金托管人发现基金管理人的投资运作违法违规的，应及时以电话或书面形式通知基金管理人，并报告中国证监会。

**（四）会计核算和估值的内部控制**

基金会计核算过程的主要风险点有核算办法不合理、没有严格按流程操作、核算数据错误等。基金估值过程中可能发生的风险点有估值计算方法错误、估值操作程序错误、估值系统参数设置或导人数据错误、业务人员恶意违规操作导致风险等。

基金托管人应依据《会计法》《企业财务通则》《金融企业会计制度》《证券投资基金会计核算办法》等国家有关法律法规，制定基金会计制度、会计工作操作流程和会计岗位工作手册，并针对各个风险控制点建立以下会计系统控制措施：

（1）对所托管的基金应当以基金为会计核算主体，独立建账、独立核算。基金会计核算应当独立于托管人的会计核算。

（2）建立凭证管理制度。通过凭证设计、登录、传递、归档等一系列凭证管理制度，确保正确记载经济业务，明确责任。

（3）建立账务组织和账务处理体系，正确设置会计账簿，有效控制会计记账程序。

（4）建立复核制度，通过会计复核和业务复核防止会计差错的产生。

（5）采取合理的估值方法和科学的估值程序，公允反映基金所投资的有价证券在估值时点的价值。

（6）建立严格的会计事前、事中和事后监督制度。

（7）制定完善的会计档案保管和财务交接制度。财会部门应妥善保管密押、业务用章、支票等重要凭据和会计档案，严格会计资料的调阅手续，防止会计数据的毁损、散失和泄密。

**（五）技术系统的内部控制**

技术系统可能出现的风险点有基金清算、核算系统主机硬件系统故障、软件系统、数据接受、交易监督控制系统故障、录音录像系统等故障，影响业务运行，更严重的可能会出现数据严重损坏、通讯中断等，因此，托管人应做好以下工作：

（1）根据国家法律法规的要求，遵循安全性、实用性、可操作性原则，严格制定信息系统的管理制度。

（2）技术系统的设计开发应该符合国家、金融行业软件工程标准的要求，编写完整的技术资料；在实现业务电子化时，应设置保密系统和相应控制机制，并保证计算机系统的可稽性；信息技术系统投入运行前，应当经过业务、运营、监察稽核等部门的联合验收。

（3）通过严格的授权制度、岗位责任制度、门禁制度、内外网分离制度等管理措施，确保系统安全运行。

（4）计算机机房、设备、网络等硬件要求应当符合有关标准，设备运行和维护的整个过程实施明确的责任管理，严格划分业务操作、技术维护等方面的职责。

（5）软件的使用应充分考虑软件的安全性、可靠性、稳定性和可扩展性，应具备身份验证、访问控制、故障恢复、安全保护、分权制约等功能。

（6）技术系统设计、软件开发等技术人员不得介入实际的业务操作。用户使用的密码令要定期更换，不得向他人透露。数据库和操作系统的密码令应当分别由不同人员保管。

（7）应对信息数据实行严格的管理，保证信息数据的安全、真实和完整，并能及时、准确地传递到会计等各职能部门；严格计算机交易数据的授权修改程序，并坚持电子信息数据的定期查验制度；建立电子信息数据的即时保存和备份制度，重要数据应当异地备份并且长期保存。

（8）技术系统应当定期稽核检查，完善业务数据保管等安全措施，进行排除故障、灾难降临的演习，确保系统可靠、稳定、安全地运行。

## 四、内部控制的制度建设

### （一）建立完善的稽核监督体系

（1）托管人内部应设立监察稽核部门，保证监察稽核部门的独立性和权威性；监察稽核部门具体执行监察稽核工作。

（2）配备充足的监察稽核人员，严格监察稽核人员的专业任职条件，严格监察稽核的操作程序和组织纪律。

### （二）明确监察稽核部门及内部各岗位的具体职责

稽核监督部门负责内部控制制度的综合管理，其主要职责是：

（1）对各项业务及其操作提出内部控制建议并督促实施。

（2）独立检查和评价有关内部控制制度的合理性及相关业务活动的合规性。

（3）对涉及内部控制方面的问题进行专题检查及调查。

（4）对违反内部控制制度的单位或个人，建议给予相应的纪律处分。

（5）健全完善内部控制制度的评审和反馈机制，建立预测预警系统。

### （三）严格内部管理制度

托管银行应建立、完善各类业务的规章制度、工作流程等，以保障基金托管业务规范、高效运作。根据有关规定，托管银行在申请证券投资基金托管业务资格时都制定了系列管理办法或制度，如证券投资基金托管业务管理办法、证券投资基金托管业务会计核算办法、证券投资基金托管业务内部控制制度、证券投资基金托管业务保密规定、证券投资基金托管业务信息系统安全管理规范、印章使用管理规定等。近几年，根据法律法规的变化和托管业务的发展，各托管银行对各项管理制度也及时进行了修订、补充和完善。

保证业务运作严格遵守国家有关法律法规和行业监管规则，自觉形成守法经营、规范运作的经营思想和经营风格；防范和化解经营风险，保证托管资产的安全完整；维护基金份额持有人的权益；保障基金托管业务安全、有效、稳健运行。

**案例 8-1**

#### 蒙牛风险投资案例分析

**一、宏观背景、乳业的状况**

根据 1985—2000 年我国城镇居民基本情况分析，人均全收入如图 8-1：

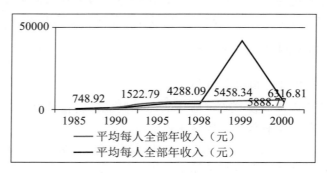

**图 8-1　城镇居民基本情况图**

从图 8-1 可知，城镇居民的收入和食品支出在不断增加，并且消费结构不断由低档商品向中高档发展，2003 年我国人均 GDP 一举突破 1000 美元大关，2006 年则越过了 2000 美元的关口，2008 年，我国人均 GDP 突破了 3000 美元。当一个国家或地区的人均 GDP 超过 3000 美元的时候，其城镇化、工业化的进程将出现加速发展，而产业结构、消费类型也将发生重大转变。

世界平均牛奶人均消费量对比（图 8-2）与世界人均奶类人均年消费量（图 8-3）对比如下：

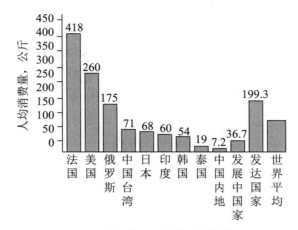

**图 8-2　牛奶人均消费量对比柱状图**

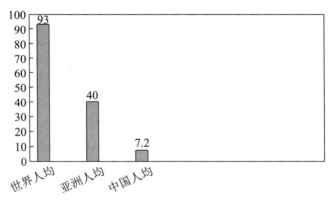

**图 8-3　奶类人均年消费量柱状图**

从图 8-2 可知，2000 年我国人均年消费量仅 7.2 公斤，仍处于很低的水平。不但低于欧美发达国家，而且远远低于亚洲的一些国家和地区，是发展中国家的 20％。然而，滞后中蕴藏着发展的潜力，当前我国乳制品业发展正处于历史上最难得的机遇之中。从图 8-3 可知，世界人均年消费奶类 93 公斤，而我国只有 7.2 公斤，我国的人均消费仅为世界平均水平的 1/14，在 180 个国家的排名中排在 100 位之后。从图 8-2、图 8-3 对比可知，就固态、液态奶而言，液态牛奶更具有市场潜力。（事实是，蒙牛成长起来后，占据了我国液态奶市场第一（20.8％），而固态奶类制品由伊利长期占据第一。）

近年来我国奶牛的生产和消费如图 8-4 所示，蒙牛成立初的企业状况如表 8-1：

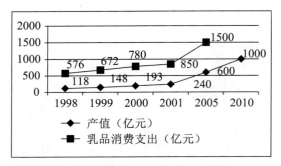

图 8-4    我国奶牛的生产和消费变化情况图

表 8-1    蒙牛成立初的中国乳业企业状况表

| 指标名称 | 计量单位 | 1998 年 | 1999 年 | 2000 年 |
|---|---|---|---|---|
| 企业单位数 | 个 | 395 | 378 | 377 |
| 其中亏损企业 | 个 | 142 | 124 | 98 |

从图 8-4 可知，我国乳品生产仍然满足不了消费市场的需求，市场未来发展潜力非常大。从表 8-1 也可以看出，乳业企业的生产经营存在着很大的风险（从表 8-1 中看出，1999 年蒙牛成立之初，有接近 1/3 的乳业企业亏损）。

## 二、蒙牛简介

1999 年，在中国乳业"老大"伊利当了 10 年生产经营副总裁的牛根生被开除了。他东拼西凑筹了 900 万，成立蒙牛公司。蒙牛最初的启动资金来自至爱亲朋，承载着亲情、友情和信任。创立之时，面临的是"三无状态"：一无奶源，二无工厂，三无市场，但是包括牛根生在内的 10 位创业者中有 5 位是来自伊利，可谓经验丰富、往绩彪炳，牛根生团队对乳品行业的运营规律有着的深刻认识和把握，他们拥有广泛的人脉关系和可资利用的市场渠道。蒙牛在第一个年头剩下的 3 个半月就实现了 3730 万元的销售收入，2000 年是 2.467 亿元，2001 年升至 7.24 亿元、2002 年再升至 16.687 亿元，2003 年跃过 40 亿元（图 8-5）！

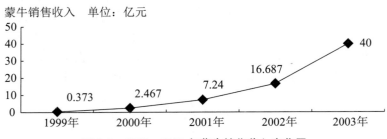

图 8-5    1999—2003 年蒙牛销售收入变化图

仅仅 5 年，蒙牛在中国乳制品企业中的排名由第 1116 位上升至第一位。截至 2009 年拥有总资产 300 多亿元，仍以 28％的年增长率在不断成长。

### 三、蒙牛融资背景

2002 年已驶入"快车道"的蒙牛对资金十分渴求，要开拓市场、建立自己的产业链条，在全国铺建生产和销售网络，必须要有资本，资本的注入对其成长至关重要。蒙牛的融资渠道有：

（1）银行贷款：对于蒙牛这样一家尚不知名的民营企业，又是重品牌轻资产的商业模式（因为当时牛根生确定的是先建立市场，与其他企业合作生产的模式），银行贷款是有限的。

（2）上市融资：2001 年开始，他们开始考虑通过一些上市渠道融资。首先他们研究当时盛传要建立的深圳创业板，但是后来创业板没做成，这个想法也就搁下了。同时他们也在寻求 A 股上市的可能，但是对于蒙牛当时那样一家没有什么背景的民营企业来说，上 A 股恐怕需要好几年的时间，蒙牛根本就等不起。2002 年初，股东会、董事会均同意，在法国巴黎百富勤的辅导下上香港二板，但是，香港二板除了极少数公司以外，流通性不好，机构投资者一般都不感兴趣，企业再融资非常困难。

（3）民间融资：国内一家知名公司来考察后，对蒙牛团队说他们一定要求 51％的控股权，对此蒙牛不答应；另一家大企业本来准备要投资，但被蒙牛的竞争对手给劝住了；还有一家上市公司对蒙牛本来有投资意向，结果又因为它的第一把手突然被调走当某市市长而把这事搁下了。

事实证明，只有用自己的钱才能成就自己的梦，别人不会为你的梦想埋单。蒙牛最初的启动资金来自至爱亲朋，承载着亲情、友情和信任。私营企业融资必须有自己强势的增长作为保证，这就是初始创业的艰难。

这时，摩根士丹利与鼎晖（私募基金）通过相关关系找到蒙牛，要求与蒙牛团队见面。摩根与鼎晖劝牛根生团队应该引入私募投资者，资金到位，帮助企业成长与规范化，大到一定程度了就直接上香港主板。

### 四、蒙牛的风险投资的操作过程

风险资本进入到创业企业的目的就是通过企业的高成长换取投资资本的快速增值，蒙牛的业绩、创业团队的能力得到投资机构的认可。

海外上市存在三种途径：境外设立离岸控股公司境外直接上市、境内股分制公司境外直接上市、境内公司境外借壳间接上市，外资创投首选的是第一种。蒙牛上市就是采用第一种方法。

因为遭到中国政策和羁系环境的限制，大多数境外风险投资公司普遍推崇的风险投资最好的退出体制是以离岸公司的格局在海外上市，这种类型的投资和上市案例有很多，比如新浪、搜狐、163、亚信、UT斯达康、金蝶等。境外可选择的上市市场有：香港主板、香港创业板、新加坡主板、新加坡创业板、NASDAQ等。可否以离岸公司的形式成功在海外上市从而实现投资退出，已成为现在国际风险投资机构是不是投资中国创业企业的一个最重要的决策因素，蒙牛就是以境外设立离岸控股公司境外成功上市成功例子。

1. 第一轮注资

2002年6月，摩根士丹利、鼎晖、英联机构投资者在开曼群岛注册了开曼公司。同月，成立开曼公司全资子公司——毛里求斯公司。2002年9月，蒙牛乳业的发起人在英属维尔京群岛注册成立了金牛公司。同日蒙牛乳业的投资人、业务联系人和雇员注册成立了银牛公司。金牛和银牛各以1美元的价格各自收购了开曼群岛公司50％的股权。

图8-6载列首轮投资之前蒙牛的股权架构，图8-7载列首轮投资前开曼群岛公司、金牛、银牛及毛里求斯公司的股权架构。

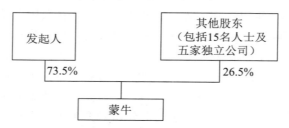

**图8-6　首轮投资前蒙牛股权架构图**

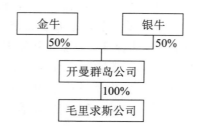

**图8-7　首轮投资前开曼群岛公司、金牛、银牛、毛里求斯公司股权架构图**

在企业重组后他们对蒙牛的控股方式由境内身份直接持股变为了通过境外法人间接持股。中资企业不经批准是不可以在海外上市的，通过境外注册公司和间接持股变化解决股东身份问题和上市身份问题。2002年10月17日，三家投资机构以认股方式向开曼群岛公司注入约2597万美元（折合人民币约2.1亿元），取得了90.6％的股权和49％的投票权，该笔资金经毛里求斯公司最终换取了大陆蒙牛 66.7% 的股权，其余股权仍由发起人和关联人士持有。

任何投资者与企业的谈判都会遇到企业估值这个核心问题，对于风投来说，企业的价值是未来的盈利能力，其风投的目的就是通过企业的高成长换取投资本钱的快速增值，目前主流的估值方法是"自由现金流折现法"。有一种十分简单的算法，是从股票市场借用来的：即以公司预期利润乘以"市赢率"得到该公司的估值，这种算法不见得严密，但企业家和投资者看得懂，在引资和并购中常爱就"市赢率"的高低讨价还价。蒙牛 2001 年税后净利润3344 万元。包括 3 家投资机构投入资金约合人民币 2.15 亿元，机构对蒙牛的估值为 3.5 亿元，所以对蒙牛本身的估值为 1.35 亿元，以 2001 年净利润为基准"市赢率"正好是 4 倍，对风险投资来说是相当不低的，这主要是因为蒙牛经营已历时 3 年，发展势头迅猛，可以被认定是一家十分优秀的企业。但是对于一个发展势头很好的企业，不考虑其增长是不公平的。

对被投资企业来说，外来投资人占有 90% 以上的股权在中国是无法接受的，那样岂不是等于被收购了？我们知道，风投机构并非要持有投资企业的股份，参与管理，而是要使投资获巨额利润。三家投资机构设计的精巧安排解决了这两个问题。首先是股权与投票权的差异化安排（开曼公司 A \ B 股差异，A 类股份持有人每持有一股股份可投 10 票，而 B 类股份持有则每持有一股股份可投 1 票，故此，三家金融机构投资者持有开曼群岛公司取得了90.6% 的股权和 49% 的投票权，但管理层股东持有 51.0% 投票权。）（图 8-8）

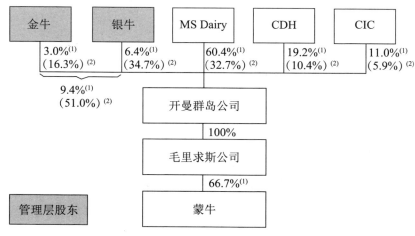

**图 8-8 投资时公司股权架构图**

注：（1）为此等百分比对按面值计算占本公司已发行股本的股权，（2）为此等百分比指本公司各股东的股权。在蒙牛余下的 33.3% 股权当中，发起人合共直接持有 25.3%，另外的 19 位个别人士持有 8.0%，此 19 位个别人士中有 15 位亦是金牛和银牛的股东。

这次投资对蒙牛的成长是明显的，2002 年，蒙牛年销售收入比 2001 年翻了两翻，由 7.24 亿元升至 16.687 亿元。

2. 第二轮注资

蒙牛的发展速度令人吃惊，2003 年税后利润可达 2 亿元，但是蒙牛的资金缺口依然很大，要蒙牛上市融资还需一年期准备，因此 2003 年 10 月三大机构决定再次对蒙牛注入资金 3523 万美元，这是他们向蒙牛这只"篮子"里再次放入鸡蛋，风险累积并放大了，故第二轮投资的风险控制方式可谓登峰造极。

与第一轮投资不同，三家机构为了避免风险，在第二轮注资时没有采取认股形式。"可换股证券"说白了就是对被投资的公司没把握，你经营得不好我的投资仍表现为债权，到期还我本利；你经营得好，我就将债权转为股权，3523 万美元的票据在蒙牛上市后可转为 3.68 亿股蒙牛股份，享受股票升值及股息收益，按 2004 年蒙牛的 IPO 价格 3.925 港元计算这部分股票价值达 14.4 亿港元。可换股证券以蒙牛海外上市主体毛里求斯公司全部资产作为抵押，三家机构取得巨额收益的同时还获得增持蒙牛，巩固控制权的机会。最后，为了进一步确保可换股证券的权益还设有强制赎回及反摊薄条款。

完成次轮投资以后本公司及其主营子公司股权架构如图 8-9。

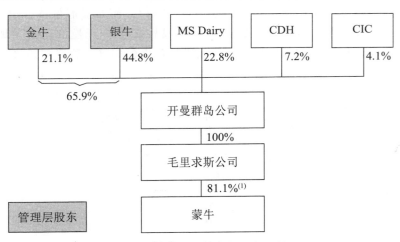

**图 8-9　完成投资后本公司股权架构图**

注：蒙牛的四位执行董事及五位发起人合共直接持有蒙牛其余 18.9％股权。

## 五、蒙牛风投效果分析

1. 对蒙牛企业

首先，蒙牛能 2004 年在香港上市以及成为当年中国乳业第一品牌，足以证明自从 2002 年接受风投后蒙牛的发展，这里要分析的是风投对蒙牛增值服务：

首先，私募投资者帮助规范蒙牛公司。摩根等进来后，帮助蒙牛重组了企业法律结构与财务结构，并帮助蒙牛在财务、管理、决策过程等方面实现规范化。投资者进来之后大家讨论问题更加到位，投资者问的问题比较尖锐，因为他们看的企业多了，投资方有效地利用了他们对重大决策的否决权，比如蒙牛曾考虑过的一个偏离主营业务的提议，就被私募投资者劝阻，帮助企业设计一个能被股市看好的、清晰的商业模式，正是私募投资者的贡献之一。应该指出的是，并不是所有的企业创始人都愿意接受这样的规范化和改变。

此外，蒙牛在香港上市的整个过程也主要由私募资金来主导，为蒙牛上市作好了准备工作，借助三大机构的信誉助蒙牛上市成功。蒙牛管理团队知道私募资金与他们利益一致，且具备他们所不具备的专业能力，故对摩根等的运作相当放手，当高质量的风险基金或者其他私募基金在上市之前进入某家公司的时候，这家公司上市的过程会更平稳、顺利、成功。私募投资者是公司与股票市场最终的机构投资者之间的一个桥，2004 年 6 月蒙牛股票在香港持牌上市了，本次共发售 3.5 亿股（发售完成后总股份达 10 亿股），股价 3.925 元，获得 206 倍的超额认购率，冻结资金 280 亿港元。在香港股市一直低迷、蒙牛股票定价偏高的情况下（市赢率高达 19 倍），蒙牛出色完成了上市。2009 年，私募投资者退出蒙牛时出售的股权被中粮投资和厚朴基金（厚朴基金是由高盛集团的中国合伙人方风雷创立的一家私募股权公司，管理着 25 亿美元的资产）接手，为蒙牛将来再融资打下了良好的基础。

摩根等私募品牌入股蒙牛也帮助提高了蒙牛公司的信誉。在为蒙牛获取政府的支持和其他资源方面也有帮助。另外，对于早期承受过不正规竞争压力的蒙牛来说，吸引摩根等私募品牌入股也能给其带来一定的政治支持与保护，比如 2003 年蒙牛投毒的危机就是政府出面主持的。中国民营企业需要外资的参与而获得政府支持与保护是件令人不无遗憾的事。

2. 对于风投机构

摩根、英联、鼎辉三家国际投资机构是最大的赢家，三家机构两轮投资共支付 6120 万美元（4.77 亿港元）。本次 IPO 也就是 2004 年 6 月，由于市场反应热烈三家机构如果全额行使"超额配股权"增加售股额至 1.525 亿股，套现近 6 亿港元。

2004 年 12 月，摩根士丹利等国际投资者行使第一轮"可换股文据"，即 3.67 亿股蒙牛乳业可转债的转换，债券转换股票价格为每股 0.74 港元的 30%（合约规定了行使债转股的价格为每股净资产的价格），增持股份 1.105 亿股。增持成功后，国际投资者立即以 6.06 港元的价格抛售了 1.68 亿股，套现 10.2 亿港元。

2005 年 6 月 15 日，摩根士丹利等国际投资者行使全部的剩余"可换股文据"，共计换得股份 2.58 亿股，并将其中的 6261 万股奖励给管理层的代表——金牛（BVI）。同时，摩根士丹利等跨过机构把手中的股票几乎全部抛出变现，共抛出 3.16 亿股（包括奖给金牛的 6261 万股），价格是 4.95 港元，共变现 15.62 亿港元。三机构共剩余 131 万股，按合约规定，蒙牛必须每年对其分红，三大机构在蒙牛的成长业绩中继续获利。

至 2005 年 6 月，三大风投机构共套现 31.82 亿港币（抵扣各种费用，最终获利 25 亿港币），投资报酬率高于 550%。

3. 对于投资企业利益相关者

上市后蒙牛股东持有的 54% 股份市值约 21 亿港元，其中，牛根生持有股份在首次上市中获利接近 2 亿港币，2005 年后，他持有的蒙牛股份是 3.3%。谢秋旭，在牛根生募资之初投资了 380 万，五年以后增值到 3.5 亿，增值 90 倍以上。包括公司其他发起人在内十人，直接持有 18.9% 的蒙牛股份，在蒙牛成长过程在，直接享受其带来的收益。

此外，海外成立的两大信托公司，大部分由谢秋旭、牛根生等蒙牛发起人和众多管理人员、业务联系人、企业员工持有股份，获益人员达 1000 人。（这也说明，在募资中，蒙牛对于个人利益的处理时相当到位的，为企业人员共同奋斗取得融资胜利奠定了群众基础。）

有些评论据此认为，摩根等投资方 500% 的投资收益率，赚得太"狠"，也有人指责牛根生把蒙牛贱卖了，那么我们应该怎么看呢？（由于篇幅关系，我们就不在进行讨论，如果大家有兴趣，可以去网上搜一下）

## 六、风险企业在这两次融资中面临的风险及其应对措施

面临的风险：

（1）蒙牛经营能否持续它增长的神话，管理团队是否有那个能力保持高速增长。

（2）蒙牛能否应对到上市之前其他乳业企业的竞争以及意外事件？事实上，2003 年 9 月，数十家媒体、数百篇各大杂志报纸的稿件报道蒙牛产品投毒，2004 年 1 月达到高潮，后来证实是同业企业雇佣全国数千媒体人员造谣污蔑蒙牛企图阻止其上市。这次蒙牛成功解决了灭顶的意外事件（如果大家有兴趣可以搜索蒙牛处理此次危机的成功案例，百度文库就有）。如果蒙牛管理团队没办法闯过这一劫，风投公司将血本无归。

（3）蒙牛首次上市失败的风险。

（4）能否弥补其他项目投资失败的损失。

其实，蒙牛还面临着一个风险：优良资产被三大风投机构占有而失去收益主动权，如果三大机构不兑现，2005年后将达40%以上（包括要求十年内每年定期分红）。

应对措施：

（1）有专业的风投管理团队对蒙牛进行严格的财务审计、对蒙牛业务模式和管理团队进行深入的研究，甚至包括蒙牛管理团队每个成员的做息时间他们都进行细致研究。谈判过程中他们还会有意无意地让创业者遍尝喜怒哀乐，以便进一步考察他们的脾气品性。

（2）在首次投资过程中，三家投资机构为蒙牛设定了"表现目标"，"表现目标"的具体细节没有披露（后来人们反推得知这个目标是2003年实现利润8000万，但是蒙牛确实现了2亿的净利润）。只有达到表现目标，才有机会实现同股同权；并规定了上市后蒙牛管理层售股永远不得高于三大机构售股数额，这样就保证了在三大机构退出蒙牛前把蒙牛管理层与蒙牛市场资金紧紧绑在一起。说白了，就是三大机构套现退出自如、而蒙牛管理层退无可退，必须与他们的投资共进退。

在第二次投资时，由于把鸡蛋放在同一个篮子里积累放大了投资风险，三大机构增加了对蒙牛的限制。

（3）可换股票据，也就是可转股债券：三家机构的第二轮投资是以认购可换股票据来完成的，按约定可在蒙牛上市12个月后转为约3.684亿股，如果蒙牛业绩继续保持增长势头，三家机构通过转换股票后将持有总股本的34.9%，而管理层持有的股份从54%被稀释到39.5%，这样管理层就推去了绝对控股地位，只以4.6个百分点的优势保住了第一大股东地位。而三家机构通过债转股既分享蒙牛的成长，又加强了对其的控制，如果蒙牛业绩不理想，三家机构可放弃转股，由上市公司赎回票据并支付利息。

（4）对赌合约：三家投资机构为了进一步保护自己的利益，设计了所谓重新估值方案。蒙牛2004、2005、2006三个年度的复合利润增长率如果超过50%（也就是2006年收入要达到160亿），金牛股东将按超额完成的情况获得投资机构奖励的股票7830万股。如果管理层被罚7830股，如果受罚，蒙牛管理层所持的金牛股份就会由39.5%下降到33.8%，同时，三家投资机构合共所持的股票34.9%上升到40.6%，此消彼长，管理团队将失去对上市公司的控制权而投资机构就有了罢免他们的主动权；反之，管理团队的控股地位则会得到巩固。三家机构虽然割让了所持股份的16%，由于利润增长，股价却可望飙升至10港币以上（发行时3.95港币），令投资机构所持股票的市值超过40亿、赚得盆满钵满。（事实上蒙牛2006年收入达到196亿。2005年，三大机构提前终止了对赌合约，在股市兑现退出了蒙牛，因为多持一年，风投机构就要多承担一年的风险。）

（5）牛根生服务限制：2004年3月，牛根生对三家机构承诺五年内不会加盟蒙牛的竞争对手，背后的含义是如果蒙牛不能续写业绩增长的神话，摩根最终对牛根生团队失去耐心，完全有能力像2002年摩根士丹利罢免新浪总裁王志东那样对待牛根生。而牛根生被五年内不加盟竞争对手的承诺限制，就无法再一次"因失业而创业"了。（这可以看出牛根生的牺牲精神和领导者的风范。）

（6）获取蒙牛股份的认购权：2004年，三家国际投资机构取得了在十年内一次或分多批按每股净资产（1.24港元/股）购买上市公司股票的权利。认购权涉及的数额没有披露。事实上，至2005年12月，三大机构就全部行使了包括认购权、可换股债权。

可以看到，三家投资机构把自己的利益保护得滴水不漏，对牛根生等蒙牛高管的限制严苛得令人发指。从投资开始到结束，三大机构始终握有主动权，并且持有的股份都是企业优良且风险小的资产。

同时也不能忽视三大机构对蒙牛企业领导者的激励措施，包括：对牛根生三大机构股份奖励6.1%，股权、投票权分设，对赌合约中的奖赏措施，最重要的是金牛、银牛的设置，使数千人与这次投资相联系，激发了企业的潜能。

### 七、扩展思考——浅析本土投资者的竞争劣势

为什么蒙牛尽力而为却只能吸引到这样的苛刻的投资条款，换句话说，为什么国内的投资者没有吃到蒙牛这块"肥肉"？

第一，对期望在海外上市的企业，本土投资者还缺乏一个比较好的品牌、经验和信誉，因而它们给企业带来的增值服务有限，而且企业对他们的信任也有限。投资的过程其实是资方和管理团队相互信任的过程，如果投资管理团队不成熟，就会增加对投资企业的不信任。比如，当时摩根士丹利和鼎晖说，为了将来红筹上市，要蒙牛通过一系列法律结构重组把蒙牛股权放到国外去，对此蒙牛内部是有些担心和疑惑的，他们这个团队全是本土的，当时对私募这一套不太吃得准。但牛根生说，摩根是世界知名百年老店，我不相信会为了我们这点钱骗我们，毁了他们自己的品牌。那么，我们国内的很多投资机构是不是有同样的信誉和平台呢？

第二，我们国内的投资者往往只能在中国的法律环境下来操作。由于外汇管制、法律系统不完善、投资工具不灵活、对资方权益保护不到位等原因，国内投资受到了相对较多的限制。

**案例 8-2**

**失败的风险投资**

2002 年底,某科技团队(下称"A 团队")通过相关智能交通领域专家介绍与某民营科技企业(下称"B 企业")进行合作,成立×× 公司(下称"C 公司"),B 企业出资 2 000 万元,占 C 公司总股本的 51%,A 团队以技术专利、市场开拓和建设团队投入等占 49% 的股份。但两年多后的 2005 年初,B 企业开始收缩资金投入甚至抽离注册资本,并在同年 5 月开始着手解散 C 公司。

**一、投融资双方介绍**

**(一)融资方介绍**

A 团队脱胎于四川某电子研究所。该电子研究所在 20 世纪 90 年代中后期先后参与了国内知名的深圳海关"电子车牌"工程建设、重庆市三桥不停车收费(ETC)工程建设、世行项目成渝高速公路中梁山、缙云山长大隧道机电工程建设,但由于资金匮乏,并且缺乏有效的管理手段,使得后续业务无法继续进行。随后,应相关专家建议,来自射频识别、道路规划和交通安全方面的专家与电子研究所的原技术工程队伍进行重新组合,形成了 A 团队。该团队整合后成为专业从事智能交通信息资源开发和应用的新型高科技企业,在我国首创了区域性 AVIMS 系统。团队中的主要人员,均有在这一领域长期同时从事研发和工程建设的经历和丰富经验,同时拥有一个由工程院院士、部级专家和著名高校及研究单位的教授、高工组成的专家组,作为企业强大的、高水平的科技支柱。

**(二)投资方介绍**

B 企业成立于 1993 年 6 月 28 日,是某市第一家民营股份合作制高新技术企业。B 企业经历了 12 年的坚实发展,三次战略调整,已成为拥有多家控股参股公司的企业集团。集团以交通视频识别采集、电力设备以及特种空调制造为主的三大支柱产业销售总额达到 21 亿元,上缴利税逾亿元。B 企业有上市公司一家,该上市公司成立于 2000 年,已成为视频安防系统产品及解决方案最主要的开发商及供应商之一。B 企业还擅长于资本运作,其控股参股和上市融资都有成功业绩。B 企业按照符合自身利益发展方向进行投资:与企业业务结构相关联的;有广阔潜在市场的;概念新异适合资本运作的。很显然,AVIMS 系统是完全符合 B 企业投资选择的标准的。

**二、投资项目技术和市场分析**

**(一)关于 A 团队拥有的 AVIMS 系统**

AVIMS,是 Area Vehicle Traffic Information Digital Collection Management and Application System 的缩写,它是通过建立汽车数字化标准信源及其

运行管理机制，开发与之配套的关键技术装备，建立基于现代计算机技术、通讯技术、信息技术和符合国家现行交通管理模式的公路交通信息资源的采集与发布平台。自 1993 年起，A 团队就开始研究我国交通管理模式和汽车道路交通信息资源的开发技术和开发模式，吸收和借鉴了国际智能交通领域的科学理念和先进技术，逐渐形成了以"汽车数字化标准信源"（即"汽车电子标签"又称之为"电子车牌"）为基础建立区域性汽车道路交通信息开发和应用系统的项目创意。随着"射频识别技术"（RFID）和"专用短程接入通信技术"（DSRC）的日渐成熟，又进一步创立了以"电子车牌"信息体制为主要内容的技术研发、系统集成、标准制定及总体规划，用产业化的方式和区域性建设的步骤来开发我国汽车道路交通信息资源，用信息服务的运营模式向全社会提供汽车道路交通信息。

### （二）市场前景 AVIMS 系统

通过多种方式对汽车道路交通信息资源分类处理与整合，开发和应用，通过特殊的运营模式，向政府和社会提供"涉车""涉驾"的管理和服务多达 81 个项目，其将产生的社会效益和经济效益是不可估量的，其主要功能有：交通信息管理、特种车辆管理、交通税费的收缴、拥堵路段收费管理、不停车电子收费（ETC）等。一般来讲，智能交通的投入会占交通建设整体投入的 10％～ 14％，2004 年中国交通建设投资总额达到 5 000 亿元人民币，也就是说智能交通的投入有 500 亿元～ 700 亿元人民币。从长远来说，目前国家正大量投资于交通基础设施建设，城际的高速公路网络，各个城市内从地铁、高架到地面环路的立体交通网络，以及相应的信息采集、监控、收费和管理系统建设为从事智能交通的公司提供了广阔的市场前景，未来 10 年整个智能交通系统整个投入将在 1 820 亿元人民币左右。

### 三、投资过程

从国际智能交通发展方向和国家产业鼓励政策看，AVIMS 系统具有非常好的发展前景，加上有强大的专家组作为后盾，特别是 A 团队领先的射频识别技术和完整的信息系统集成，深深吸引了 B 企业。按照双方最初的合作协议，B 企业投资 2 000 万元人民币组建 C 公司，占 C 公司总股本的 51％，A团队以技术专利、市场开拓和建设团队投入等占 49％ 的股份，公司董事会由双方组成，其中法人代表和财务总监来自 B 企业，总经理和技术总监来自 A团队。B 企业不参与具体的技术设计、项目建设以及前期营运。并以 H 省AVIMS 系统开发为契机，使该项目在 H 省内成功运行，然后在全国的范围内循序渐进，逐省开发，协助中国政府构建先进的、高效的"区域性车辆管理系统"。在项目成功运行后，B 企业承诺放弃实际控制权，并择机在国内外资本市场上市，或者寻找更大投资商以便 B 企业成功退出。由此可见，B 企业对 A 团队的投资是属于民营企业风险投资类的。2003 年初，C 公司正式成立并展开项目开发工作，H 省通过深圳高交会对 AVIMS 系统进行招商引资，在 H 省建立 AVIMS 系统。随后，A 团队对 H 省进行了市场调研，并将 AVIMS 系统给 H 省政府、公安厅等部门进行了演示，获得各界良好反应，准备进入具体实施阶段。由于该项目涉及到 H 省发改委、交通厅、公安厅、科技厅、信息厅、无线电管理办公室等政府职能部门，项目必须获取政府批文。为此，A 团队通过自己的渠道进行了政府公关工作，同时深入技术研发和员工培训，经过半年的市场开拓，H 省主管领导批示项目论证。2004 年初，A 企业为了争取市场主动权，在 H 省成立 D 公司，计划加快项目的立项，并将 C 公司主体留在深圳进行全国市场开发，而在 H 省以项目部的形式进行项目建设。从 2004 年下半年开始，H 省主管领导连续两次更换，加上国家交通部门和公安部门在技术标准、管辖权等方面尚有分歧，使 AVIMS 项目的立项工作陷入进退两难的景况。此后，B 企业和 A 团队通过各自渠道继续争取政府批文，没有任何突破，双方在战略调整和资金使用方面矛盾逐渐加大，最终没能达成共识。2005 年初，B 企业开始收缩资金投入甚至抽离注册资本，于同年 5 月开始着手解散 C 公司。

### 四、案例启示

本案例是民营企业注资国内高科技项目的一个典型失败案例，风险投资仿佛总是伴随着高科技而生，但由于对风险估计不足而失败，这样的前车之鉴是值得珍惜的教材。其经验教训值得总结和关注。

#### （一）如何规避初创期项目的风险

本案例风险投资介入时机选择在项目市场开拓的前期，此时，项目技术风险、政策风险还没有显示出来，风险投资的风险非常大。国内外优秀的风险投资机构对处于市场开拓前期的项目一般都采用分阶段投资方式，以此规避风险。风险投资机构采取分阶段投资方式，以保留放弃或继续投资的权利，实际上相当于拥有一个"投资期权"，当项目发展顺利时，风险投资机构可以追加投资，当项目发展不如人意时，风险投资机构可以退出项目。分阶段投资可以降低投资风险，也可以引进新的风险投资商。但是，在本案例中，B 公司采取一次性注资方式，缺乏对项目投资风险控制的手段。

#### （二）对初创期项目投资是否要控股

对于初创期项目的投资，以国外风险投资机构的投资经验来看，并不需要绝对控股被投资企业。首先，绝对控股意味着风险投资机构要提供大量的资金，而初创期企业的各种风险还未完全显现，管理团队的工作能力也还未得到市场认可，此时投入大量资金是有很大风险的。其次，被投资企业愿意失去控制权本身就不是个好的信号，因为，如果项目的前景是广阔的，未来是能够获得巨额盈利的，那么，创业团队一般都不太愿意过早地失去控制权，创业团队也希望分阶段融资，这样能在第一次融资并经营良好的条件下以更优惠的条件获得后续融资。最后，风险投资机构控股初创企业，对创业团队的激励作用也会减弱，因为创业团队在企业中的利益沉淀受到了稀释。在本案例中，B企业不仅在资金上处于绝对控制地位，还计划在对外话语权方面进行控制，并取代A团队原有的市场渠道，导致A团队十分不满，甚至全体休假。双方博弈的结果是双败，B企业失去技术团队，A团队无后续资金投入，项目搁浅。

### （三）如何进行风险控制

风险投资是主动承担风险的金融工具，但并不意味着投资人不注重风险的控制，事实上，风险控制条款的设计是风险投资过程极为重要的一环。而所有的风险控制条款中，又以退出条款为重。风险投资的退出，分为失败后的退出和成功后的退出，在本案例中，从B企业收缩资金甚至抽离注册资金这一点就可以看出，B企业在进入该项目之前，没有仔细地设计过失败退出条款。著名的风险投资机构在投资协议中，一般都会规定：如果项目进展不能达到某个指标，风险投资机构有权更换被投资企业管理层，或者回购管理层所拥有的股份，或者是以某个事先约定的价格要求管理层购回风险投资机构拥有的股份，或者破产清算，等等。但是，B企业没有设计缜密的退出条款，仅仅考虑了成功后的退出。风险投资不能避讳失败，而应该时时考虑失败，只有提前考虑了失败的风险，并设计了相应的条款才能最大限度地避免损失。

### （四）如何对管理团队进行激励

风险投资机构与被投资企业之间存在着信息不对称，如何才能促使创业团队不偏离风险投资公司的目标呢？这需要对创业团队进行有效的激励，并以相应条款为依据。因此，有经验的风险投资机构在进入某个项目之前，一般都要求被投资企业明晰产权，用股权来激励和团结管理团队。并且，有些风险投资机构还会使用其他的方式进一步激励创业团队，比如摩根斯坦利等外资机构投资蒙牛时就规定：如果"蒙牛股份"在接受投资后的3年中复合增长率超过一定数值，风险投资机构将"赠送"7 800万股"蒙牛乳业"股份。而在本案例中，B企业仅仅注重项目的成败，没有引入任何激励措施，因此也就没有进行有效的股权设计，公司和项目的远期规划缺失。在项目批文暂时遇到难题的时候，B企业、A团队、D公司和H省项目部分别考虑各自的生存和退出，存在明显的短期行为。这可能是一个投资理念的问题，一些风险投资机构一味强调控制，却忽视了"胡萝卜"的魔力。B企业投资A团队的案例是失败了，但也对国内民营企业涉足风险投资提供了宝贵的教训，希望这些启示能促使国内风险投资机构不断探索成功之道。

# 第九章

# 证券市场与交易机制

**市场微观结构**

定义：市场微观结构（Market Microstructure）是证券交易价格形成与发现的过程与运作机制，是指包括交易制度、市场参与人、信息结构在内的金融市场的交易结构。微观结构的设计影响证券市场的流动性、信息的生成模式、投资者的预期结构及价格的发现过程，因此对于阐明市场价格的形成机制十分重要。市场微观结构理论的发展为证券市场的研究提供了有力的支持，其研究成果又将推动市场微观结构向着科学化和健康化的方向发展。

市场微观结构研究对象包括技术、规则、信息、市场参与者和金融工具。

1999 年以来，对金融市场学的研究逐渐深入到市场内部运行机制上，通过微观结构"显微"研究市场内部。

证券市场与机构

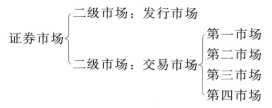

## 第一节 一级市场：证券的发行

### 一、公募和私募

公开募集（Public placement）又称公开发行（public offering），是指向

广泛的不特定的投资者发行证券的一种方式。

公募发行涉及到众多的投资者，其社会责任和影响很大。为了保证投资者的合法权益，政府对证券的公募发行控制很严，要求发行人具备较高的条件，如募集公司必须向社会提供各种财务报表及其他有关资料等。公募证券可以上市流通，具有较高的流动性，因而易于被广大投资者接受。公募发行提高了发行者在证券市场的知名度，扩大了社会影响，能够在较短的时间内筹集到大量资金，因而也有利于发行者。公募发行的不足之处是手续比较复杂，发行成本较高。

特点：面广、条件严格，批准后才能发行，发行后还要向社会公告；筹资数额大，筹资成本较低。

注意：为何只有公开发行的证券才能上市？

私募（Private placement）是指仅向少数特定投资者发行证券的一种方式，也称内部发行，是面向少数的、特定的投资者的定向募集。

因为对象的特点，发行量少，管理相对简单，不能上市，发行对象一般是与发行人有特定关系的投资者，如发行人的职工或与发行人有密切关系的金融机构、公司、企业等。发行人的资信情况为投资者所了解，不必像公募发行那样向社会公开内部信息，也没有必要进行证券资信级别评定。私募发行手续比较简单，可节省发行费用，但私募证券一般不允许上市流通。

国有企业的内部职工股，就是定向募集，最终上市，对普通股民来说非常的不公平，《公司法》现在已经取消了定向募集股份公司的规定。

## 二、直接发行和间接发行

直接发行是指发行人不通过证券承销机构而自己发行证券的一种方式。发行人自己直接发行股票，多是私募发行。如果股份有限公司采用发起设立方式筹集股份，由于首次发行股票须由发起人认购，当属直接发行之列。另外，一些公司为了调整资本结构或积累资本，只需在公司内部以转化方式，无偿地发行新股，包括公积金转增股本、股票分红、股份分割以及债券股票化等，也都属于直接发行之列。当然，直接发行的股票不只局限于内部发行的股票，有些国家的股份公司从节约发行费用的角度出发，对公众发行的股票也采用直接发行的办法。直接发行证券有利亦有弊，一般而言，以直接筹资为目的的证券发行，都不轻易采用直接发行方式。

直销（Direct placement）：发行人自己向投资者发售证券，如以网络直销、以股代息、股票分割、送配股等。

注意：中国上市公司的配股名为股东送股，实则圈钱。

间接发行（Indirect placement）：间接发行亦称承销发行，是指发行人不直接参与证券的发行过程，而是委托给一家或几家证券承销机构承销的一种方式，证券承销机构一般为投资银行、证券公司、信托投资公司等。间接发行对于发行人来说，虽然要支付一定的发行费用，但是有利于提高发行人的知名度，筹资时间较短，风险也较小，因此，一般情况下，证券发行大都采用间接发行方式。

代销（proxy sale）：承销商不承担任何销售风险，其收益是佣金，适用于信誉好的知名企业，节约销售成本。

包销：销售商将所有证券自己先买下，一次性付款给发行者，所有的风险由销售商承担。

助销（代销＋包销）：卖不完的部分自己包下。

# 第二节　证券交易：二级市场

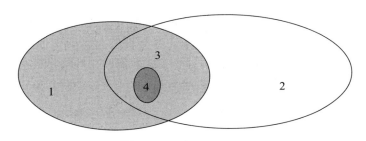

**图 9-1　二级市场关系图**

圈 1 代表第一市场，圈 2 代表第二市场，圈 3 代表第三市场，圈 4 代表第四市场。

## 一、第一市场——交易所

### （一）交易所优点

交易所具有固定场所、人员和设施、制度健全、门槛高，是真正意义上的场内交易市场，但其本身不参与交易，具有以下 3 个优点：

（1）公平：只有有会员资格的经纪人才能从事交易和竞价。

（2）公开：发行者及时的信息披露，从多不从少，从早不从迟。

（3）组织严密：交易所对交易的担保，只有公开上市的股票才能在交易所交易。

注意：场内和场外的划分，不是以地点来说的。

### （二）交易所的组织模式

1. 会员制交易所

定义：由若干证券公司及企业自愿组成，不以盈利为目的，实行自律型管理的法人组织（不是企业），其法律地位相当于一般的社会团体。会员大会是证券交易所的最高权力机构，大会有权选举和罢免会员、理事。费用由会员共同承担。中国的上海和深圳就是会员制交易所。

优点：（1）不以盈利为目的，交易费用低；

（2）不会滋长过度投机；

（3）证交所得到政府的支持，没有破产倒闭的可能。

缺点：（1）缺乏第三方担保责任，投资者在交易中的合法利益可能得不到应有的保障。

（2）会员制交易所的参加者主要是券商，管理者同时亦是交易的参加者，这不利于市场的规范管理，有悖于投资的公平原则。

（3）没有履行会员手续（类似股份）的券商是不能进入证交所的。容易造成垄断，不利于公平的竞争，服务质量差。

会员与席位的关系：只有具有会员资格的才能进场交易，会员取得交易席位。

交易席位（Seat）是指赋予券商在交易所执行交易程序的权力。形式由之前的有形变为现在的无形。有形原指证券交易所大厅的席位，内有通讯设施；无形指交易所为证券商提供的与撮合主机联网的用的通讯端口。

注意：席位是有价值的资产，不能撤销，可以转让和租借，临时会员可向正式会员租用席位。

2. 公司制交易所

公司制交易所由商业银行、证券公司、投资信托机构及各类工商企业等共同出资入股建立起来的，是以盈利为目的的公司法人。西方发达国家和中国香港都是公司制。

1990 年代以后，公司制为全球主要证券交易所采用，交易所的所有权与交易权分离，会员有权利在交易所交易，但可以不拥有交易所的所有权未拥有交易所股份的会员将不参与交易所的经营决策与管理。

注意：公司制交易所也有会员，但会员可以不拥有股份。

优点：（1）第三方担保：因证交所成员违约而使投资者遭受损失，证交所将予以赔偿，为此，证交所设立赔偿基金。

（2）独立管理：券商或股东不得担任证交所高级行政管理人员，即证交所的交易者、中介商与管理者相分离，确保证交所保持不偏袒任何一方。

（3）服务优质：证交所为了盈利不得不尽力为投资者提供良好的服务，从而形成较好的信誉、完善的硬件设施和软件服务。

缺点：（1）因受利益驱使，交易越多越好，滋长过度投机；

（2）不排除交易所公司本身倒闭的可能。交易所是一个有限责任的企业。

未来的改进——交易所公司上市：为增强和抵御风险的能力，扩大经营实力，从市场角度激活证券交易所的管理职能。

证券交易所的参与人（美国）（图9-2）

参与人 { 佣金经纪商（Commission broker）：证券公司的场内代表，仅办理本公司委托业务。

特定经纪商（Specialist）：维持交易，是造市者（Market-maker）每一个股票只有一个特定经纪商。

大厅经纪商（Floor broker）：除办理本证券公司的业务外，还可以成为佣金经纪商的经纪商。

自营商（Registered trader）：不办理委托业务，不经过佣金经纪商直接交易。

零股交易商（Odd-lot dealer）：零星股票（少于标准手数）的交易。

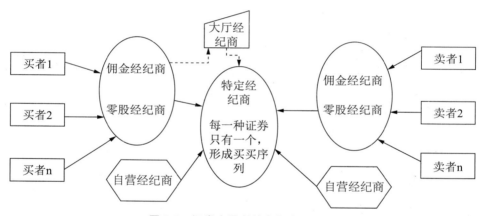

**图9-2 证券交易所的参与人交易图**

中国证券交易所制度为法人会员制，不吸收个人会员；只有作为经纪商的或自营经纪商才能从事证券业务，自营商不得从事经纪业务。

其中经纪商为证券公司，而自营经纪商主要是各类信托投资公司及证监会会同有关部门认定的其他可经营证券的金融机构。

依据《证券交易所管理办法》，证券交易所具有以下的基本职能：（1）提供证券交易的场所和设施；（2）制定证券交易所的业务规则；（3）接受上市申请、安排证券上市；（4）组织、监督证券交易；（5）对会员进行监管；（6）对上市公司进行监管；（7）设立证券登记结算机构；（8）管理和公布市场信息；（9）中国证监会许可的其他职能。

## 二、第二市场：场外交易市场（OTC，Over-the-counter）（店头市场）

场外意指不受交易所有关规则的限制，其特点是：非集中、分散的、无固定交易场所的抽象市场或无形市场，它是由许多各自独立经营的证券公司与投资者采用信息网络分别进行交易，没有统一的交易时间，甚至无统一的交易规则。

开放式：任何投资者都可以进入，没有会员限制，门槛低，证券的种类多，上市和没有上市的证券都可以交易。

美国场内交易市场交易 2000 多种证券，而纳斯达克市场有 7000 多种，与交易所市场相比，它们的议价方式不同。

在场外交易市场中，经纪人同时挂出卖价（Bid price）和买价（Ask price），具有买卖价差（Bid－ask spread）。场外交易一般由做市商作为交易中介，买卖价差（Bid－ask spread）是做市商的收益。

世界第一大场外交易市场——NASDAQ（National Association of Securities Dealers Automated Quotation System，全国证券商协会自动报价系统）1971 年开始运作，它是一个典型的无形市场，通过计算机网络将交易双方、经纪商、做市商和证券监管机构连为一体，是目前世界上最大的电子化交易市场。NASDAQ 积极支持了美国高科技企业上市，解决中小企业融资困难的问题。

### 三、第三市场：已经在交易所内上市的证券在场外的交易市场

目的：节约佣金（场外不适用场内的规则）。

特点：大宗交易（Block trading），数量集中满足机构投资者降低成本的要求，并形成与第一市场的竞争。

### 四、第四市场：没有经纪人（通过计算机网络）的场外交易市场

优点是进一步降低成本，成交迅速，而且由于没有中介商，保密隐蔽性好。

注意：第三市场和第四市场也是 OTC 的一部分。

思考：如何理解证券市场之间竞争的福利效应？

# 第三节　交易制度

世界内现有的交易制度可分为以下三种（表9-1）：

1. 做市商制度（报价驱动交易机制）

证券交易的买卖价格均由做市商给出，证券买卖双方并不直接成交。

Market maker：通过提供买卖报价为金融产品制造市场的证券商。

做市商市场竞价特征：价格由做市商报价形成，投资者在看到做市商报价后才下订单！做市商在看到订单前报出卖价（Bid price）和买价（ Ask price）。

2. 竞价交易制度（指令驱动）

证券买卖双方的订单直接进入交易市场，在市场的交易中心以买卖价格为基准按照一定的原则进行撮合，价格形成取决于交易者的指令。

竞价又可分为集合竞价和连续竞价；

集合竞价（间断性竞价）：买卖订单不是在收到之后立即予以撮合，而是由交易中心将在不同时点收到的订单累积起来，到一定时刻再进行撮合。

连续竞价：在交易日的各个时点连续不断地进行，只要存在两个匹配的订单，交易就会发生。

在亚洲国家，指令驱动电子竞价交易一般均结合集合竞价和连续竞价，以集合竞价决定开盘价格，然后采用连续竞价一直到收市，如中国。

3. 混合交易机制

兼具两类基本交易制度的机制。

纽约证交所采取了加入特定经纪商（Specialist）的竞价机制（指令驱动），伦敦证交所部分股票由做市商交易，部分股票由电子竞价交易。

**表 9-1　世界主要证券市场的交易机制**

| 指令驱动 | 亚洲主板市场　巴黎 东京 香港 伦敦国内板 新西兰 法兰克福 |
|---|---|
| 报价驱动 | 美国 NASDAQ　欧洲 EASDAQ　日本 JASDAQ　芝加哥 |
| 混合机制 | 多伦多 卢森堡 墨西哥 纽约 |

## 一、做市商市场的优缺点

做市商市场优点：

（1）成交及时性。

（2）价格稳定性：做市商有责任平逆价格。

（3）若价格涨跌超过一定限度要受到处罚。

（4）纠正买卖不均衡的现象：存货机制。

（5）抑制股价操纵，做市商对某种股票持仓坐市，使股价操纵者有所顾虑，担心做市商抛压。

做市商市场缺点：

（1）缺乏透明度：买卖盘集中在做市商手中。

（2）交易成本高。

（3）监管成本增加：做市商可能利用市场特权。

（4）做市商经纪角色与做市功能的冲突。

（5）做市商之间可能发生共谋。

（6）做市商市场的价格决定和流动性是通过做市商之间的竞争实现的。

## 二、指令驱动市场的优缺点

指令驱动市场的优点：

（1）透明度高。

（2）信息传递快。

（3）运行费用低。

指令驱动市场的缺点：

（1）难以处理大宗交易（Block Trading）。

（2）不活跃股票成交持续萎缩。

（3）价格波动剧烈。

（4）容易被操纵：没有设计价格维护机制，仍由指令带动价格变化。

## 三、指令驱动市场的交易过程

指令驱动市场的交易过程：

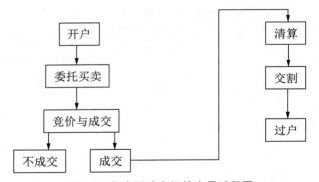

图 9-3　指令驱动市场的交易过程图

*开户*

开户：投资者在证券经纪商处开立证券交易账户。经纪商只是代办手续。交易所并不直接面对投资者办理证券交易。

账户类型分为以下两类：

证券账户：投资者的证券存折，由证券登记机构为投资者设立，投资者开立账户，即意味着委托该机构办理登记、清算和交割。

资金账户：现金账户、保证金（垫金）账户等，由经纪商代为转存银行。

*委托*

含义：向经纪商下达买卖指令（Order）。经纪商立即传达给派驻在交易所内的代表（代理）。

委托内容：证券名称、买卖数量、指令类型（出价方式与价格幅度）、委托有效期等。

指令类型：市价、限价、止损、止损限价。

指令类型

市价指令（Market order）：根据市场价格买入和卖出，成交速度最快。

限价委托（Limit order）：设置买价的上限，卖价的下限。

止损指令（Stop loss order）：证券买（卖）方当市价上升（下降）到触发价格以上（以下）时转化为市价指令。

止损限价（Stop-limit order）指令：指证券买（卖）方当市价上升（下降）到指定价格以上（以下）转化为限价指令。

止损指令：卖出（买进）止损订单的触发价格必须低（高）于目前的市场水平。

例：若某投资者以前以 50 元/股买进某股票，该股票目前的市价为80元/股，该投资者设立卖出止损订单，触发价格为 77 元，一旦价格低于 77 元，则立即卖出（止损指令变为市价指令）。

问题：成交价格多少？ 77 元、77.5 元、76.5 元。

特点：卖出（买进）止损定单的触发价格必须低（高）于目前的市场水平。

此例中，如果价格从 80 元一路攀升，则不能成交，此时投资者可以重新设定止损指令。

止损指令的作用（如图 9-4 所示）：

卖出止损订单保护投资者已持有的证券获得利润。如市场价格下跌到投资者原先买进证券的价格水平之上的某一点时，投资者利润得到保护。

买进止损订单防止或减少损失，但是，可能会造成原本可以避免的损失，可能在偏离触发价格以外较大的价位上成交。

止损限价：若投资者希望以止损订单保护利润或者限制损失，而又不希望止损订单执行的价格偏离触发价格过多。

如果市场价格急剧和连续上升或者下降，止损限价订单难以执行，损失更大。

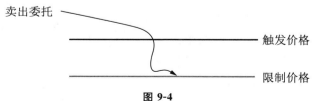

图 9-4

订单匹配的基本原则（优先性依次减弱）：

（1）价格优先：优先满足较高（低）价格的买进（卖出）订单。

（2）时间优先：同等价格下，优先满足最早进入交易系统的订单。

（3）按比例分配：价格、时间相同，以订单数量按比例分配；如美国纽交所。

（4）数量优先：价格、时间相同，优先满足：①较大数量订单；②最能匹配数量的订单。

（5）客户优先原则：公共订单优先于经纪商自营的订单。

（6）以减少道德风险和利益冲突，保护中小投资者利益，如纽约证券交易所。

（7）做市商或经纪商优先原则：做市商为活跃市场，应当优先照顾，如NASDAQ。

（8）客户优先原则：公共订单优先于经纪商自营的订单。

以上的这些订单匹配原则中，世界各地证券市场的匹配优先性存在一定差异。（表 9-2）

表 9-2　世界各地证券市场的匹配优先性原则

| | |
|---|---|
| 纽约证券交易所（SuperDOT）<br>巴黎证券交易所<br>中国上海和深圳 | 价格优先<br>时间优先 |
| 芝加哥期权交易所 | 价格优先<br>按比例分配 |
| 东京证券交易所 | 价格优先<br>时间优先<br>市价订单优于限价订单 |
| 韩国证券交易所 | 价格优先<br>时间优先<br>客户优先<br>数量优先 |

竞价与成交

交易制度是市场微观结构的核心，而价格的确定是交易制度的核心。价格确定的基本方式对交易价格形成影响，集合竞价与连续竞价对价格效率不同。1980 年代，世界主要证券市场实现了（电子）自动交易机制。

集合竞价的基本规则（中国）

集合竞价形成的基准价格应同时满足 4 个原则：

成交量最大。

高于基准价格的买入指令和低于基准价格的卖出指令全部成交。

等于基准价格的买入指令或卖出指令至少有一方全部成交。

若有两个以上的价位符合上述条件，上交所采取其中间价成交价，深交所取距前价格最近的价位成交。

意义：买卖双方通过投票（指令）选举一个价格，这个价格必须得到最大多数人的同意。

集合竞价程序（中国）

如图9-5所示，所有有效买单按照价格由高到低的顺序排列，所有有效卖单按照价格由低到高排列，委托价格相同者按照时间先后顺序排列。

交易系统根据竞价规则确定集合成交价格，所有指令均以此价格成交，此价格要能够得到最大的成交量。

交易系统逐步将排在前面的买入委托与卖出委托配对成交，直到不能成交为止。

剩余买进（卖出）委托低（高）于成交价，剩余委托进入等待序列。

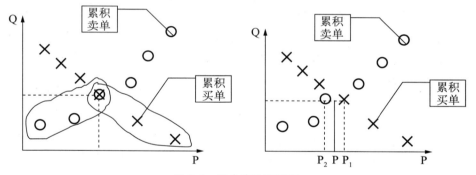

图 9-5　集合竞价程序图

例：

表 9-3　限价指令下的集合竞价

| 编号 | 买单价格 | 股数 | 编号 | 卖单价格 | 股数 |
|------|----------|-------|------|----------|-------|
| （1） | 9.20 | 10000 | （1） | 7.91 | 400 |
| （2） | 9.20 | 10000 | （2） | 7.98 | 600 |
| （3） | 9.20 | 5000 | （3） | 8.09 | 2000 |
| （4） | 8.51 | 2000 | （4） | 8.20 | 8000 |
| （5） | 8.45 | 1000 | （5） | 8.29 | 2000 |
| （6） | 8.35 | 800 | （6） | 8.35 | 1000 |

| 编号 | 买单价格 | 股数 | 编号 | 卖单价格 | 股数 |
|------|---------|------|------|---------|------|
| （7） | 8.20 | 1000 | （7） | 8.40 | 1800 |
| （8） | 8.11 | 5000 | （8） | 8.50 | 5000 |
| （9） | 8.10 | 500 | （9） | 8.89 | 200 |
| （10） | 7.99 | 1000 | （10） | 9.19 | 100 |
| （11） | 7.91 | 500 | （11） | 10.50 | 2000 |
| | | | （12） | 13.50 | 2000 |

根据表9-3，可得：

（1）第（1）～（3）号买单与第（1）～（10）号卖单配对成交，共计21100股，1，2号全部成交，3号成交1100股。

（2）9.19～9.20元的价位均可以使第（1）～（10）号卖盘全部成交，最大成交量价位为9.195元（上海）。

连续竞价（中国）

逐笔撮合：即报入一笔撮合一笔，不能成交的委托按照"价格优先、同价位时间优先"的原则排队等待。

在中国，连续竞价是在开盘后一直到收盘这段时间内采用，而有的国家收盘价也采用集合竞价（如法国）。

凡在集合竞价中未能成交的所有买卖有效申报，都一并转入连续竞价过程。

连续竞价的价格确定

一个新的有效买单若能成交，则买入限价必须高于或者等于卖出订单序列的最低卖出价格，则与卖出订单序列顺序成交，成交价格取卖方报价。

注意：在任何一个时间点上，成交价格唯一。

一个新的有效卖单若能成交，则卖出限价低于或者等于买入订单序列的最高买入限价，则与买进订单序列顺序成交，其成交价格取买方报价。（表9-4）

例：

表9-4　限价指令下的连续竞价

| 编号 | 买单价格 | 股数 | 编号 | 卖单价格 | 股数 |
|------|---------|------|------|---------|------|
| （1） | 9.20 | 10000 | （1） | 7.91 | 400 |
| （2） | 9.20 | 10000 | （2） | 7.98 | 600 |
| （3） | 9.20 | 5000 | （3） | 8.09 | 2000 |
| （4） | 8.51 | 2000 | （4） | 8.20 | 8000 |

续表

| 编号 | 买单价格 | 股数 | 编号 | 卖单价格 | 股数 |
|---|---|---|---|---|---|
| (5) | 8.45 | 1000 | (5) | 8.29 | 2000 |
| (6) | 8.35 | 800 | (6) | 8.35 | 1000 |
| (7) | 8.20 | 1000 | (7) | 8.40 | 1800 |
| (8) | 8.11 | 5000 | (8) | 8.50 | 5000 |
| (9) | 8.10 | 500 | (9) | 8.89 | 200 |
| (10) | 7.99 | 1000 | (10) | 9.19 | 100 |
| (11) | 7.91 | 500 | (11) | 10.50 | 2000 |
|  |  |  | (12) | 13.50 | 2000 |

清算（Clearing）

证券成交后，买卖双方应收应付的证券和价款进行核定计算，即资金和证券结算。

清算包括证券经纪商之间、证券经纪商与投资者之间进行清算。

经纪商之间清算：余额清算。交易所的会员同一天证券的买进和卖出相抵后，将超买或超卖的任何一方的净额予以清算。

例如某证商买某种股票 4000 股，卖 6000 股，则它只需要向清算所交股票 2000 股。

证券数量：参加清算的各券商当日营业结束后，将各证券的买入量与卖出量相抵，其余额如果在买方，即买大于卖，则轧出；如余额在卖方，即卖大于买，则轧进。

交易金额：当日各证券的买入金额与卖出金额相抵，其余额如在买方，即买大于卖，应如数轧出；如余额在卖方，即卖大于买，应如数轧进。

各券商都应按规定在结算公司统一开设清算头寸的结算账户，并保持足够的现金。

交易所专门委托清算公司清算，只是在账户上清算，没有实物交割，其关系图如 9-6：

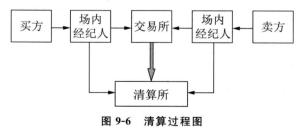

图 9-6　清算过程图

交割

交割（Delivery）是指买方付出现金取得证券，卖方交出证券获得价款。

交割方式。

当日交割：T＋0。

次日交割：T＋1。

n 日交割：T＋n 等。

问题：我国目前采取 T＋1，若允许信用交易，那么，T＋1 是否作废？

不存在作废这种说法，只是以 T＋1 作为延伸。

过户

对于不记名的证券，清算和交割完成后，证券交易结束，但对于股票和记名债券而言，还有最后一道手续——过户。

过户：证券的原所有者向新的所有者转移证券有关权利的记录。

只有办理完过户手续，证券新的持有人才能享受股东、红利、债券本息等权益，若不立即过户可能会有损失。

我国上市股票实现无纸化交易，过户和交割同时完成，无需到发行公司办理过户手续。

## 四、现货交易与信用交易

现货交易（Spot trade）：我国目前只允许现货交易。

信用交易（垫头交易）：

买空（Buy on margin），投资者向证券公司借资金去购买比自己投入资本量更多的证券。

卖空（Short sale），投资者交纳一部分保证金，向经纪商借证券来出售，待证券价格下跌后再买回证券交给借出者。

1. 买空交易

投资者向经纪商借款购买证券，建立买空账户，订立协议：有权用买空的证券作为抵押品，经纪商垫付资金（垫金、展金）。

经纪商向银行拆借资金。经纪商自有资本可能不足，便会以买空所得的证券作为抵押，获得低利率。

2. 卖空交易

先交付垫金，投资者向券商借证券，趁证券尚未跌的时候卖掉，获得资金，投资者获得资金后，证券下跌，则用资金买回借得数量的证券，投资者将证券还给券商。

注意：为防止过度投机，卖空有限制，美国规定卖空必须以证券价格上涨（Uptick）记录为前提。

卖空收入记录在证券公司账户，且在偿还证券之前不能用于其他投资。

例：若某股票目前股价为 100 元/股，投资者向经纪商借 1000 股进行卖空交易，投资者自己也投入 5000 元现金，若随后股票价格上涨到 $p$，如果事先规定维持垫金率为 30%，求当 $p$ 为何值时，投资者需要追加资金？

解答：
$$\frac{(100-p)1000+5000}{1000p}=0.3$$
$$p=115.38$$

# 第四节　市场监管与稳定措施

市场监管：

监管目标，保护投资者的利益，尤其是保护中小投资者的利益。

监管主体，证券监督管理委员会和证券交易所。

监管对象，上市公司、交易所、投资者、券商。

监管的原则，"三公"原则，公开、公平、公正。

## 一、三公原则

（1）公开原则，即信息公开，市场具有充分的透明度，使价格充分包含信息——市场有效。"阳光是最好的消毒剂，路灯是最好的警察"。

信息来源：

交易所：有关证券交易的实时信息；

交易所和监管当局：可能影响市场运行的政策、规则等；

上市公司：经营信息，是市场的基础信息；

上市公司的信息披露；

投资者评估公司经营状况所需要的信息；

证券价格有重大影响的事项。

《公开发行股票公司信息披露实施细则》第四条中信息披露包括四大部分：招股说明书、上市公告书、定期报告和临时报告。

首披露：首次公开发行证券（IPO）时，应当完全披露有可能影响投资者作出是否购买证券决策的所有信息；

持续披露：在证券发行后，发行人应当定期向社会公众提供财务及经营状况的报告，以及不定期公告影响公司经营活动的重大事项等。

（2）公平原则：机会均等，平等竞争。

要求证券发行、交易活动中的所有参与者都有平等的法律地位，营造一个所有市场参与者进行公平竞争的环境。

（3）公正原则：监管公正。

要求证券监督管理部门在公开、公平原则的基础上，对一切被监管的对象给予公正待遇。

## 二、稳定措施：价格限制

委托限制：订单报价不得高于或者低于某个特定成交价的一定幅度。

委托延期撮合：当市场指数急剧下跌的时候，委托延迟，以减少跟风（Herding）。

涨跌停板制度：某只股票涨跌幅度超过一定限度时候停止交易。

断路器规则：市场指数变化超过一定幅度，对交易进行限制，类似股票涨停板。

## 三、禁止的交易行为

禁止的交易行为主要有：欺诈、内幕交易、操纵市场。

1. 欺诈

在证券发行和交易中欺诈客户，主要是提供虚假的信息、做假账。如银广厦事件、美国安然公司破产案：虚假报表。

内幕交易（Insider trading）：利用未公开的信息进行交易。

主要涉及的对象：内幕知情者、场内经纪人（券商）。

内幕知情者（Insider）是指董事会成员、高管人员、5％以上的大股东，证券管理机构的人员，政策制定者。

内幕信息（Inside information）是指涉及公司的经营、财务或对股票的价值有重大影响的未公开信息。如一个即将被兼并的公司；经纪人（券商）利用机构投资者的买卖指令为自己盈利，滥用客户的保证金，如南方证券。

2. 操纵市场

操纵价格和垄断市场典型的操纵市场的手法：

（1）吸货：秘密购进股票，尽量增加库存，但价格不能抬起；

（2）洗盘：故意将股票突然出手、瞬时大量出货，迫使别人出货，然后低价买回；

（3）拉升：大张旗鼓地大量购进，记者、股评家抬杠；

（4）脱手。

**拓展阅读**

### 中国股市的神秘群体：庄家

在中国的股票市场中，有一个神秘的群体，他们能操纵股票的涨跌，甚至左右市场的走势，股民四处打探他们的消息，唯其马首是瞻，他们就是"股市庄家"。

他们常用的手法是：

设立账户：以前有十几个账户就成了，监管严格后需要几千个账户，一般去农村收集身份证设立账户，通过电脑下单平均分配到各个账户。

周密的计划：计划达到多高的价位，在什么位置需要整理洗盘，有可能出现什么情况，应如何应对，回调的幅度有多大，在每一个关键位置重要的技术指标会达到多少等。

在拉升阶段，可能每天收市后都要开会研究。

庄家不但需要上市公司出题材给予配合，有时还需要从上市公司高管人员那里拆借股票。

某些高管通过各种渠道、以各种名义掌握了上市公司大量的股票，甚至令庄家有吸货（指买进股票）困难的感觉，这时庄家往往会从他那里以较优惠的价格拆借部分股票用作打压股价的筹码，待庄家吸足货后，再把筹码还回去。

在庄家吸货阶段，需要上市公司公布利空消息加以配合。例如炒作某公司的股票时，就通知该公司发布了一个大幅亏损的消息，在市场的恐慌中，庄家就可以顺势打压，从容吸货。

此外，方方面面都要打点好，比如做成亏损税务局会查，资产大幅减值国有资产管理局的关也要过。

对付"老鼠仓"（通过各种关系得到消息进场的资金）：

坐庄过程中心里很清楚哪些筹码是"自己人"，谁透露了消息很清楚，超过了容忍的限度一定要给对方暗示，如果对方太贪就一定要套住对方。如果外来资金进场仅仅是为了分一杯羹，一般庄家也会容忍它，但就怕它是进来捣乱的——对于这样的角色，庄家对付是不择手段的。

**案例**

### 兼并、收购与重组国企的成功范例
#### ——上海实业是如何在香港成功上市的

在市委、市政府的精心策划下，1996年上海在香港注册的上海实业（集团）有限公司通过其全资子公司上海实业控股有限公司在香港成功上市，成为大陆在香港成功上市红筹股的典范，为国内大型国有企业吸引国际资本开辟了一条新的途径。

**[案例介绍]**

1996 年 5 月下旬，上海市政府在香港的窗口公司——上海实业（集团）有限公司（以下简称上海实业），通过其全资子公司——上海实业控股有限公司（以下简称上实控股）在香港上市，获得圆满成功。香港传媒广泛报道，认为是近三年来最成功的上市公司之一。

**一、上海实业上市情况**

上海实业 1981 年由上海市政府在香港注册成立，它管理上海市在香港的企业（南洋烟草、天厨味精、永发印务）并开展贸易、投资等业务。1995 年，上海实业根据香港产业结构转型的新情况，按照市委、市政府将上海实业发展成为上海市政府利用国际资本市场之主要通道的要求，从原来以贸易、工业为主的经营策略，转向资本运营，以上海实业为龙头，将其在香港拥有的资产和上海的优质国有资产进行重组与包装，在香港上市，将企业推向国际市场，向国际资本市场融资。

为了使上市获得成功，上海市政府将优质企业注入上实控股，在香港，挑选经营业绩良好的企业—南洋烟草和永发印务；在上海，挑选两家有相当规模的优秀企业——上海家化和上海三维，让上实控股收购。

1996 年 1 月 9 日，上海实业在香港建立上实控股，准备成为上市公司。

1995 年 11 月 28 日，上海实业的全资附属公司与上海家化联合公司组成中外合资企业，占 51％股份。1996 年 5 月 17 日，上海实业将其拥有的股份转让给上实控股。

1995 年 11 月 28 日，上海实业的全资附属公司与上海三维有限公司组成中外合资企业，占 51％股份。1996 年 5 月 17 日，上海实业将其拥有的股份转让给上实控股。

1996 年 5 月 17 日，上海实业将其拥有的南洋兄弟烟草有限公司 100％股权转让给上实控股。

1996 年 5 月 17 日，上海实业将其拥有的永发印务有限公司 91.48％股权转让给上实控股。

经会计师、估值师和律师对重组后企业的资产重新评估确认，并经香港联合交易所审查通过，上实控股于 1996 年 5 月下旬正式上市，发售和配售的新股为 12900 万股，占其全部已发售股份的 25％，售价为 7.28 港元，招股结果：超额认购 159 倍，冻结资金达 260 亿港元。股市交易第一天，价位上升至 9.80 港元，随后几天，股市交易活跃，最高价位升至 10.4 港元，随后，价位稳定在 9.50 港元左右，比招股价上升 30％，上实控股上市集资达 13 亿港元。

**二、上海实业上市收获**

（1）成功地对国有企业进行兼并、收购、重组与包装，推向国际资本市场，通过资本运营，使国有资产大幅度增值。经资产重新评估，在发行新股前，公司的资产净值为 13 亿港元（其中有形资产 7.4 亿港元，无形资产 5.6 亿港元）。上市后，按目前股价计算，其市值达 49 亿港元，其中，国有资产占六成半，折合 31 亿港元，增值两倍多。换言之，上实控股通过上市，出售其三成半股份，即获得相当于上市前其净资产现值的现金，使国有资产获得大幅度增值。同时，由于上市，使无形资产价值得以实现，南洋烟草生产的红双喜香烟的商标价值就达 5.6 亿港元。

（2）为上海市开拓了一条利用国际资本市场的新渠道。通过上市筹集资金，是成本较低而又能分散投资风险的融资方式。现在，国际游资很多，特别是香港，由于它的独特地位，已成为亚太地区的金融中心，世界经济的高增长地区转移到亚洲，基金都纷纷在香港寻找投资机会。我国经济建设正处于快速发展时期，所缺乏的正是资金，上海市委、市政府领导抓住机遇。通过上海实业上市，向国际资本市场筹集资金，开辟了一条新渠道。由于上海市政府承诺还要为上海实业集团及上实控股注入优质企业，而目前上实控股上市股份只占总股本的 25.8％，因此，通过此渠道向国际资本市场融资的潜力数以百亿港元计。

（3）促进了国有大中型企业经营机制的转变，推进了现代企业制度的建设。通过兼并、收购、重组与上市，上海家化和上海三维的财务制度、经营机制与国际惯例接轨，其经营管理的透明度大大提高。在兼并、收购与重组这些企业的过程中，投资银行家协调会计师、估值师及律师精心设计，有效配合，不但加快了上市进程，而且对企业真正按现代企业制度运作起了巨大的推动作用。用企业领导的话来说，发生了一次"脱胎换骨"的变化。

（4）增强了上海实业集团的市场地位，提高了上海实业集团的经济效益。通过兼并、收购与重组国企并上市，上海实业集团由原来的"低调"变为经济界、金融界谈话的热门。香港和国外许多金融机构、财团、基金都纷纷与上海实业集团联系。上海实业集团作为上海市政府在香港和海外最大窗口和桥梁的地位，得到进一步确认，作用得到进一步发挥。由于上海实业上市的成功，最近，上海实业为上海市基建项目向外融资期限三年的 2 亿美元贷款，得到金融界的热烈响应，已获得超额认构。上海实业在为上海市服务的过程中，经济效益也得到提高。仅上实控股上市冻结资金的利息，就有 2,000 余万港元收益。

**三、上海实业在香港上市成功的启示**

据上海实业的领导介绍，上海实业在香港上市，是市委、市政府作出的重大战略决策。前几年，上海市的资金主要来源之一是土地批租，但是，上海土地有限，今后如何解决资金，重要的一条是靠资本运营，向国际资本市场筹措资金，市委、市政府明确要求上海实业的发展必须与上海市的发展战略相配合，并把上海实业作为利用国际资本市场的主要商业通道，由上海实业牵头，统一规划，将市里的优质大型企业注入其中，为了尽快做好此项工作，市里选派了熟悉经济工作、擅长资本运营的同志，充实领导班子，并调集有关专家组成工作班子，精心组织，精心策划，市领导多次听取汇报，及时作出决策。正是因为市委、市政府的高度重视，才能克服思想观念上的阻力，打破部门所有制的限制，使资产重组工作顺利完成。

为了使香港和国际资本市场认识和了解上海实业，上海市政府明确表示，支持上海实业在香港上市，支持其今后的发展计划，支持在适当的时候将优质资产注入上海实业集团（包括上实控股），并保证基础设施项目的回报率不低于15%。上海市市长在访问英国期间，亲自发表演讲，介绍上海实业和上市公司。上海市和上海实业集团精心组织力量，赴美国、欧洲、新加坡等地，向有关基金、财团推荐上市公司。由于推荐工作做得好，使有的原来对中国企业兴趣不大的基金改变了看法，争相认购。

上海实业在香港成功上市，为国内成片成区域地重组大型国有企业，在保证控制权的前提下，最大限度地吸引国际资本，推进建立现代企业制度进程带了个好头，各省、市目前大都在准备以类似的模式，重组本地区部分国企，但如果仅仅是模仿，不能独辟蹊径，很难获得如此成功。

**[案例分析提示]**

在香港登记注册，由国有资产控股的公司，在香港市场发行股票和上市，其股票被称为红筹股。上海实业在香港成功上市，首开了国有控股公司在香港上市红筹股的先例，也在B股、H股和N股之外，开辟了一条国有企业走向国际市场，从国际资本市场融资的新渠道。上海实业运作成功的经验在于：一是政府统一组织部署。上海实业在香港上市，是上海市委、市政府作出的决策，并由书记、市长亲自布置任务，统一规划，精心组织和策划。二是精心组织专家队伍。上海市政府选派了熟悉经济工作的领导班子，组织了由投资银行家、会计师、估值师以及律师等组成的专家队伍，协调配合，精心运作。三是合理设计上市方案。为了使上市获得成功，上海市政府将其在香港拥有的资产和上海的优质国有资产进行了重组与精心包装。由于上海实业的示范作用，一些省、市也陆续在香港组建和上市了红筹股，并在香港证券市场构成了一个独特的板块。

# 第十章

# 股票价值评估

## 第一节　会计对股票价值的评估方法

从价值投资的角度看，投资者在投资股票之前，应对股票的价值做一个评估，即对自己可能买卖的股票的内在价值以及目前该股票的市场价格是否合理做出判断，但从本质上讲，股票自身并没有价值，也不可能有价格，它仅仅是用以证明持有人具有财产权利的法律凭证，并不具有普通商品所包含的使用价值，也没有形成价格的劳动价值。然而，股票在实际生活中存在着价值，因为它代表着获取利益的权利，能够给持有者带来股息、红利收入，所以股票的价值就是用货币来衡量的作为获利手段的价值，这是股票的理论价值，我们也称之为股票的内在价值。股票流通转让的实质就是这种获利凭证的让渡。

衡量股票价值的方法有多种，会计上其价值主要分为四种形式。

1. 股票的票面价值（Par value）

股票的票面价值简称面值，它是公司新成立时所发行股票上标明的股票金额，是认购者向股份有限公司投资的货币价值以及该投资在公司资本总额中所占的比例，是确认股东权利的根据。

面值是名义价格（Nominal price），每张股票标明的特定面额，其作用有两个：（1）计算新公司成立时的资本总额；（2）表明股东持有的股票数量。

股票的票面价值的公式为：

$$股票面值 = \frac{上市公司的资本总数}{上市公司的股数}$$

法律规定股票不得低于面值发行；会计处理时溢价部分在股东权益项下

的科目为资本公积；股票面值的作用十分有限，仅在初次发行时有一定的意义，每股的股利与其没有直接关系，因此有面值股和无面值股。

面值与发行价格的对比：股票的发行价格是指股份有限公司在发行股票时的出售价格。公司发行股票时，发行价格的高低一般要根据资产增值、经营状况、流通市场价格水平、发行股票总量和市场供求等因素来综合决定。一般与股票面值作比较可分为以下几种：

平价发行：发行价＝面值；

溢价发行：发行价＞面值；

折价发行：发行价＜面值；

设价发行：无面值股。

目前，公司股票一般均采用时价发行，即以流通市场的股票时价为基础来确定股票的发行价格，这样确定的股票发行价格都高于股票面值。

注意：（a）事先确定的发行价格，可能不会等于实际的发行价格，在通常情况下，要比股票市场的价格低得多，因为只有这样，才能保证股票的发行计划得以很好地完成。

（b）中国禁止折价发行，实际中有些公司股价受各方面原因影响，会跌破发行价，比如中国石化跌破发行价，但并没有跌破面值，中国上市公司股票的面值统一为 1 元。

股票的发行价格受各方面因素影响，主要影响因素有以下几方面：

（a）市场因素：股票的发行价格受整个市场状况的影响，如果市场是出于牛市的话，投资者投资积极性比较高，相应的公司在设定发行价时可以设定的较高，而当市场是处于熊市时，投资者整体是偏谨慎的，公司相应地会将价格定得低点，从而便于股票发行。

（b）发行数量：如果公司发行的股票数量比较大，则公司原有的股票被稀释的程度大，股价会相应的变低。

（c）原来股票价格：如果公司是增发新股，则会根据增发时市场上流通股的股价进行增发。

（d）发行方式：如果公司配股，即将股票定向配售给原有的股东，公司的价值没有增加，只是股份稀释，价格必然下跌。

2. 账面价值（Book value）

股票的账面价值又称为股票的净值或每股净资产，它标志着股票中公司净资产的含量。

每股净资产的计算公式为：

$$每股净资产＝\frac{公司净资产}{公司股本总额}$$

式中，公司净资产及股东权益，是公司总资产与公司总负债的差额，股东权益是会计意义上的概念。

例如某公司的拥有 149500000 的总资产，其中，

普通股：100000000，

资本公积：5000000，

盈余公积：30000000，

则股东权益是：135000000。若对外发行 10000000 股，则每股账面价值是 13.5 元。

账面价值不能代表公司股票的真正价值即公司的市场价值，账面价格不一定大于企业的市场价值，可能比市场价值高、低或者相等。例如：1998 拥有 100 部电脑资产的企业，由于电脑折旧淘汰率高，其账面价值与市值差距很大。

账面价值只是一种历史公允的的价值，它仅仅代表过去的实际，而不是今天的公允价值，是一种以过去的客观而牺牲了现在的客观。

3. 清算价值（Liquidation Value）

股票的清算价值是指股份有限公司进行清算时，股票的每一股所代表的实际价值，一般是在公司解散时才需要清算。公司解散时办理清算事宜的程序为变卖财产、收回债权、清偿债务、分配剩余财产，最终每股所能分到的剩余财产就是该股票的清算价值。清算价值适合公司解体时候对资产负债的估计。

企业清算并不一定是由破产引起的，比如成功企业的急流勇退，但企业破产一定要清算。企业在清算前，是一个系统，清算时则被分割处理，所以清算价值是公司底价。

收购从投资意义上讲就是清算价值跟公司市值的一场博弈，股票的市场价值也称股票的市值，指股票在股票市场进行交易的过程中所具有的价值，其一般具有投资意义，而清算时则投资价值几乎丧失殆尽，所以最终收购价经过双方谈判大致会介于二者之间。

4. 重置价值（Replacement value）

重置价格即重置公司各项资产的价值（成本），减去负债项目的余额。重置价值基本上代表公司的市值，尤其在通胀期。

若低于市价，则投资者可以重复复制该公司，再以市价出售，这种行为将降低（类似）公司的市价或提升重置成本。

重置价值与 Tobin 的 Q 值理论：

$$q = \frac{v_m}{v_r}$$

其中 $v_m$ 为公司所有资产的市值，$v_r$ 为重置价值。

若 $q > 1$，则公司的资产市值高于重置成本，故对公司具有投资激励作用。

Lindberg－Ross 模型适用于具有高成长性的企业。

$q=1$，则激励作用接近于 0。

$q<1$，则公司的资产市值低于重置成本，公司无资本投资的意愿。

一般是遭受激烈竞争的行业，或衰退行业。

# 第二节　股票的市值与经济价值

股票的每股市值（Market value）是指股票在市场上实际的交易价格，而股票的经济价值（Economic Value）是指未来每股股利的现值，也称为内涵价值（Intrinsic value）。股票是一种没有偿还期的证券，股票转让的本质是这种领取股利收入这种权利的转让。

**股票市场的效率**

股市的低效率使投资者无法获得完全的信息。如股票价格未包含所有的信息，则与公司股票的真正价值（充分信息）有差异。

**投资者的期望**

在信息有效的前提下，大部分投资者将会有共同的认识（期望），形成经济价值的共识值（Common estimate）。

本章其余的部分将介绍股票评估方法，这是决定股票的经济价值。

# 第三节　股票价值分析模型

## 一、股息贴现模型 （Dividend Discount Model，DDM）

股利贴现模型是典型的绝对估值模型。投资者买入股票后的预期收益包括两个部分，即持有期间所获得的股息收入和卖出时所获得的资本利得。在做购买决策时，投资者要对股票的价值进行评估，此时股票的理论价值应该是投资者预期在持有期间获得股息的现值与持有期结束时卖出股票所获收入的现值之和，用公式表达如下：

$$v_0 = \frac{d_1}{(1+k)} + \frac{d_2}{(1+k)^2} + \cdots = \sum_{t=1}^{\infty} \frac{d_t}{(1+k)^t}$$

其中：$d_t$ 为 $t$ 时刻的股息，$k$ 为某种风险水平下适当的贴现率，假设各期相同。

上式中的变量为股息，指未来现金流的增长方式如下所示：

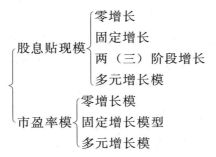

$$\text{股息贴现模} \begin{cases} \text{零增长} \\ \text{固定增长} \\ \text{两（三）阶段增长} \\ \text{多元增长模} \end{cases}$$
$$\text{市盈率模} \begin{cases} \text{零增长模} \\ \text{固定增长模型} \\ \text{多元增长模} \end{cases}$$

常用的股息巾现模型有：

1. 零增长模型（Zero Growth Model）

假设公司每年发放相同数额的股息，即股息增长率为零，在这种假设下所建立的 DDM 模型叫零增长模型，即：$d_t = d_0$

$$v_0 = \sum_{t=1}^{\infty} \frac{d_0}{(1+k)^t} = d_0 \cdot \sum_{t=1}^{\infty} \frac{1}{(1+k)^t} = \frac{d_0}{k}$$

应用：

决定优先股的经济价值，判定优先股的价值是否合理。如某公司的优先股股利为 8 元/股，且折现率为 10%，则其经济价值为 80 元，若当前价格为 75 元，则被低估，即可买进。

2. 固定增长模型（Constant growth model）——戈登模型（Gordon model）

固定增长的股利贴现模型又称戈登模型，是以普及该模型的麦伦·J·戈登命名的，它是股利贴现模型的一种，它假设该股已稳定的速度 g 增长，若股息 $d_t = d_{t-1}(1+g)$，则：$d_t = d_0(1+g)^t$

$$v_0 = \sum_{t=1}^{\infty} \frac{d_t}{(1+k)^t} = d_0 \cdot \sum_{t=1}^{\infty} \frac{(1+g)^t}{(1+k)^t}$$

若 $k > g$，则根据等比数列公式：

$$v_0 = d_0 \cdot \left( \frac{1+g}{k-g} \right) = \frac{d_1}{k-g}$$

3. 两阶段增长模型

两阶段增长模型考虑了增长的两个阶段，即增长率较高的早期阶段和随后的稳定阶段，并预期长期保持不变。假设 t 期以前的股利支付每年各有不同，在未来某个时点（以 t 表示）以后预期股息将按一个固定的速度 g 增长。因此股票的内在价值的计算分为两部分，即 t 期以前的股利折现值和 t 期以后的股利折现值，即有：

$$v_0 = \sum_{t=1}^{n} \frac{d_t}{(1+k)^t} + \sum_{t=n+1}^{\infty} \frac{d_t}{(1+k)^t}$$

$$= \sum_{t=1}^{n} \frac{d_0(1+g_1)^t}{(1+k)^t} + \sum_{t=n+1}^{\infty} \frac{d_n(1+g_2)^{t-n}}{(1+k)^t}$$

$$= \sum_{t=1}^{n} \frac{d_0(1+g_1)^t}{(1+k)^t} + \sum_{t=n+1}^{\infty} \frac{d_n(1+g_2)^{t-n}}{(1+k)^t}$$

$$= \sum_{t=1}^{n} \frac{d_0(1+g_1)^t}{(1+k)^t} + \frac{d_{n+1}}{(1+k)^n(k-g_2)}$$

**4. 三阶段增长模型**

两阶段模型假设公司的股利在头 $n$ 年以每年 $g_1$ 的速率增长，从 $(n+1)$ 年起由 $g_1$ 立刻降为 $g_2$，而不是稳定地有 1 个从 $g_1$ 到 $g_2$ 的过渡期，这是不合理的，为此，Fuller (1979) 提出了三阶段模型。

其中，$d_{n+1} = d_n(1+g)$

Fuller 模型假设从 $n_1$ 到 $n_2$ 年间的增长率是线性下降的，则在此期间增长率为：

$$g_t = g_1 - (g_1 - g_2) \cdot \frac{t - n_1}{n_2 - n_1}, \ \text{其中}, n_1 + 1 \leqslant t \leqslant n_2,$$

则第二阶段的折现值为：

$$v_0^2 = \sum_{t=n_1+1}^{n_2} \frac{d_t}{(1+k)^t} = \sum_{t=n_2+1}^{n_2} \frac{d_{t-1}(1+g_t)}{(1+k)^t}$$

总折现值为：

$$v_0 = v_0^1 + v_0^2 + v_0^3$$

$$= d_0 \sum_{t=1}^{n_1} \left(\frac{1+g_1}{1+k}\right)^t + \sum_{t=n_1+1}^{n_2} \frac{d_{t-1}(1+g_t)}{(1+k)^t} + \frac{d_{n_2}(1+g_2)}{(1+k)^{n_2}(k-g_2)}$$

例子：假设永安公司是新成立的公司。目前的股利为 4 元/股，预计未来 6 年股利的成长率为 25%，第 7~10 年股利增长呈现直线下降，第 11 年稳定为 10%，随后按此速率持久增长，若贴现率（资本成本）为 15%，求其股票的经济价值。

$$v_0^1 = d_0 \sum_{t=1}^{n_1} \left(\frac{1+g_1}{1+k}\right)^t = 4 \sum_{t=1}^{6} \left(\frac{1+0.25}{1+0.15}\right)^t = 32.463$$

$$v_0^2 = \sum_{t=7}^{10} \frac{d_t}{(1+k)^t} = \sum_{7}^{10} \frac{d_{t-1}(1+g_t)}{(1+0.15)^t}$$

其中

$$g_7 = 0.25 - (0.25 - 0.10) \frac{7-6}{11-6} = 0.22$$

$$d_{7-1} = d_6 = 4(1+0.25)^6 = 15.26$$

类似地，$g_8 \sim g_{10}$ 分别为 0.19、0.16、0.13，

则：$v_0^2 = 28.249$

$$v_0^3 = \frac{d_{11}(1+g_2)}{(1+k)^{11}(k-g_2)}$$

$$d_{10} = d_9(1+0.13) = 29.04$$

$$v_0^3 = \frac{29.04(1+0.10)^2}{(1+0.15)^{11}(0.15-0.10)} = 151.068$$

$$v_0 = v_0^1 + v_0^2 + v_0^3 = 32.463 + 28.249 + 151.068 = 211.78$$

5. 多元增长模型

在时刻 T 以前的 T－时刻，股利可以按照任何比例增长，但在 T 之后 T＋时刻，假设按照固定比率增长，且一直下去。1～T－的股利只能按照最一般的公式计算，T＋以后按照可以按照固定增长模型计算

$$v_{T-} = \sum_{t=1}^{T} \frac{d_t}{(1+k)^t}$$

$$v_{T+} = \sum_{t=T}^{\infty} \frac{d_t}{(1+k)^t} = \frac{d_{t+1}}{(k-g)(1+k)^T}$$

$$v_0 = \frac{d_{t+1}}{(k-g)(1+k)^T} + \sum_{t=1}^{T} \frac{d_t}{(1+k)^t} \quad (k > g)$$

## 二、市盈率模型

每股（税后）收益 $e_t$ 与派息率 $q_t$ 决定了每股股利 $d_t$ 的大小，即 $d_t = q_t \cdot e_t$，其中 $q_t$ 为派息率，则：

$$v_0 = \frac{d_1}{(1+k)} + \frac{d_2}{(1+k)^2} + \cdots$$

$$= \sum_{t=1}^{\infty} \frac{q_t e_t}{(1+k)^t}$$

若 $e_t = e_{t-1}(1+g_{et})$ 则：

$$v_0 = \frac{q_1 e_0(1+g_{e1})}{(1+k)} + \frac{q_2 e_0(1+g_{e1})(1+g_{e2})}{(1+k)^2} + \cdots$$

从而：

$$\frac{v_0}{e_0} = \frac{q_1(1+g_{e1})}{(1+k)} + \frac{q_2(1+g_{e1})(1+g_{e2})}{(1+k)^2} + \cdots$$

构建市盈率模型的理由：

实际市盈率 $p_0/e_0$ 是证券分析常用的指标，且容易得到。

实际市盈率＝交易价格/每股盈余

若 $v_0/e_0 > p_0/e_0$，则股票价格被低估，反之则高估。

市盈率低估是买入信号，高估则是卖出信号。

例：

表 10-1　某年 10 月 23 日部分股票市盈率

| 代码 | 名称 | 市盈率 | 收盘价 | 每股收益 | 代码 | 名称 | 市盈率 | 收盘价 | 每股收益 |
|---|---|---|---|---|---|---|---|---|---|
| 200625 | 长安 B | 3.5 | 3.92 | 1.18 | 200550 | 江铃 B | 6.9 | 3.37 | 0.52 |
| 625 | 长安汽车 | 5.2 | 6.11 | 1.18 | 680 | 山推股份 | 6.9 | 3.73 | 0.54 |
| 200725 | 京东方 B | 5.4 | 3.09 | 0.61 | 600357 | 承德钒钛 | 7 | 4.22 | 0.6 |
| 600057 | 夏新电子 | 5.5 | 7.8 | 1.43 | 600022 | 济南钢铁 | 7.1 | 5.93 | 0.83 |
| 600569 | 安阳钢铁 | 5.8 | 3.55 | 0.61 | 600307 | 酒钢宏兴 | 7.6 | 6.27 | 0.83 |
| 717 | 韶钢松山 | 6.3 | 7.36 | 1.17 | 600196 | 复星实业 | 7.6 | 5.24 | 0.69 |
| 600006 | 东风汽车 | 6.4 | 4.04 | 0.63 | 600282 | 南钢股份 | 7.7 | 7.06 | 0.92 |
| 200761 | 本钢板 B | 6.5 | 2.82 | 0.46 | 900925 | 电气 B 股 | 7.9 | 0.56 | 0.58 |
| 600418 | 江淮汽车 | 6.8 | 6.1 | 0.9 | 528 | 桂柳工 A | 8 | 5.43 | 0.68 |
| 600231 | 凌钢股份 | 6.8 | 5.71 | 0.84 | 600991 | 长丰汽车 | 8.1 | 8.7 | 1.08 |

注：上表中，市盈率＝昨日收盘价/最新年度每股收益

## （一）零增长市盈率模型

假设每期盈利保持不变，即盈利增长率为零，且股利支付率为 100%，则可以得到零增长市盈率模型。

$$\frac{v_0}{e_0} = \frac{q_1(1+g_{e1})}{(1+k)} + \frac{q_2(1+g_{e1})(1+g_{e2})}{(1+k)^2} + \cdots$$

当 $q_1 = q_2 = \cdots = q_n = 1, g_{en} = 0$ 时

$$\frac{v_0}{e_0} = \sum_{t=1}^{\infty} \frac{1}{(1+k)^t} = \frac{1}{k}$$

问题：在零增长模型中假设股利不变，则公司应当保持 100% 的派息率吗？

解答：若不全部派息，则会保留盈余，从财务管理知道，保留盈余的再投资就会增加未来每股的股利。

零增长市盈率模型的意义：假设市场有效，则理论市盈率等于实际市盈率，也就是说一个企业若其市实际盈率等于贴现率（资本成本）的倒数，则意味着该企业是零增长的，即这样的公司是保守的，而非进取的。

## （二）固定增长模型

若假设公司派息率 $q$ 不变，股利固定增长，则第 $t$ 年的收益为：

$$e_t = e_0 (1+g_e)^t$$

其中 $g_e$ 为增长率，则：

$$v_0 = \frac{qe_0(1+g_e)}{(1+k)} + \frac{qe_0(1+g_e)^2}{(1+k)^2} + \cdots = qe_0\left(\frac{1+g_e}{k-g_e}\right)$$

$$\frac{v_0}{e_0} = q\left(\frac{1+g_e}{k-g_e}\right)$$

### （三）多元增长市盈率模型

在股利贴现模型下，有：

$$v_0 = \sum_{t=1}^{T} \frac{d_t}{(1+k)^t} + \frac{d_{t+1}}{(k-g)(1+k)^T} \tag{1}$$

假设每股收益和派息率可变，即：

$$e_t = e_0(1+g_{e1})(1+g_{e2})\cdots(1+g_{et})$$

$$d_t = q_t e_0(1+g_{e1})(1+g_{e2})\cdots(1+g_{et})$$

将 $d_t$ 代入（1），两边除以 $e_0$ 得：

$$\frac{v_0}{e_0} = \frac{q_1(1+g_{e1})}{(1+k)^1} + \frac{q_2(1+g_{e1})(1+g_{e2})}{(1+k)^2} + \cdots +$$

$$\frac{q_T(1+g_{e1})(1+g_{e2})\cdots(1+g_{eT})}{(1+k)^T} +$$

$$\frac{q_T(1+g_{e1})(1+g_{e2})\cdots(1+g_{eT})(1+g)}{(k-g)(1+k)^T}$$

其中，$g$ 为 $T$ 年开始的不变增长率。

# 第四节　股票指数

## 一、指数的意义

股票价格指数是用以表示多种股票平均价格水平及其变动并衡量股市行情的指标。《统计学》中指数是综合反映社会经济现象总体的变动方向和变动程度，股票指数是价格指数，综合反映不同时期价格变动的相对水平指标。股票价格指数能及时全面地反映市场上股票价格水平的变动，它的上涨和下跌，可以看出股票市场变化的趋势，能从一个侧面灵敏地反映一个国家经济、政治的发展变化情况。

## 二、股指计算原理

股票价格指数多种多样，但其基本步骤和做法却有共同性，编制的一般步骤为：

确定样本股，以样本股数量为权重。

某一时点的样本股市值（价格乘数量）为基期值。

以当前样本股市值与基期数据比值，即得到市场总体股价变动的相对数。

## 三、股票指数的编制

股票指数的编制方法一般有两种，即算术平均数法和加权指数法。

**1. 算术平均数法**

算数平均数法是指用简单算术平均法计算的股票价格指数，即选用样本股票的价格相加再除以股票品种数得出。

$$I_p = \frac{(\sum_{i=1}^{n_t} p_{it})/n_t}{(\sum_{i=1}^{n_0} p_{i0})/n_0} \times 100(\text{或 } 1000)$$

这种方法实际将样本股的数量全部认为相同，从而不分个股在股市中的地位，在股本结构变动时，完全失去数据的合理性，不能代表股市的综合行情，现在基本不用。

**2. 加权指数法**

股票市场上不同的股票其地位也不同，有的股票对股票市场的影响大，有的股票对股票市场的影响小。简单算术平均法忽略了不同股票的不同影响，有时难以准确地反映股票市场的变动情况，加权平均法按样本股票在市场上的不同地位赋予其不同的权数，地位重要的权数大，地位次要的权数小，将各样本股票的价格与其权数相乘后求和，再被权数扣除，得到的就是加权平均后的股票价格指数。这里的权数可以是股票的交易额，也可以是它的发行量或其他反映股票地位的数字。加权平均法的计算公式为：

$$\text{拉氏指数} = \frac{\sum_{i=1}^{n} p_{it} q_{i0}}{\sum_{i=1}^{n} p_{i0} q_{i0}} \times 100(\text{或 } 1000)$$

$$\text{派氏指数} = \frac{\sum_{i=1}^{n} p_{it} q_{it}}{\sum_{i=1}^{n} p_{i0} q_{it}} \times 100(\text{或 } 1000)$$

问题：从统计学看，股票指数用哪一种指数好？

解答：采用派氏指数好，因为它综合反应股票价格和数量的变动，且具有现实意义。世界上绝大部分国家的股票指数采用派氏指数。

注意：在派氏指数下，股指的增长可能总盘扩大。

### 四、中国的股票指数

1. 上证综合指数

上海证券交易所股价指数简称上证综合指数，从 1991 年 7 月 15 日起由上海证券交易所编制并公布。它以 1990 年 12 月 19 日为基期，以 100 为基期指数，以全部上市股票为样本，以股票发行量为权数，按加权平均法计算。其计算公式为：

$$上证指数 = \frac{现时样本股总市值}{基日样本股总市值} = \frac{\sum_{i=1}^{n} p_{it} q_{it}}{\sum_{i=1}^{n} p_{i0} q_{it}} \times 100$$

上证指数的样本股为全部股票，$p_{it}$ 为各样本股今日之即时市价，$q_{it}$ 为各样本股的发行数量（全部普通股发行量），$p_{i0}$ 为各样本股基日收盘价。

2. 深圳成分股指数

深证成指是中国第一个成分股指数，它是深圳证券交易所所选取的 40 种股票，采取流通股市值加权的计算方法，以 1994 年 7 月 20 号为基期日，基期为 1000 点，1995 年 1 月 23 日起开始正式发布。计算公式同上证指数，深成指选用上市流通股为权数计算，而非发行量。成分股保持相对稳定，但不是"终身制"，深交所定期考察成分股的代表性，对不具代表性的公司将进行更换。

选取方法：根据上市公司一段时间内的平均可流通股市值、总市值、成交金额等指标，经过综合评比，并参考公司经营绩、管理水平、行业代表性等因素而挑选。

目前深圳有 40 家成分股股票，包括：

工业类（18 家，如深康佳、深中华、赣江铃等）、商业类（3 家，如苏物贸）、公用事业类（4 家，如粤华电）、金融类（3 家，如深发展），综合 企业类（7 家，如深万科）、地产类（5 家，如粤宏远）。

### 五、指数的实时计算

每一个交易日集合竞价结束后，用集合竞价产生的价格产生开市指数，连续竞价中每有一笔成交，就重新计算一次，直至收盘，股票指数每 15 秒通过卫星和网络向外界公布一次。

### 六、世界主要股票指数

1. 道·琼斯指数

1884 年 7 月 3 日，美国道·琼斯公司首次公布纽约证交所中以 11 家样本股为代表的综合股指，此后扩大到 65 家，且一直保持至今，基期指数为 100

点。样本股包括 30 家工业类股票，20 家运输类股票和 15 家公用事业类股票，并同时编制这三类分类股指，现在，世界各地经常引用的道·琼斯股指并非是 65 家综合股指，而是 30 种工业类股指。

道·琼斯采用修正平均数法，1972 年 11 月 14 日，指数触及 1000 点；1999 年 3 月 29 日，指数突破 10000 点。

2. 日经指数

这是日本经济新闻社编制的东京证交所股指，基期日是 1949 年 5 月 16 日，以东京证交所上市第一批 225 家股票为样本股。1975 年 5 月 1 日，日本经济新闻社购得道·琼斯商标，改为日经道·琼斯指数。

3. 香港恒生指数

香港联合交易所著名的恒生指数由香港恒生银行编制，采用 33 家样本股，基期日现为 1984 年 1 月 13 日。现在香港联交所还公布由恒生银行编制的 H 股指数，也称国企指数或红筹股指数。

H 股指数基期日 1994 年 7 月 8 日，红筹股指数基期日为 1993 年 1 月 4 日，基期指数均为 1000 点。

**案例**

## 农业银行 IPO 历程

从政策性银行，到商业银行，到进行股份制改革，最终走向 IPO 上市，农业银行的上市肩负着特殊的历史使命，关系着国家金融改革的进程，国有企业的改制，"三农"问题的解决。

农行股改的模式和途径与其他三家国有商业银行基本一致，即在对农行进行全面外部审计、清产核资的基础上，推进财务重组，设立股份公司，引进战略投资者，然后择机上市。

# 一、重组

## （一）政策性银行迈向商业银行

1. 过程

1979 年，中国农业银行重建。

1980 年，农行开始商业化改革。

1994 年，中国农业发展银行成立，决策者试图通过农发行的建立将政策性金融业务从农行和农信社的业务中剥离出来。

1994 年 6 月 30 日开始，农业银行已按农业发展银行会计科目和应划转业务范围，对农业政策性贷款和负债余额向农业发展银行进行了划转；并从 7

月 1 日开始代理发展银行业务，这标志着政策性业务已从农业银行剥离出去，农业银行向商业银行转变迈出了实质性一步。

1997 年，农行政策性业务剥离速度加快，经营强调以利润为核心。以利润为核心的经营目的的确立，标志着农业银行正式步入现代商业银行的行列。

2. 剥离政策性业务后面临的困难

（1）存款结构不合理，高成本存款比例高（含信用社存款和及缴存款）。高成本存款的增加一方面稳定了资金来源，另一方面却对效益产生直接影响。

（2）经营规模萎缩，贷款质量下降。政策性业务剥离后，农行信贷规模极度缩小，业务经营呈萎缩状态，分账后，农行贷款规模仅占分账前 36.2%，经营基础严重削弱，同时，在现有贷款中，正常贷款仅占 26%，逾期催收贷款则占 74%，其中逾期贷款占 24%，催收贷款占 50%。贷款质量低下已成为影响效益提高的决定因素。

（3）财务收支倒挂，亏损包袱难以消化。到同年六月底，农行财务收入比同期增长 106.9%，财务支出比同期增长 89.4%，收支相抵，亏损增长 30%。同时，由于受资产、负债因素制约，不仅上年亏损包袱难以消化，而且今年有可能增亏，在权责发生制体制下，已经或继对所有者权益构成威胁。

（4）面临同业竞争巨大压力。在市场经济条件下，随着政策性业务分离和金融机构增加，农行在服务对象、资金筹集、机构设置、管理手段和专门人才诸方面都面临着同业竞争巨大压力，经营环境将更为复杂和严峻。

3. 策略选择

从理论上讲，由于历史及体制原因，农业银行长其形成的经济包袱应由国家统筹解决，但限于财力和国民经济发展诸多矛盾，国家近期根本无力解决包括农行在内的金融部门历史包袱问题，这主要靠各金融部门自身转换机制来提高效益和消化包袱，因此，我们必须面对现实，研究农行商业化后经营发展战略问题。

（1）增强全员效益和求生意识。

市场经济确立和价值规律的统帅作用，使得追求经营效益最大化成为包括商业银行在内的所有企业的主要目标，也是企业求得生存主要手段，因此，农行全体员工必须真正树立效益和求生意识，为自己生存与发展竭力奋斗。一是要真正认识到，在市场经济条件下，优存劣汰是必然规律；农行作为商业银行，追求利润最大化是生存和发展需要，长期亏损只会给农行生存和员工利益带来不堪设想的后果。二是要充分认识，农行当前亏损包袱沉重，步履维艰，不痛下决心大打扭亏翻身仗，业务经营将难以为继，声誉将受严重损害。三是要明确认识到，分账后农行在资产、负债等方面的新变化，特别是贷款规模缩小，信贷资产质量低等，对农行业务经营的重大影响，活化存量、优化增量、调整负债结构和开拓新的业务领域已成为当务之急。

（2）借助以法律为核心的多种手段，坚决打赢活化存量贷款"攻坚战"。

据信贷部门提供的数字，在农行贷款总额中，到同年六月底，逾期及催收贷款占 74%。在逾期及催收贷款中，乡镇企业及供销社就占 88.5%；据不完全统计，到 1993 年底，全行应收未收利息达 797 万元；1 至 6 月，催收贷款应收未收利息达 56.4 万元。上述数字表明，活化存量贷款已到刻不容缓和决战攻坚阶段。

活化存量贷款，应当遵循分类实施，重点突破原则。对正常贷款，主要是做好贷后检查和监测工作，帮企业管好用活，保证其安全增值。对逾期贷款，要深入企业产、供、销诸环节，找出问题，分析原因，采取相应措施，促使企业生产经营好转，使逾期贷款向正常贷款转化。对催收贷款，应当配合党政和企业，主要是抓好清收工作，对"钉子户""赖账户"，要坚决借助法律手段清收，使贷款风险减少到最低限度。

当前活化存量贷款的重点是供销社和乡镇企业，这些企业由于催收贷款比重大，占用时间长，因此必须很下决心攻坚。一是全面落实债务，补办抵押。对已办理抵押要全面清理，不合规的要重新办理；对未办理抵押的，应抓紧按规定补办，全力做好清收基础性工作。二是司法调解，理顺关系。对有还款能力而又不愿还款的企业，要借助司法力量；对企业外欠款，要协助企业和法庭清收，尽力收回，减少损失。三是借助法律，清钱清物并举。对关停、破产、回生无望和"钉子""赖账"企业，要破除阻力，坚决起诉法律，以清收资金为主，清钱清物并举，一抓到底，决不放松；同时，要做好抵贷物资变现工作，使活化存量取得实质性效果。

（3）倾斜增量贷款，最大限度地创造收益。

农行取得收益的基础是存款，而其关键是放款，因此，用好增量贷款就显得格外重要。放款是农行取得收入的主要来源，在市场经济条件下，要研究怎样把款放好、放活和增值。

倾斜贷款，取得效益。倾斜，就是贷款投放的聚集，充分发挥单个贷款倍加的作用。总的看，贷款倾斜应当符合国家产业政策，应当向"朝阳企业"倾斜，如大中型企业、高盈利企业、结息大户、重点区域及行业等。倾斜贷款要树立正确的风险观，要注意适当分散风险；但风险往往与效益成正比，只有敢冒风险才会夺取最佳效益，化解风险关键在于对风险的把握和决策的正确。

倾斜贷款要纠正"支农"偏见，目前应认识到：第一，"农"字内涵已发生较大变化，农业早已突破"种植业"和"粮食"界限，农村已成为多产业、多部门经济综合体，传统农业概念已不复存在；第二，随着金融体制改革深化，支农资金来源渠道增多，农行已无能力和权力包打农村天下，因此，农行存贷业务无论在内涵和外延上都应当有一个现实的转变。

（4）改变存款结构，降低存款成本。

银行最有意义的始终是存款，存款壮大标志着银行实力增强，现在问题是，存款不仅数量要多，而且质量要好，即结构要合理，在存款战略选择上，应当是增加数量和改变结构。具体说，一是稳定定期存款。谈到降低成本，人们往往强调活期存款重要，这无可厚非，但决不能因此否定定期存款作用，因为定期存款不仅提供稳定的资金来源而且创造稳定的收益，没有定期存款银行将不可想象。所谓稳定定期存款，就是要保持其有一个适当增长速度和恰当比例，并不是一味压缩规模，这在改变存款结构中应当引起重视。二是降低信用社存款。从商业化经营和农金体制改革趋势看，信用社存款应当逐步压缩，除缴存款外，直至不留余额，这样虽会对农行经营短期有些振动，但长期看是有益的。三是增加活期及对公存款。增加活期及对公存款，就是既要增加绝对量，又要增加在各项存款中比例，最终达到稳定来源、降低成本的目的。

（5）发展表外业务，培植新的生长点，积极扩大创收渠道。

表外业务是在商业银行传统服务收费业务基础上发展起来的，这些业务因不反映在商业银行资产负债表上而得名。近年来，许多国家的商业银行表外业务量超过了表内业务，如1990年德国商业银行年收入67％来自表外收入，国外学者预言，未来商业银行主要收入来源将不再是存贷利差，而是各种服务费收入，因此，重视和开拓表外业务是商业银行发展的长期策略，具体如：信托业务、租赁业务、对外担保业务、代理业务。

（6）培育、选拔金融专门人才。

### （二）商业银行迈向股份制银行

1. 过程

1999年，工农中建剥离1.4万亿元不良资产给四大资产管理公司。

2004年，农行第一次上报股改方案。

2007年1月，全国金融工作会议确定农行改革方向为"面向'三农'、整体改制、商业运作、择机上市"。

2008年3月，农行开始推动在6个省11个二级分行开始"三农"金融事业部改革试点。

2008年8月，农行总行设立"三农"金融事业部，全面推动全行"三农"金融事业部制改革。

2008年10月22日，《农业银行股份制改革实施总体方案》获国务院批准，收关之战就此打响。

2008 年 11 月 6 日，汇金向农行注资 1300 亿元，与财政部并列成第一大股东。

2009 年 1 月 9 日，农业银行股份有限公司于在北京召开创立大会，注册资本为人民币 2600 亿。

农业银行股份有限公司的成立，标志着农业银行股份制改革的完成。

2. 股份制改革的问题

农行改革进程将远比其他三大国有银行漫长，这是因为包袱过重、定位不明、巨额不良资产等问题都将钳制农行股改进程。与其他三大行不同，由于历史上专业分工以"三农"为主，农行的改革背景比较特殊，不仅情况更复杂，面临的困难也更多，最突出的就是历史包袱过重。

（1）不良资产

农行与其他三家国有商业银行形成的不良贷款原因有所不同，中行、工行和建行多是在支持国有大中型企业发展过程中，形成的不良贷款；农行不良贷款多是因支持供销社、乡镇企业和地方经济发展时形成。

为了与银行金融机构的国际标准相接轨，农行需要进行以下优化：剥离不良资产；资本充足率提高到 8％；不良贷款率降低到 10％；拨备覆盖率达到 100％；利润率连续为正；等等。

（2）战略定位

2007 年 1 月，全国金融工作会议确定农行改革方向为"面向'三农'、整体改制、商业运作、择机上市"，与其他国有商业银行本质的不同就在于，如何将"面向'三农'"与"商业运作"完美的结合起来。

3. 重组方式

（1）重组项目

①补充资本金

内部：

自身积累来补充资本金，但需要较长时间，几乎不可能。

外部：

国家财政注资、发行次级债券、税前利润抵冲、其他资产变现。

此外，还可考虑引进国外合适的战略投资者，引进国内合适的战略投资者。

②处置不良资产

内部消化：

提取呆账准备金（拨备）；核消不良资产。

外部剥离：

剥离给资产管理公司；对外打包出售；资产证券化。

（2）农行实际操作

①汇金注资

2008年11月6日，中央汇金投资公司正式向农业银行注资1300亿元人民币等值美元，并将持有农行50％的股份，与财政部并列成为农行第一大股东，农行的股份制改革进入实质性阶段。自此之后，农行将从国有独资银行转变为股权多元化的股份公司，为今后引入战略投资者、实现首次公开发行（IPO）奠定基础。

②发行次级债

2009年5月19日，农业银行发行了500亿元次级债以提高资本充足率，中国国际金融有限公司担任主承销商。此次发行的公司债包括200亿元的10年期固息次级债（前5年的票面利率为3.3％）；以及250亿元的15年次级债（前10年的利率为4％）；50亿元10年期浮息次级债（前五年票面年利差为0.60％）；这3种债券均设有提前赎回权，以此充实附属资本，提高资本充足率，以增强营运实力，提高抗风险能力，支持业务持续稳健发展。

③不良资产处置

以2007年12月31日为基准日，按账面值剥离处置不良资产8156.95亿元，其中可疑类贷款2173.23亿元、损失类贷款5494.45亿元、非信贷资产489.27亿元。

对于上述不良资产，以2007年12月31日中国人民银行对农行1506.02亿元免息再贷款等额置换不良资产；其余6650.93亿元形成应收财政部款项，并自2008年1月1日起按3.3％的年利率对未支付款项余额计息。

农行与财政部建立"共管基金"，用以在15年内偿还农行应收财政部款项的本金，并支付相应利息。共管基金的资金来源包括存续期内农行向财政部分配现金股利、上缴中央财政的企业所得税、不良资产处置回收资金扣除回收费用后的部分，以及财政部减持农行股份收入等。转让资产相关的全部权利由财政部享有，全部风险由财政部承担。

不同于其他国有银行，农行不良资产处置方式将委托农行处置，财政部委托农行成立专门的资产处置机构进行清收。中国农业银行副行长曾表示，这主要考虑到农行不良资产构成"笔数多、单笔数额小、分布区域广"，从处置效果看剥给资产管理公司不是很好。

农行将用五年时间完成不良资产的处置。由于农行剥离到共管账户中的资产比工行规模大，预计需要十几年的时间付清共管账户，完成共管基金的偿还。

4. 公司治理改革

（1）股份制公司和农银国际的成立

2009年1月15日，经国务院批准，中国农业银行整体改制（为中国农业银行股份有限公司。注册资本为 2600 亿元人民币。中央汇金投资有限责任公司和财政部代表国家各持有中国农行股份有限公司 50% 股权。改制后，原中国农业银行（包括境外分支机构）在股份公司设立之前的全部资产、负债、机构和人员依法由设立后的中国农业银行股份有限公司继承，其业务范围不发生任何变化。

2009 年 11 月，中国农业银行股份有限公司在香港成立农银国际控股有限公司，成为其全资附属机构，注册资本近 30 亿港元。农银国际控股有限公司及旗下各子公司作为中国农业银行开展投行业务的专业平台，主要从事直接投资、企业融资、证券经纪、资产管理等全方位的投资银行服务。2010 年将中国农业银行原在港机构农银证券有限公司、农银保险有限公司及捷骏投资有限公司并入旗下。

（2）公司治理结构

创立当日，中国农业银行股份有限公司已按国家有关法律法规，制定了新的公司章程，以"三会分设、三权分开、有效制衡"为原则，形成"三会一层"（股东大会、董事会、监事会和高级管理层）的现代公司法人治理架构。董事会下设战略规划委员会、三农金融发展委员会、提名与薪酬委员会、审计委员会、风险管理委员会。

会后，股份有限公司第一届董事会第一次会议和第一届监事会第一次会议随即召开。第一届董事会选举出了股份有限公司董事长和副董事长；第一届监事会选举出了股份有限公司监事长；聘任了行长、副行长、董事会秘书。经董事会讨论决定，股份有限公司完成工商注册登记后即举行成立大会。

5. 引进战投

2010 年 5 月 24 日，经国务院批准，全国社保理事会投资 150 亿元入主农行，成为农行第三大股东，也是上市前的唯一战投。

## 二、上市策略

### （一）上市地

2010 年 4 月 14 日，农行宣布了"A＋H"的 IPO（首次公开发行）选秀名单。

1. 境内上市

A 股上市。

2. 境外上市

（1）严格的上市标准。美国市场比香港市场要求更高，2002 年安然公司和世通公司丑闻爆发之后，美国出台了《萨班斯—奥克斯利法》，对美国本土以外的公司严厉得近乎苛刻，加大了其上市成本和集体诉讼风险。

（2）意味着在不同市场要同股同权同价。在货币不能自由兑换、国际市场与国内市场存在明显差异的情况下，在 IPO 时将不可避免地遇到一些技术问题。

农行最终选择了香港上市。

### （二）承销商

2010 年 4 月 14 日，农行宣布 IPO 的主承销商，这是一个史无空前的庞大承销团——包括外资投行共有九家投行入围。农行确定的承销团名单包括四家 A 股主承销商和七家 H 股主承销商。中金公司、中信证券、银河证券、国泰君安证券共同协助农行完成 A 股发行上市相关工作；高盛、摩根士丹利、摩根大通、中金公司、德意志银行、麦格理、农银国际则参与 H 股发行，唯有中金公司同时跻身"A＋H"的承销商名单。

### （三）发行的重要时间安排

询价推介时间：　　　2010 年 6 月 17 日－2010 年 6 月 23 日

网下申购及缴款日期：2010 年 7 月 1 日－2010 年 7 月 6 日

网上申购及缴款日期：2010 年 7 月 6 日

定价公告刊登日期：　2010 年 7 月 8 日

预计股票上市日期：　2010 年 7 月 15 日

### （四）A 股发行基本情况

（1）股票种类：人民币普通股（A 股）。

（2）每股面值：人民币 1.00 元。

（3）本次发行股数：22235294000 股，占 A 股和 H 股发行完成后总股本的比例为 7.00％（未考虑本行 A 股发行和 H 股发行的超额配售选择权）；25570588000 股，占 A 股和 H 股发行完成后总股本的比例为 7.87％（若全额行使本行 A 股发行和 H 股发行的超额配售选择权）。

（4）每股发行价格：人民币 2.68 元。

（5）定价方式：通过向询价对象询价确定发行价格区间。农行与联席主承销商组织路演推介，在发行价格区间内进行累计投标询价，并综合累计投标询价结果和市场走势等情况确定发行价格。

（6）发行后每股收益（按农行 2010 年度归属于母公司股东的预测净利润除以本次发行后且未考虑本行 A 股发行的超额配售选择权时的总股本计算）：人民币 0.28 元。

（7）发行市盈率（按发行后每股收益计算）：9.45 倍。

（8）发行前每股净资产（按经会计师事务所审阅的农行 2010 年 3 月 31 日归属于母公司股东权益加上社保基金理事会于本次发行前认购农行新发行的 100 亿股股份总金额之和除以本次发行前总股本计算）：人民币 1.43 元。

（9）发行后每股净资产（按经会计师事务所审阅的本行 2010 年 3 月 31 日归属于母公司股东权益加上社保基金理事会于本次发行前认购本行新发行的 100 亿股股份总金额和本次发行募集资金净额之和除以本次发行后且未考虑本行 A 股发行的超额配售选择权时的总股本计算）：人民币 1.52 元。

（10）发行市净率（按发行前每股净资产计算）：1.88 倍。

（11）发行市净率（按发行后每股净资产计算）：1.76 倍。

（12）发行方式：本次发行采取向 A 股战略投资者定向配售、网下向询价对象询价配售与网上资金申购发行相结合的方式。

（13）发行对象：在中国证券登记结算有限责任公司上海分公司开立人民币普通股（A 股）股东账户的中国境内自然人、法人及其他机构投资者（中华人民共和国法律、行政法规、所适用的其他规范性文件及发行人须遵守的其他监管要求所禁止者除外）。

（14）承销方式：本次发行采取由联席主承销商牵头组成的承销团以余额包销方式承销本次发行的股票。

（15）本次发行募集资金总额：约为 595.91 亿元，扣除发行费用后，本次发行募集资金净额约为 587.36 亿元（未考虑农行 A 股发行的超额配售选择权）。

（16）发行费用概算：承销及保荐费用 68844 万元、律师费用 480 万元、会计师费用 9694 万元、路演推介费用 3149 万元、发行手续费用 51 万元、股份托管登记费用 300 万元、印花税 2937 万元，发行费用合计约为 85455 万元。

（17）拟上市地：上海证券交易所。

**（五）H 股发行简介**

与 A 股发行同步，农行通过香港公开发行和国际配售初步发行不超过 25411765000 股 H 股。假设没有行使 A 股和 H 股的超额配售选择权，农行 A 股和 H 股发行后，H 股股份占农行发行后总股本的比例不超过 8.00%；假设全额行使 A 股和 H 股的超额配售选择权，农行将通过香港公开发行和国际配售发行不超过 29223529000 股 H 股，农行 A 股和 H 股发行后，H 股股份占农行发行后总股本的比例不超过 9.00%。农行 H 股新股发行的募集资金扣除发行费用后将用于补充资本金，农行 A 股发行与 H 股发行并非互为条件。

## 三、发行定价

### （一）过程

2010 年 4 月 7 日，农行启动 IPO 程序，21 家承销商向农行报告初步承销方案。

2010 年 4 月 14 日，农业银行表示，已确定 9 家投行协助完成 A 股和 H 股发行工作。

2010 年 5 月 4 日，中国农业银行向香港交易所及上海证交所提交了上市申请。

2010 年 6 月 9 日，证监会发审委第 89 次会议审核中国农业银行股份有限公司（首发）申请获通过，标志着农业银行 IPO 进程将进入实质阶段。

2010 年 6 月 10 日，农行 H 股通过港交所上市聆讯。

2010 年 6 月 13 日，农行发布招股意向书，正式启动 IPO。

2010 年 6 月 17 日（T－13），刊登《招股意向书摘要》《发行安排及初步询价公告》。

2010 年 6 月 18 日至 6 月 23 日（T－12 至 T－9），初步询价（通过申购平台）。

2010 年 6 月 23 日（T－9），初步询价截止。

2010 年 6 月 28 日（T－6），农行公布 A 股发行价格区间 2.52－2.68 元/股。

2010 年 6 月 29 日（T－5），刊登《初步询价结果及价格区间公告》。

2010 年 7 月 1 日（T－3），刊登《投资风险特别公告》《网下发行公告》。和《网上资金申购发行公告》、网下申购缴款起始日、战略配售申购缴款日。

2010 年 7 月 2 日（T－2），刊登《网上路演公告》。

2010 年 7 月 5 日（T－1），网上路演。

2010 年 7 月 6 日（T），网上资金申购日，网下申购缴款截止日。

2010 年 7 月 7 日（T＋1），确定发行价格，验资，确定超额配售及回拨安排，申购配号。

2010 年 7 月 8 日（T＋2）刊登《定价、网下发行结果及网上中签率公告》、网上发行摇号抽签。

2010 年 7 月 9 日（T＋3）刊登《网上资金申购摇号中签结果公告》、网上申购资金解冻。

**（二）IPO 定价优劣势**

1. 优势

（1）县域经济

横跨城市和县域的金融服务定位。农行将其在县域经济中的绝对优势作为其核心亮点之一，定位于县域经济的快速发展和产业结构的升级，带动金融服务需求大幅提升。目前，我国金融服务在县域地区的渗透率仍然较低，2008 年，县域贷款占县域生产总值比重为 40.2%，而城市地区这一比重则达到 171.5%，由于我国城镇化率程度在不同地区差异较大，东部的县域金融市场已经基本形成，中西部则有待进一步开发。

在县域地区，农业银行品牌已拥有较高的辨识度和最广泛的客户认可，领先其他竞争对手，业已形成资金来源稳定低价、信贷规模高速增长、中间业务快速增长等良好局面，县域经济中蕴藏着巨大的市场潜力。

（2）政策支持

2010 年 5 月中旬，央行、财政部、银监会三部门联合发布了一份通知，明确了农行"三农金融事业部"改革试点的范围、管理架构、运行机制以及政策支持，对试点的县域支行，比照农信社收费政策，免收业务监管费和机构监管费，施行差别化存款准备金率。

（3）其他

在农行向证监会提交的招股说明书中，诸多领域居行业领先地位成为农行最大的卖点，包括：拥有最大的个人客户数量，是中国最大的零售银行；拥有大型商业银行中覆盖范围最广泛的境内物理网络和数量最多的 ATM；2006 至 2009 年，银行卡发卡总量、卡存款、借记卡消费额指标连续四年居同业第一；2009 年，代理新单保费规模居同业第一，代理保险手续费收入居同业第二；截至 2009 年 12 月 31 日，按托管的资产规模计，是国内第二大托管银行和国内最大的保险资金托管银行……

2. 劣势

（1）时机

经历了 2008 年的熊市和 2009 年的反弹后，A 股 2010 年开年后大部分时间在 3000 点上方运行，但 4 月中旬以来，受到希腊主权债务危机的拖累，A 股一路下跌成了今年全球跌幅亚军，仅次于希腊。

（2）相对估值的劣势

2010 年整个全球资本市场整体相对低迷，汇丰 H 股的市净率甚至跌到在 1.2 倍。虽然因为金融业牌照受管制，中国商业银行有溢价，但目前二级市场价格也只有 1.5 倍到 2 倍的市净率水平。中行目前价格最低，H 股的市净率约 1.5 倍。农行的定价想要高于中行，市场是否认可，依然是个未知数。

（3）盈利模式

三农事业部盈利模式尚不成熟，农行已发行 3336 万张惠农卡，覆盖全国 3319 万农户，其中近 2500 万张为 2009 年发放。2010 年，农行通过惠农卡发放农户小额贷款 673 亿元。对于目前中国 2.5 亿农民工，7.4 亿农民的市场容量而言，农行希望跟着农民进城，"三农"业务的发展有很大空间，但相应的风险及成本控制，对农行亦是挑战。

**（三）预路演（A 股，下同）**

2010 年 6 月 17 日，中国农业银行 IPO 内地路演推介拉开序幕。下午 4

时，北京金融街威斯汀酒店二楼聚宝厅，100 多家机构、140 多位投资者齐聚农行 A 股 IPO 大型投资者推荐会。时任农行董事长的项俊波、行长张云及三位副行长杨琨、郭浩达、潘功胜带队的管理层露面。

农行计划发行不超过 222.35 亿股 A 股股票，H 股不超过 254.12 亿股（未考虑行使超额配售权），此次农行 A 股战略配售比例超过 40%，即向社会公众发行比例不到 60%，A 股网上、网下发行共 130 亿股左右，这 130 亿股中，由基金公司、券商等机构投资者参与的网下申购约 40%，网下申购 50 多亿股，网上申购规模 70 多亿股。

**（四）询价**

2010 年 6 月 29 日，中国农业银行股份有限公司发布《初步询价结果及价格区间公告》。中国农业银行股份有限公司首次公开发行 A 股股票的初步询价工作已于 2010 年 6 月 23 日完成。

1. 初步询价情况

初步询价期间（2010 年 6 月 18 日至 2010 年 6 月 23 日），共有 91 家询价对象管理的 244 家配售对象参与初步询价报价。其中，提供有效报价（指申报价格不低于本次发行价格区间下限人民币 2.52 元/股）的配售对象共 214 家，对应申购数量之和为 595.058 亿股。初步询价阶段提供了有效报价的配售对象参与网下申购的申购数量上限和下限可通过上海证券交易所网下申购电子化平台查询。

2. 发行价格区间

发行人和联席主承销商根据初步询价情况，并综合考虑发行人基本面、可比公司估值水平和市场环境等因素，确定本次发行的价格区间为人民币 2.52 元/股－2.68 元/股（含上限和下限）。

**（五）网下发行**

农行网下发行于 7 月 1 日和 2 日进行两天。农行 27 家战略投资者认购款在网下发行首日已全部到账，截至 7 月 1 日 16 点，战略配售对象缴款金额已超过 300 亿元，由于战略配售已超额认购，此次农行将采取比例配售。

在此前的初步询价阶段，机构投资者对于农行的认购股数已超过 700 亿股，认购倍数已高达 16 倍，而且大部分订单的价格敏感性较低。而为确保上限发行及较为稳健的后市表现，农行最终放弃高定价，转而选择较为审慎的价格区间，也增强了对机构投资者的吸引力。

**（六）路演**

2010 年 7 月 5 日，中国农业银行股份有限公司董事会及管理层主要成员将与联席主承销商相关人员就其本次 A 股发行举行网上路演，此次路演由中证网举办。时间为 7 月 5 日 14：00—18：00。

### （七）定价

2010 年 7 月 8 日，农行披露《A 股定价、网下发行结果和网上中签率公告》。农行 A 股的发行价最终确定为发行价格区间（2.52—2.68 元）的上限 2.68 元。

2010 年 7 月 9 日，农行披露《H 股发售价公告》。农行确定 H 股发行价格为 3.20 港元，按当日汇率折算为 2.78 元人民币。

### （八）上市

2010 年 7 月 15 日，中国农业银行 A 股在上海证券交易所挂牌上市，开盘报 2.74 元，涨幅 2.24%，为全天最高价；此后股价回落，并维持窄幅震荡，收盘报 2.70 元，较 2.68 元发行价上涨 0.75%。全天成交 109.5 亿元，换手率 39.18%。全天有超过 30 亿资金护盘，勉强保住发行价。

在 IPO 启动之初，包括卡塔尔、科威特投资局、渣打银行、淡马锡、李嘉诚在内的 11 位国际顶级投资机构即与农行签定协议，作为基石投资者入股农行 H 股，合计认购 54.5 亿美元，约占农行本次 H 股发行规模的 50%，远高于一般 IPO 的基石投资者占比；农行 A 股战略配售部分亦引入 27 家重量级战略投资者，发行约 102.3 亿股，超过发行规模 40%，这一豪华战略投资名单囊括了中国人寿、铁建、鞍钢、航天科工、烟草总公司等众多知名企业。

2010 年 7 月 29 日，中国农业银行在港交所发布公告宣布，该行联席账簿管理人以每股 3.2 港元的价格悉数行使 H 股超额配售权，涉及共 38.12 亿股 H 股，占初步全球发行股份的 15%。农行此次发行 H 股超额配售股份，融资规模达 121.98 亿港元，结合此前上市时发行的股份，农行 H 股发行数量已达 292.2 亿股，共募资 935.15 亿港元。

2010 年 8 月 16 日，中国农业银行发布公告称，首次公开发行 A 股超额配售选择权已于 2010 年 8 月 13 日全额行使，发行人按照本次发行价 2.68 元，在初始发行 222.35 亿股 A 股的基础上，超额发行 33.35 亿股 A 股，即约 15%，集资额增加 89.39 亿元，令 A 股总集资额增至 685.29 亿元。发行结构为：战略配售 102.28 亿股，占本次最终发行规模的 40%；网下发行 50.32 亿股，占比为 19.7%；网上发行 103.1 亿股，占比为 40.3%。

A＋H 两股的新股集资总额合共为 221 亿美元，超越工行在 06 年创下的 220 亿美元的全球最大集资纪录。

## 四、稳定价格

（1）绿鞋期权

（2）禁售期

（3）其他

农行 7 月 29 日即将挤入多种重要指数，这会引起指数基金的配置需求，如果农行股价可以确保在此时之前不破发，那么农行股价后市会走得更稳。

农行 A 股承销商中金公司手中握有 89 亿资金用于"护航"，短期内对农行"保发"是非常有利的。

# 第十一章

# 证券投资基本面分析

## 第一节　基本面分析的定义及其与技术分析的比较

### 一、基本面分析的定义

　　基本面分析是指证券投资分析人员根据经济学、金融学、财务管理学及投资学的基本原理，通过对决定证券投资价值及价格的基本要素如宏观经济指标、经济政策走势、行业发展状况、产品市场状况、公司销售和财务状况等的分析，评估证券的投资价值，判断证券的合理价值，提出相应的投资建议的一种分析方法。它着重于对一般经济情况以及各个公司的经营管理状况、行业动态等因素进行分析，以此来研究股票的价值，衡量股价的高低。技术分析是相对于基本分析而言的，技术分析是直接从证券市场入手，以证券价格的变动规律为研究对象，结合对证券交易数量、时间和投资心理等因素的分析，帮助投资者选择投资时机和方式，以获取投资收益的方法。

　　基本分析的目的是为了判断股票现行股价的价位是否合理并描绘出它长远的发展空间，而技术分析主要是预测短期内股价涨跌的趋势。通过基本分析我们可以了解应购买何种股票，而技术分析则让我们把握具体购买的时机。在时间上，技术分析法注重短期分析，在预测旧趋势结束和新趋势开始方面优于基本分析法，但在预测较长期趋势方面则不如基本分析法。大多数成功的股票投资者都是把两种分析方法结合起来加以运用，他们用基本分析法估计较长期趋势，而用技术分析法判断短期走势和确定买卖的时机。

　　股价技术分析和基本分析都认为股价是由供求关系所决定。基本分析主要是根据对影响供需关系种种因素的分析来预测股价走势，而技术分析则是根据股价本身的变化来预测股价走势。技术分析的基本观点是：所有股票的实际供需量及其背后起引导作用的种种因素，包括股票市场上每个人对未来的希望、担心、恐惧等，都集中反映在股票的价格和交易量上。

## 二、技术分析的理论基础

技术分析的理论基础是空中楼阁理论。空中楼阁理论是美国著名经济学家凯恩斯于 1936 年提出的，该理论完全抛开股票的内在价值，强调心理构造出来的空中楼阁，投资者之所以要以一定的价格购买某种股票，是因为他相信有人将以更高的价格向他购买这种股票，至于股价的高低，这并不重要，重要的是存在更大的"笨蛋"愿以更高的价格向你购买。精明的投资者无须去计算股票的内在价值，他所须做的只是抢在最大"笨蛋"之前成交，即股价达到最高点之前买进股票，而在股价达到最高点之后将其卖出。

## 三、技术分析的含义

技术分析是直接从证券市场入手，以证券价格的变动规律为研究对象，结合对证券交易数量、时间和投资心理等因素的分析，帮助投资者选择投资时机和方式，以获取投资收益的方法。

技术分析的重点是研究市场行为，通过对市场行为的研究，预测市场未来的价格变化趋势。市场行为包括三个方面的内容，即价格的变化和涨跌幅度，发生这些变化所伴随的成交量，完成这些变化所经历的时间和空间，从不同的角度对市场进行分析，就组成了技术分析的各种方法。在这些方法中，根据市场行为得到的数据进而产生的各种图表示技术分析的基础，人们通过长期的实战总结，创造了许多从图表看未来的方法，这些方法构成了技术分析的主体。

## 四、技术分析的基本要素

技术分析的基本要素包括价格和成交量、时间和空间，弄清楚这四个要素的具体情况和相互关系是进行正确分析的基础。进行技术分析时，证券市场中证券价格的高低、价格变化幅度的大小、价格发生这些变化时所伴随的成交量大小、价格完成这些变化所经过的时间长短都是必须考虑的。

1. 价和量是市场行为最基本的表现

市场行为最基本的表现就是成交价和成交量，过去和现在的成交价、成交量涵盖了过去和现在的市场行为，技术分析就是利用过和现在的成交价、成交量资料，以图形分析、画线、指标分析工具和盘面变化等来解释、预测未来的市场走势。

一般来说，买卖双方对价格走势的确认程度需要借助于成交量，价格与成交量之间的关系通常有两种：一种是量价一致，一种是量价背离。量价一直主要表现为价升量增、价跌量减，这种情况通常以为着多空双方对价格的认识一致，股价仍有继续上涨或下跌的空间；量价背离主要表现为价跌量增、价升量减，通常表示买卖双方对价格的认识出现分歧，股价的上涨或下跌已得不到成交量的配合和支持，股价运行的趋势有可能会发生改变。

2. 时间和空间是市场潜在能量的表现

时间和空间体现了趋势的宽度和深度。江恩理论和循环周期理论重点关注的就是时间的因素，是针对价格波动的时间跨度进行研究的理论。一方面，一个已经形成的趋势短时间内不会发生根本转变，中途出现的反方向波动属于次级运动，对原有的趋势不会产生大的影响；另一方面，一个已经形成的趋势又不可能永远不变，经过一段时间后又会有新的趋势出现。时间因素分析对于投资者选择出入市的时机具有重要的意义。

空间因素考虑的是趋势运行的幅度及价格波动的限度，一个涨势或跌势将会延续多大的幅度，个股的价格波动在空间上能够达到的上下限，无疑也是投资者在操作中需要提前想到的问题。

## 五、技术分析的三大假设

技术分析的理论基础基于三项合理的假设：市场行为涵盖一切信息；价格沿趋势运动，并保持趋势；历史会重演。

1. 市场行为涵盖一切信息

这一假设是进行技术分析的基础。该假设认为影响股票价格的全部因素（包括内在的和外在的）都反映在市场行为中，没有必要对影响股价变化的具体内容过于关心，只需要关心这些因素对市场行为的影响效果即可。

2. 价格沿趋势运动，并保持趋势

这一假设认为股票价格的变动是按一定规律进行的，股票价格有保持原来方向的惯性，这是技术分析的根本和核心所在，"顺势而为、顺其自然""市场趋势高于一切"是证券市场的名言，如果没有反转的内部或外部因素发生，投资者没有必要逆大势而动。

3. 历史会重演

该假设是从统计学和人的心理因素角度提出的。市场中进行具体买卖的是人，由人决定最终的操作行为，人不是机器，肯定会受到心理学中某些理念和思维模式的制约。投资者经常认为，相同或相似的场合会得到相似的结果，如果按一种方法操作成功，以后遇到相同或现相似的情况，就会按照统一方法操作；如果前一次失败了，就会改变操作方法。即所谓的"路径依赖"，事物一旦进入某一路径，就可能对这一路径产生依赖。

在三大假设下，技术分析就具备了自己的理论基础。假设 1 肯定了研究市场行为已经全面考虑了股票市场的相关信息，假设 2 和假设 3 使得投资者能够找到规律并在实践中加以运用，其中第二条假设是最根本、最核心的内容。

## 六、道氏理论

1. 形成过程

道氏理论是技术分析的鼻祖，道氏理论之前的技术分析并没有形成体系。道氏理论的创始人是美国人查尔斯·亨利·道，为了反映市场总体的趋势，他创立了著名的道·琼斯平均指数。当初他在《华尔街日报》上发表的有关股票市场的文章，经过后人整理，成为我们今天看到的道氏理论。道氏理论是股市技术分析的起源，许多技术分析方法的基本思想都来自于道氏理论。

2. 主要原理

道氏理论的内容很多，这里仅仅介绍其中最为常用的部分。

（1）市场价格平均指数可以解释和反映市场的大部分行为，这是道氏理论对证券市场的重大贡献，当今世界上所有的证券交易都有自己的价格指数，各类价格指数的计算方法大同小异，目的都是反映市场整体情况。道氏理论认为收盘价是最重要的价格，并利用收盘价计算平均价格指数。

（2）市场波动具有三种波动趋势，道氏理论认为，虽然价格的波动形式不同，但是最终可以将它们分为三种趋势：主要趋势、次要趋势和短暂趋势。三种趋势的划分为其后的波浪理论打下了基础。主要趋势是那些持续 1 年或 1 年以上的趋势，看起来像大潮；次要趋势是那些持续 3 周到 3 个月的趋势，看起来像波浪，是对主要趋势的调整；短暂趋势持续时间不超过 3 周，看起来像波纹，其波动幅度更小。

（3）两种平均价格指数必须相互加强，道氏理论认为，工业平均指数和运输业平均指数必须在同一方向上运行才可确认某一市场趋势的形成。

（4）趋势必须得到交易量的确认。在确定趋势时，交易量是重要的附加信息，交易量应在主要趋势的方向上放大。趋势的反转点是进行投资的关键，成交量提供的信息有助于做出正确的判断。

（5）一个趋势形成后将持续，直到趋势出现明显的反转信号这是趋势分析的基础，然而，确定趋势的反转却不太容易。

3. 道氏理论的应用及应注意的问题

道氏理论在实践中被广泛运用，其中使用最多的是利用趋势分析来划分趋势的各个阶段，然后依据各阶段的特点，决定投资者在各阶段的操作策略，争取在实战中实现利润最大化。另外，投资者也可通过各种指数的互证来判断多头市场和空头市场，从而形成在多头市场持股待价而沽，在空头市场持币静观其变的长线投资策略。

道氏理论在预测股票市场的变动趋势和指导投资者的操作方面具有重要的作用，但是也有一些不足之处。道氏理论从来就不是用来指出应该买卖哪只股票，而是在相关收盘价的基础上确定出股票市场的主要趋势，因此，道氏理论对大形势的判断有较大的作用，但对于每日每时都在发生的小波动则显得无能为力。道氏理论甚至对次要趋势的判断作用也不大。道氏理论的另一个不足是它的可操作性较差。一方面，道氏理论的结论落后于价格变化，信号太迟；另一方面，理论本身存在不足，使得一个很优秀的道氏理论分析师在进行行情判断时，也会因得到一些不明确的信号而产生困惑。

尽管道氏理论存在某些缺陷，有的内容对今天的投资者来说已过时，但它仍是许多技术分析的理论基础。近 30 年来，出现了很多新的技术，有相当一部分是道氏理论的延伸，这在一定程度上弥补了道氏理论的不足。

4. 另外几种主要理论

（1）亚当理论

亚当理论的精义是没有任何分析工具可以绝对准确地推测市势的走向。每一套分析工具都有其缺陷，市势根本不可以推测，如果市势可以预测的话，凭籍 RSI、PAR、MOM 等辅助指标，理论上就可以发达，但是不少人运用这些指标却得不到预期后果，仍然输得很惨，原因就是依赖一些并非完美的工具推测去向不定、难以捉摸的市势，将会是徒劳无功的，所以亚当理论的精神就是教导投资人士要放弃所有主观的分析工具，在市场生存就是适应市势，顺势而行就是亚当理论的精义。市场是升市，抓逆水做沽空；市场是跌市，持相反理论去入市，将会一败涂地。原因是升市时，升完可以再升；跌市时，跌完可以再跌，事前无人可以预计升跌会何时完结，只要顺势而行，则将损失风险减到最低限度。

（2）相反理论

相反理论的基本要点是投资买卖决定全部基于大众的行为。它指出不论股票市场还是期货市场，当所有人都看好时，就是牛市开始到顶时；当人人看淡时，熊市已经见底。只要你和大众意见相反的话，致富机会永远存在。

相反理论带给投资者的讯息十分有启发性。首先，这个理论并非局限于股票或期货，其实亦可以运用于地产、黄金、外汇等，它指示投资者一个时间指针，何时离市，哪个时候是机会，哪个时刻趋势未明朗而应该收手。相反理论更加像一种处世哲学，古今多少成功的人士，都是超越了他们同辈的狭窄思维，即使面对挖苦、讽刺、奚落、遇到不少世俗的白眼闲言，仍然一往无前向自己目标迈进，才成为杰出人物。人云亦云，只会是湮没于人海的小人物。作为投资人士借鉴的地方，相反理论提醒投资者应该要做到以下几点：

深思熟虑，不要被他人所影响，要自己去判断。

要向传统智慧挑战，群众所想所做未必是对的，即使投资专家所说的，也要用怀疑态度去看待处理。

凡事物发展，并不一定好似表面一样，想象股市趋势上升就一定上升，我们要高瞻远瞩，看得远，看得深，才能取得胜利。

一定要控制个人情绪。恐惧贪婪都只会成事不足，败事有余。周围环境的人，他们的情绪会影响到你，你反而因此要加倍冷静。其他人恐惧大市远离市场，有可能这才是时机来临；当一窝蜂的争着在市场买入期货、股票时，你要考虑市势是否很快就会见顶而转入熊市。

当事实摆在眼前和希望并非相符时，要勇于承认错误。因为投资者都是普通人，普通人总不免会发生错误，只有肯认输，接受失败的现实，不作自欺欺人，将自己从普通大众中提升为有独到眼光见解的人，才可改变自己成为成功人物。

在任何市场，相反理论都可以大派用场，因为每一个市场的人心、性格、思想、行为都是一样。大部分人都是追随者，见好就追入，见淡就看淡，只有少部分人才是领袖人物。领袖人物之所以成为领导人，皆因他们见解、眼光、判断能力和智慧超越常人，亦只有这些异于常人的眼光和决策才可以在群众角力的投资市场脱颖而出，在金钱游戏中成为胜利者。

（3）波浪理论

波浪理论被认为是所有证券投资技术分析方法中最神奇的一种。从技术角度讲，熟练运用波浪理论存在很大的难度，但是由于波浪理论的神奇性，使得它的流行范围很广，投资者都想掌握这把神奇的钥匙。

波浪理论是技术分析大师艾略特发明的一种价格趋势分析工具，它是一套完全依靠观察得来的结论。艾略特波浪理论认为市场走势不断重复一种模式，每一周期由 5 个上升浪和 3 个下跌浪组成。艾略特波浪理论将不同规模的趋势分成九大类，最长的超大循环波（grand supercycle）是横跨 200 年的超大型周期，而次微波（subminuette）则只覆盖数小时之内的走势，但无论趋势的规模如何，每一周期由 8 个波浪构成这一点是不变的。这个理论的前提是：股价随主趋势而行时，依五波的顺序波动，逆主趋势而行时，则依三波的顺序波动。长波可以持续 100 年以上，次波的期间相当短暂。

## 七、基本面变动对证券市场的影响

### （一）各类宏观指标对证券市场的影响

**1. 就业**

就业是指具有劳动能力且有劳动愿望的人参加社会劳动，并获得相应的劳动报酬或经营收入。一个国家的就业总人数称为就业人口，没有工作的人的总数被称为失业人口，两者之和就是一国的劳动人口。

就业率是指就业人口与劳动人口的比率。就业率的高低是经济繁荣还是萧条的信号：繁荣时期，就业率通常较高；萧条时期，就业率很低。

我们分析就业状况对证券市场的影响，主要是联系个体投资者的收入对证券市场交易的贡献来展开的，而就业状况又与经济发展状况有着紧密的联系。我们着重分析一下稳定增长经济下就业状况的影响和失衡经济下就业状况的影响。一般情况下，经济持续、稳定、高速的增长，企业产出水平相应提高，他们能够提供更多的就业机会，就业人员的工资收入也会有相应的增长，个人手中多余的货币逐渐形成社会的游资，它们的进入证券市场必将成为证券市场兴旺的基础。1999 年 3 月美国道·琼斯指数冲破万点大关就是在美国经济连续近十年增长，社会失业率降至最低点，个人和家庭收入大幅上升，进而平均每个家庭有 25％的货币支出用于证券投资的背景下实现的。而当经济处于失衡增长时，失衡状态的经济增长使得就业达到暂时性的顶峰，丰厚的回报和稳定的收入也使证券市场的交易人气达到极点，在获利回吐的促使下，证券交易指数处于一种高位震荡的状态，交易量也可能反复创新高，但是，这很可能是证券指数掉头下行的预兆，当然随着投资者，包括企业在证券市场中的损失增加，消费投资减少，就业机会也相应下降。东南亚金融危机前后，东南亚各国失衡经济带动就业情况的变化对证券市场的影响就是个有利的佐证。

**2. 通货膨胀**

通货膨胀（Inflation）指在纸币流通条件下，因货币供给大于货币实际需求，也即现实购买力大于产出供给导致货币贬值而引起的一段时间内物价持续而普遍地上涨现象，其实质是社会总需求大于社会总供给（供远小于求）。

通货膨胀按其膨胀程度来分，主要有温和通胀和恶性通胀。温和通胀是指通胀率在 3％以下的通货膨胀，其对经济影响不大；恶性通胀是指通胀率在 10％以上的通胀，其对经济影响极大。

温和通货膨胀对股价的影响很小，基本上可以忽略。在某种程度上，它对股市有积极影响，因为温和通胀可使企业名义资产增值，促使股价上扬。

当出现恶性通胀时，会导致资金成本、原材料等成本提高，企业利润受到影响，股价会随之下跌。另外，企业未来的经济状况不稳定，股息分配不确定，加之货币迅速贬值，这时人们更多地购置商品，购买房屋，以求保值，从而分流了股市资金，导致股价下跌。

3. 通货紧缩

通货紧缩是由于经济中货币发行量过少造成的，主要是指物价水平普遍持续下降的经济现象。尽管从表面上看，物价水平的下跌可以提高货币的购买力，增强公众的消费能力，但是，物价的下跌使得商品销售的减少和企业收入的下降，企业只能缩小生产规模，就业相应减少。所以在通货紧缩的初期，因为货币购买力的增强，公众的消费和投资增加，带动证券市场的兴旺。但是随着就业机会的减少，公众对未来的收入预期趋于悲观，他们将相应减少支出，企业商品积压明显增加，就业形势进一步恶化。随着通货紧缩的加剧，需求不足可能遍及所有的生产领域，企业经营状况恶化，证券市场进入长期低迷，大部份投资者都可能损失惨重。在我国自 1997 年 10 月以来，物价总水平连续 21 个月负增长，出现了明显的通货紧缩现象。投资者要防范通货紧缩的风险，不仅要关注总需求的变动趋势，更要了解我国货币供给的形势。目前通货紧缩对我国证券市场的不良影响已经表现出来，只是因为我国金融的宏观调控比较到位，中央银行对 M0、M1 和 M2 的投放比例已明显上升；股市的表现还相当不错，但是，只要通货紧缩没有得到彻底的扭转，投资者就不能对这种风险掉以轻心。

4. 一国国际贸易状况

国际贸易是指世界各个国家（或地区）在商品和劳务等方面进行的交换活动。它是各国（或地区）在国际分工的基础上相互联系的主要形式，反应了世界各国（或地区）在经济上的相互依赖关系，是由各国对外贸易的总和构成的。

对外贸易和资本的流入、流出对一国的宏观经济运行有着重大影响。首先是贸易顺差的影响。当一国出口增加时，提供出口产品的行业和产业相应比较景气，与其配套的相关企业的产出和效益也相对比较兴旺，如果一个国家在某一时期能保持较好的贸易顺差水平，则该国的国民生产总值往往能有比较明显的增长，公众的收入相应有较大的提高，证券市场的价格也能稳步上扬。

其次是贸易逆差的影响。当一国商品出口受阻，出现国际收支逆差时，提供这些产品的企业效益必然受到影响，其经营活动也随之低沉，如果上市公司处于这种境地，其发行的证券在市场必将遭到投资者的冷遇，与这些企业有关联的上市公司也难以有良好表现。贸易逆差会导致证券市场的价格下跌，如前几年由于受到出口限额的不公正待遇，造成我国棉纺织品严重积压，该行业企业的产出和效益明显低于其他行业，属于棉纺织板块上市公司的产品价格与其效益相应下降，有的甚至陷入被摘牌的困境。如果一个国家长时期贸易赤字，外汇储备必然逐渐减少，用外汇购买进口原料，设备和技术的能力也逐渐低落，从而造成经济增长速度的下降，整个国民经济状况都会受贸易逆差的影响而不景气，证券市场的表现也相应令人失望。

**（二）财政货币政策对证券市场的影响**

当代实行市场经济的国家的政府对经济的干预主要是通过财政政策和货币政策来实现的。根据宏观经济的运行状况的不同，政府可采取扩张的或紧缩的财政政策和货币政策，以促进经济的快速增长，保持价格总水平的稳定，实现成分就业。政策的实施及政策目标的实现均会反映到作为国民经济"晴雨表"的证券市场上，不同性质、不同类型的政策手段对证券市场价格变动有着不同的影响。另外，国际国内的重大政治事件、军事战争、自然灾害等都会对证券市场造成一定的影响。

1. 财政政策对证券市场的影响

财政政策是政府根据客观经济规律制定的指导财政工作和处理财政收支关系的一系列方针、准则和措施的总称。财政政策实施都是为相应时期的宏观经济目标和政策服务的。财政政策实施的主要手段主要包括国家预算、税收、国债、财政补贴、财政管理体制、转移支付制度等，这些手段可以单独使用，也可以配合协调使用，它们都会对社会经济运行和证券市场交易产生巨大的影响。

财政政策的主要手段有三个：一是改变政府购买水平；二是改变政府转移支付水平；三是改变税率。综合的看可以分一下几种情况：

当社会总需求不足时，政府可以通过扩大支出、增加赤字、减免税收、增加财政补贴等松的财政政策，刺激微观经济主体的投资需求，促使证券价格上涨。

当社会总供给不足时，政府可以通过减少赤字、增加公开市场中出售国债的数量、减少财政补贴等紧的财政政策，压缩社会需求，从而使证券价格下跌；

当社会总供给大于社会总需求时，可以搭配运用"松""紧"政策，一方面通过增加赤字、扩大支出等政策刺激总需求增长，另一方面采取扩大税收、调高税率等措施抑制微观经济主体的供给——如果支出总量效应大于税收效应，那么，就能对证券市场的价格上扬会起到推动作用。

当社会总供给小于社会总需求时，也可以搭配使用"松""紧"政策，一方面通过压缩支出、减少赤字等政策缩小社会总需求，另一方面扩大税收减免、减少税收等刺激微观经济主体供给——支出的压缩效应大于税收效应时，证券价格会下降。

一般而言，国家产业政策主要通过财政政策和货币政策来实现。优先发展的产业将得到一系列优惠政策的支持，而将获得较高的利润和具有良好的发展前景，这必将受到投资者的普遍青睐，证券的价格自然会上扬；即便在从紧的财政政策下，这些行业也会受到特殊的照顾，因而产业政策对证券市场的影响是长期而深远的。我国在"十五"期间将重点发展机械、电子、石化、汽车等支柱产业，加大农业、能源、交通、通信等基础产业的发展力度，着重扶植高科技股份公司的发展，使这些产业将直接受惠于产业政策，而获得良好的发展前景，带动相关企业的股票有良好的市场表现。

2. 货币政策对证券市场的影响

货币政策是指政府为了实现一定的宏观经济目标而制定的有关货币供应量和货币流通组织管理的基本方针和基本准则。货币政策是国家经济政策的一个重要构成部分，它为贯彻宏观经济政策服务。货币政策工具是指中央银行为调控中介指标而实现货币政策目标所采取的政策手段，它可以分为一般性政策工具和选择性政策工具两种，一般性政策工具指的是法定存款准备金率、再贴现政策、公开市场业务三种工具；而选择性货币政策工具则多属于结构性工具，是有选择地对某些特殊领域的信用状况加以调节和影响的政策措施。

（1）一般性货币政策

法定存款准备金率。

法定存款准备金率是法律规定的商业银行和存款类金融机构必须缴存中央银行的法定准备金占其存款总额的比例。当中央银行提高法定存款准备金率时，一定比例的存款就会从商业银行流向中央银行，商业银行的可贷资金减少，货币乘数变小，货币供应就会相应收缩；当中央银行降低法定存款准备金率时，则会出现相反的调节效果，最终扩大货币供应量。法定存款准备金率被认为是一个作用比较强劲的货币政策工具。

再贴现政策。

再贴现政策指中央银行通过变动再贴现率影响贷款成本和贷款数量，其基本原理是：再贴现率提高，商业银行向中央银行借款的成本随之提高，它们会相应减少贷款数量；再贴现率降低，意味着商业银行向中央银行借款的成本降低，它们会受到激励扩大贷款规模。同时，再贴现率的调整在一定程度上反映了中央银行的政策意向，具有一种告示效应，对短期市场利率地道导向作用。

公开市场操作。

公开市场操作是指中央一行在金融市场上出售或购买债券以调节基础货

币，从而调节货币供应量。当中央银行购买债券时，会造成基础货币的增加，因为增加了货币供给；当中央银行出售债券时，会对货币供给造成相反的影响，或减少通货发行，或减少商业银行在中央银行的储备存款，因为减少了货币供给。中央银行通过公开市场操作业务可以增加或减少流通中的现金或商业银行的准备金，使基础货币增加或减少，从而调节货币供应量。

（2）选择性货币政策工具

消费者信用控制。

中央银行对不动产以外的各种耐用消费品的销售融资给予控制，主要包括规定分期付款购买大额耐用品时第一次付款的最低金额；规定可用消费信贷购买商品的长期期限；规定可用消费信贷购买的耐用消费品种类，对不同消费品规定不同的信贷条件等。

证券市场信用控制。

中央银行对证券信用交易和证券卖空交易规定一定比例的保证金要求，并根据证券市场的状况加以调整，目的在于抑制过度投机。

不动产信用调控。

中央银行对金融机构的房地产贷款采取限制措施，如对金融机构的房地产贷款规定最高限额、最长期限、首次付款的最低金额、最低利率等。

优惠利率。

中央银行对国家重点发展的经济领域或产业采取利率优惠的措施，鼓励信贷流向这些领域或产业，如我国的"三农"领域和战略性新兴产业等。

除了我们前面所说的财政货币政策之外，还有一些非经济因素会引起证券市场的强烈振荡，有时甚至会引起证券价格暴涨或暴跌，它们主要有：

①政治因素：国际国内的政局稳定与否，会直接影响证券市场价格波动和资金数量的变化。当一国政坛发生一些重大的政治事件，且这些事件的发生出于人们的意料之外，证券市场就会发生剧烈的振荡，在大多数情况下，这种振荡往往先跌后涨，如历史上发生的斯大林去世和里根被刺事件都一度发生股市的恐慌性抛盘和证券价格的暴跌，但随后迅速回升。我国改革开放总设计师邓小平同志去世讣告发表的当天，我国股市的开盘指数几乎跌停（当时的跌停板跌幅为10%）。但迅速反弹并一路向上攀升，这种情况表明投资者因此重大事件而形成对政治经济走势的悲观预期，但这种预期心理往往会在瞬息间发生逆向，使得证券市场价格由暴跌转为暴涨，我国的情况正是人们很快从邓小平同志去世的悲痛中镇静了下来，相信以江泽民同志为首的党中央能一如既往地贯彻改革开放路线，保持我国政治经济乃至证券市场发展的稳定。

②战争因素和自然因素对证券市场也会发生影响。无论是小规模的局部

战争或是大规模的世界大战，都会使投资者感到恐慌，从而导致证券市场价格的大幅度的下滑，任何会引起国际政局的不稳定和人类财富破坏的战争，都会被证券市场视为重大"利空"，诸如发生在中东地区的两伊战争，以色列和阿拉伯国家的战争，英阿的马岛战争以及近年发生的科索沃战争及中国大陆和台湾之间的紧张局面，都引起相关国家和地区股市的下挫。自然灾害因素如同战争一样，也会造成巨大的经济损失，破坏正常的经济秩序，导致上市公司收益的大幅下滑，同时为降低和弥补灾害的损失，国家和企业难免超预算支出。不过，自然灾害引发的证券市场动荡一般只影响受灾国和地区的证券市场，而不会波及全部，比如我国1998年夏季遭遇到的特大洪灾就是一个例子。有时因为受灾国和地区需求扩大的刺激，非受灾国和地区的生产经营规模也会扩大，收益相应增加，推动证券市场价格攀升，同时，受灾国和地区的上市公司也会因为进入灾后复兴阶段而收益增加，尤其是与生产生活恢复密切相关的建筑材料，药品行业等相关上市公司股票会率先受到投资者的追捧，其股价会有明显的上升，再例如2003年的非典疫情，对旅游业、交通运输业、商业服务业、零售业、饮食业的打击颇大，但也刺激了医药业、化学原料化学品业、日用品业的短期利好，但整体来讲对市场产生利空影响。

## （三）股市走势与经济走势的异动

在影响证券价格变动的市场因素中，宏观经济周期的变动，或称景气的变动，是最重要的因素之一，它对企业营运及证券价格的影响极大。

经济周期包括衰退、危机、复苏和繁荣四个阶段，一般来说，在经济衰退的时期，股票价格会逐渐下跌；到危机时期，股价跌至最低点；而经济复苏开始时，股价又会逐步上升；到繁荣时，股价则上涨至最高点。这种变动的具体原因是，当经济开始衰退之后，企业的产品滞销，利润相应减少，促使企业减少产量，从而导致股息红利也随之减少，股票持有者因股票收益不佳而纷纷抛售，使股票价格下跌。当经济衰退达到经济危机时，整个经济处于瘫痪状态，大量的企业倒闭，股票持有者由于对形势持悲观态度而纷纷卖出手中的股票，从而使整个股市价格大跌，市场处于萧条和混沌之中。经济周期经过最低谷之后又出现缓慢复苏的势头，随着经济结构的调整，商品开始有一定的销售量，企业又开始给股东分发一些股息红利，投资者慢慢觉得有利可图，于是纷纷购买，使得股价缓慢回升；当经济由复苏达到繁荣阶段时，企业的商品生产能力与产量大增，商品销售状况良好，企业开始大量盈利，股息、红利相应增多，股票价格上涨至最高点。

## 八、行业分析

### （一）行业的定义和分类

行业是生产同类产品或服务的所有企业的集合，根据需要，我们对行业的定义可宽可窄。例如计算机行业，可包括硬件业和软件业，软件业又可以划分为专业软件和通用软件等。行业的分类方法多样，主要分为以下五类：道·琼斯分类法、标准行业分类法、我国国民经济的行业分类、我国上市公司的行业分类和上海证券交易所行业分类。

### （二）行业分析的定义及原因

行业分析主要是分析行业所属不同类型、处于不同生命周期以及不同业绩对证券价格的影响，它是一种介于宏观经济分析和公司分析之间的中观分析手段。

由于单个企业的命运总是和它所从事行业的命运息息相关，因而投资者在证券投资过程中，对行业的选择是投资的重要步骤，如何认定一个行业，对投资者来说非常重要，分析上市公司所属的行业与股票价格变化关系的意义非常重大。

首先，它是国民经济形势分析的具体化。在分析国民经济形势时，根据国民生产总值等指标可以知道或预测某个时期整个国民经济的状况。但是整个经济的状况与构成经济总体与各个行业的状况并非完全吻合。当整个经济形势好时，只能说明大部分行业的形势较好，而不是每个行业都好；反之，经济整体形势恶化，则可能是大多数行业面临困境，而可能某些行业的发展仍然较好。分析国民经济形势不一定了解某个行业的兴衰发展情况，也不一定能反映产业结构的调整，例如，一个世纪前，美国的铁路处于鼎盛时期，铁路股票炙手可热，但是在今天，约有一半以上的美国人没有坐过火车，铁路股票已不能再引起人们的兴趣，相反，过去被人们冷落的高新技术产业如计算机、移动式电话等行业的股票现在已是门庭若市，这些说明，只有进行行业分析，才能更加明确地知道某个行业的发展状况，以及它所处的行业生命周期的位置，并据此做出正确的投资决策，如果只进行国民经济形势分析，那么最多只能了解某个行业的笼统的、模糊的轮廓。

其次，进行行业分析可以为更好地进行企业分析奠定基础。依前文所述，行业是由许多同类企业构成的群体，如果只进行企业分析，虽然可以知道某个企业的经营和财务状况，但不能知道其他同类企业的状况，无法通过横向比较知道目前企业在同行业中的位置。而这在充满着高度竞争的现代经济中，这是非常重要的。

另外，行业所处生命周期的位置制约着或决定着企业的生存和发展。汽车诞生以前，欧美的马车制造业曾经是何等的辉煌，然而时至今日，连汽车业都已进入生命周期中的稳定期了，这说明，如果某个行业已处于衰退期，则属于这个行业中的企业不管其资产多么雄厚，经营管理能力多么强，都不能摆脱其阴暗的前景。现在还有谁愿意去大规模投资于马车生产呢？投资者在考虑新投资时，不会投资到那些快要没落和淘汰的"夕阳"行业。投资者在选择股票时，不能被眼前的景象所迷惑，而要分析和判断企业所属的行业是处于初创期、成长期，还是稳定期或衰退期，对属于衰退期行业的企业股票最好避而远之。

行业的周期分类。

行业类型与宏观经济周期有一定的关系，根据行业的增长变动与国民经济总体周期变化的密切程度不同，行业可分为：成长型行业与周期型行业。成长型行业的运动状态与经济活动总水平的周期及其振幅无关，行业的销售收入和利润稳步增长，如软件业、通讯业等；周期型行业的运动状态直接与经济周期相关，当经济处于上升时期，这些行业会紧随其扩张，当经济衰退时，这些行业也相应跌落，如钢铁业、采掘业等；防御型行业。这种类型的行业基本不受经济周期的影响，如公用事业、食品业等。

行业的生命周期。

通常每个行业都要经历一个由成长到衰退的发展演变过程，这个过程便称为行业的生命周期。一般地，行业的生命周期可分为四个阶段：初创期、成长期、成熟期、衰退期。生命周期的各个阶段有着不同的特点，初创期特征为：产品的市场接受度值得怀疑，盈利模式不清晰，存在高风险；成长期特征为：产品开始被市场接受，销售额和利润增长明显；成熟期特征为：行业趋势与总体经济趋势吻合，参与者在稳定的某一行业中争夺市场份额；衰退期特征为：消费的偏好和新技术的出现使市场需求逐步萎缩。

从中国股票市场的实际情况看，由于规定总股本不低于 5000 万股并具有三年盈利记录的公司才能申请上市，所以目前市场中没有属于初创期行业的上市公司。在现有国内上市公司行业中，信息设备业、信息服务业、生物制药业等处于成长期，能源业、商业等处于成熟期，纺织服装业、自行车制造业等处于衰退期。

由于经济发展水平的差异，相同的行业在不同的国家常常处于不同的生命周期，如采掘业在发达国家已经到了衰退期，但中国尚属于成熟期，个别公司甚至还在成长期。再如汽车制造业、乳制品业，发达国家已经处于成熟期，但国内刚刚进入高速成长期。

影响行业生命周期的主要因素。

首先，技术进步是影响行业发展的首要因素。科学技术的发展一方面决定了新行业的兴起和旧行业的消亡，另一方面也推动了现有行业的技术升级，如 CD 机的出现使得录音机基本销声匿迹等等。其次，政府的干预也是影响行业生命周期的主要因素。政府对行业的鼓励或限制性政策一般都经过科学的论证，代表着行业发展的趋势，所以政府的干预甚至可以作为经济规律的一部分而显著影响着行业的兴衰。第三，社会因素的改变，包括生活方式和流行趋势的变化。社会因素的变化关系着消费、储蓄、投资、贸易等各方面，因而也必然对行业的发展和行业结构的演变有着重要的影响。如国内汽车业的高成长，自行车业的不断衰退，乳业的高速发展等，都是大众出行方式、饮食习惯等社会因素改变的产物。

此外国外也有观点认为，影响行业周期还有两个重要因素不容忽视：一是人口统计，即观察人口统计学相关数字的变化趋势可以找出不同的行业投资目标。二是国外影响，即随着经济的全球化趋势，行业演变对来自国外的影响十分敏感。笔者认为，随着中国逐渐进入老龄化社会、独生子女家庭更加普遍等现象的发展，以及加入 WTO 后国内经济的全球化趋势，人口统计、国外影响两个因素在行业分析中应该受到更多的重视。

行业的经济结构。

行业的经济结构随该行业中企业的数量、产品的性质、价格的制定和其他一些因素的变化而变化。由于经济结构的不同，行业基本上可分为四种市场类型：完全竞争、不完全竞争和垄断竞争、寡头垄断、完全垄断。在国内的股票市场中，基本没有处于完全竞争的公司，大部分的上市公司都处于不完全竞争及垄断竞争、寡头垄断，如钢铁、石化、电子、食品、商业等等，很少量处于完全垄断地位，主要是铁路、供电、供水等类型的上市公司。

对上市公司的财务状况分析。

所谓财务状况分析，就是对上市公司的各种财务报表，以某种分析方法，对其账面数字的变化和变动趋势及其相互之间的勾稽关系进行分析和比较，以便了解一个企业的财务状况及其经营成果。财务分析的主要方法有绝对分析法、比率分析法和比较分析法。

1. 常用方法

（1）绝对分析法（差额分析法）

绝对数比较分析法是将连续数期财务报表的数据并列起来，比较其相同指标金额变动差异以及变动幅度，据以判断企业发展变动趋势的一种方法。比较时既要计算其变动的差额，又要比较其变动的百分比，常见的有资产负债比较，利润表比较，现金流量表比较等，其绝对数据增减额＝当期金额－基期金额。

（2）比率（相对）分析法

比率分析法是以同一期财务报表上若干重要项目的相关数据相互比较，求出比率，用以分析和评价公司的经营活动以及公司目前和历史状况的一种方法，是财务分析最基本的工具。由于进行财务分析的目的不同，因而各种分析者包括债权人、管理当局，政府机构等所采取的侧重点也不同。作为股票投资者，主要是掌握和运用四类比率，即反映公司的获利能力比率、偿债能力比率、成长能力比率、周转能力比率这四大类财务比率。

（3）结构分析法（比较或趋势分析法）

结构分析法是在统计分组的基础上，计算各项资产占总资产的比重，进而分析公司的内部结构特征、性质、公司内部结构依时间推移而表现出的变化规律性的统计方法。结构分析法的基本表现形式，就是计算结构指标，其公式是：

$$结构指标（\%）＝（总体中某一部分/总体总量）\times 100\%$$

结构指标就是总体各个部分占总体的比重，因此总体中各个部分的结构相对数之和，即等于100％。

2．分析指标

（1）资本结构分析

①资产负债率

该指标又称负债比率，它说明在借款人（即公司）的总资产中，债权人提供资金所占的比重，以及借款人资产对债权人权益的保障程度，反映公司负债经营程度，表示为：负债合计÷资产总计。

该指标值越低，表明公司负债经营程度低，偿债压力小，利用财务杠杆进行融资的空间就越大，公司总体抗风险能力愈强；反之，则表明公司负债经营程度高，偿债压力大，公司总体抗风险能力就弱。

对公司而言，负债经营规模应控制在合理水平内，该指标一般在50％左右为宜。然而在具体分析公司的偿债压力时，还要考虑到公司负债结构的合理性。

②资本化比率

该指标反映公司负债的资本化（或长期化）程度，表示为：长期负债合计÷（长期负债合计＋所有者权益合计）。

该指标值越小，表明公司负债的资本化程度低，长期偿债压力小；反之，则表明公司负债的资本化程度高，长期偿债压力大。

③固定资产净值率

该指标反映固定资产的新旧程度，表示为：固定资产净值÷固定资产原值。

指标越大，表明公司的经营条件相对较好；反之，则表明公司固定资产较旧，需投资进行维护或更新，经营条件相对较差。

④资本固定化比率

该指标反映公司自有资本的固定化程度，计算公式为：

（资产总计－流动资产合计）÷所有者权益合计

该指标值越低，表明公司自有资本用于长期资产的数额相对较少；反之，则表明公司自有资本用于长期资产的数额相对较多，公司日常经营所需资金靠借款筹集。

（2）偿债能力分析

偿债能力分析包括短期偿债能力和长期偿债能力两个内容的分析。

短期偿债能力。

短期偿债能力是指公司用流动资产支付流动负债的能力，有时也称为"支付能力"。一般情况下，衡量上市公司短期偿债能力的主要指标是：流动比率、速动比率、现金比率、现金对流动负债比率、应收账款周转率、存货周转率等。

①流动比率

该指标反映流动资产与流动负债的比率关系，其计算公式为：

流动比率＝流动资产÷流动负债

流动比率也称为"营运资金比率"。一般情况下，这项指标较高为好，但不能太高，否则无从体现公司的经营效益。根据国际经验，一般这项指标在2.0左右为宜，这2的概念是假设流动资产中至少有50％的部分可以等于流动负债。

②速动比率

该指标是判定企业短期偿债能力高低的重要工具，而且适用于评价流动资产总体的变现能力情况，它的计算公式是：

速动比率＝（现金＋短期有价证券＋应收账款净额）÷流动负债

＝（流动资产－存货－待摊费用－预付贷款）÷流动负债

因为速动比率中的速动资产主要是由现金、短期有价证券、应收账款等项目组成，而不包括存货在内，在分析时，一般认为这项比率为1.0比较合适。

③现金比率

该指标反映各类现金资产对流动资产的比率，其计算公式为：

现金比率＝现金及其等价物÷流动资产

其中现金资产即现金及其等价物，一般认为现金比率越高越好，根据经验，这项比率为0.1左右较为合适。

④现金对流动负债的比率

该指标反映现金类资产对流动负债的比值，其计算公式为：

$$现金负债比率＝现金及其等价物÷流动负债$$

⑤应收账款周转率

该指标反映赊销净额与应收账款全年平均余额的比率，它显示了一个会计周期内赊销账款的回收能力，表示为：赊销净额÷应收账款平均余额。

⑥存货周转率

该指标反映特定会计时期内营业成本对同期存货平均余额的比率关系，用以衡量企业存货周转的速度，以及检验企业的商品销售能力与经营业绩，其计算公式为：

$$存货周转率＝营业成本÷存货平均余额$$

（3）长期偿债能力（杠杆比率）

长期偿债能力反映的是企业运用长期债务产生的结果，并在一定程度上影响股东的权益和企业的财务结构。

①资产负债率

资产负债率是负债总额除以资产总额的百分比，也就是负债总额与资产总额的比例关系。资产负债率反映在总资产中有多大比例是通过借债来筹资的，也可以衡量企业在清算时保护债权人利益的程度。资产负债率这个指标反映债权人所提供的资本占全部资本的比例，也被称为举债经营比率，其计算公式为：

$$资产负债率＝负债总额/资产总额×100\%$$

对企业来说，一般认为，资产负债率的适宜水平是40%～60%。

②产权比率

产权比率是负债总额与所有者权益总额的比率，是为评估资金结构合理性的一种指标。其计算公式为：

$$产权比率＝负债总额/股东权益×100\%$$

③有形净值债务比率

有形资产净值债务率是企业负债总额与有形净值的百分比。有形净值是所有者权益减去无形资产净值后的净值，即所有者具有所有权的有形资产净值。有形净值债务率用于揭示企业的长期偿债能力，表明债权人在企业破产时的被保护程度，其计算公式如下：

$$有形净值债务率＝［负债总额÷（股东权益－无形资产净值）］×100\%$$

有形净值债务率主要是用于衡量企业的风险程度和对债务的偿还能力。这个指标越大，表明风险越大；反之，则越小。同理，该指标越小，表明企业长期偿债能力越强；反之，则越弱。

④利息保障倍数

该指标反映的是一个企业每一期获得的利润总额与所支付的固定利息费用的倍数关系，它被用来测量企业由所获取的利润总额来承担支付利息的能力，其计算公式为：

$$利息支付倍数 = 税息前利润 \div 利息费用$$

一般情况下，这个倍数越大越好，表示企业就有充足能力偿付利息。利息保障倍数的重点是衡量企业支付利息的能力，没有足够大的税息前利润，资本化利息的支付就会发生困难。

（4）营运能力

经营能力是用来衡量公司在资产上运作和管理效率的一种财务指标，即公司的经营业务收入（净值）对各项营运资产的比例关系，所以有时也称为"资产周转率"。

这方面指标主要有：

①总资产周转率

该指标反映的是企业当期经营收入对总资产的比值，其计算公式为：

$$总资产周转率 = 销售收入 \div 资产总额$$

总资产的周转速度越快，反映企业经营能力越强，而企业也可以通过薄利多销的办法，加速资产的周转，带来利润绝对额的增加。

②现金周转率

该指标反映即企业本期经营收入与现金及其等价物的比值，其计算公式为：

$$经营收入 \div 现金及其等价物$$

这里的"经营收入"可以用现行报表中"主营业务收入"来代替。这个比值显示了企业运用现金的效率高低，而从另一个角度也显示了企业是否保持足够的现金，以应付经营的需要。一般讲，这个比率高，显示了现金可以更有效的使用，但同时也意味着现金调度将会比较困难，因此很难为企业制定一个所谓最佳现金保存量的比率。

③应收账款周转天数（或应收账款周转率）

应收账款周转天数是用时间表示的应收账款的平均回收期，其计算公式是：360÷应收账款周转率。

企业应收账款的周转率越高，平均收账期越短，说明应收账款的回收管理效率越高，否则企业的营运资金会过多地呆滞在应收账款上，影响资金的正常运转。

④存货周转天数（或存货周转率）

该指标反映的是在流动资产中，存货所占的比重较大，特别是存货的流动性，将直接影响企业的流动比例，而存货资产的管理效率一般采用周转率或周转天数两项指标来衡量。一般讲，存货周转速度越快，存货的占用水平越低，流动性越强，存货转为现金或应收账款的速度就越快，因此这两项指标的好坏反映存货管理水平的高低，它不仅影响企业的短期偿债能力，也是整个企业管理的重要内容。

⑤营业周期

指的是企业从存货开始到销售并收回现金为止的这段时间，计算公式为：

$$营业周期＝存货周转天数＋应收账款周转天数$$

由此可见，这项指标反映的是需要多长时间能将期末存货全部变为现金。一般情况下，营业周期越短，说明企业资金周转速度越快，企业的各方面管理效率都比较高。

总而言之，企业各项资产的周转指标用于衡量企业运用资产赚取收入的能力，经常和反映盈利能力的指标结合在一起使用，可以全面评价企业的盈利能力。

（5）盈利能力

盈利能力指的是企业赚取利润的能力，通常是股东最为关心的分析指标之一，因为他们的股利大都是从公司的盈利中取得的，加之企业盈利的增加经常是股价上涨的直接原因，股价的上涨还可以使股东获得股票价差的资本收益。

这里讨论盈利能力的主要指标包括：主营业务利润率、销售净利率和资产收益率等。

①主营业务利润率

该指标反映的是主营业务利润与主营业务收入的比率，其公式为：主营业务利润÷主营业务成本。

一般情况下，这项比率反映的是企业产品的利润幅度大小，只有企业产品的技术含量高、业务垄断性越强，主营业务利润率才会越高，企业的经营业绩也会越好。

②销售净利率

该指标反映的是净利与销售收入的百分比，其计算公式为：

$$销售净利率＝净利÷销售收入$$

该指标反映每一元销售收入带来的净利润的多少，表示销售收入的收益水平。通过分析销售净利率的升降变动，可以促使企业在扩大销售的同时，注意改进经营管理，提高盈利水平。

③资产收益率

该指标反映的是企业净利润与平均资产总额的百分比。资产收益率计算公式为：

资产收益率＝净利润/平均资产总额

该指标越高，表明资产的利用效率越高，说明企业在增加收入和节约资金使用等方面取得了良好的效果；否则相反。影响资产收益率高低的因素主要有：产品的价格、单位成本的高低、产品的产量和销售的数量、资金占用量的大小等。可以利用资产收益率来分析经营中存在问题，提高销售利润率，加速资金周转。

④市盈率

市盈率与上年度每股收益之间的关系，它被经常用来衡量企业的盈利能力，以及反映投资者对风险的估计，即投资者愿意支付多少价格换取公司每1元的收益，其计算公式为：

市盈率＝每股市价÷每股收益

市盈率越高，表明市场对公司的未来越是看好，所以，发展前景较好的企业，市盈率也就越高，反之亦然。

在使用这项指标的时候应当注意：它不能用于不同行业公司的比较，充满扩展机会的新兴行业市盈率普遍较高，而成熟工业企业的市盈率普遍较低，这并不说明后者的股票没有投资价值；每股收益很小或者亏损时，市价不会降至0，很高的市盈率往往不能说明任何问题。

# 第二节　证券投资技术分析概述

## 一、技术分析的分类

在价、量历史资料基础上进行的统计、数学计算、绘制图表方法是技术分析方法的主要手段，从这个意义上讲，技术分析方法种类繁多，形式多样，一般说来，可以将技术分析方法分为如下常用的五类：指标类、切线类、形态类、K线类、波浪类。

### 1. 指标类

指标类是根据价、量的历史资料，通过建立一个数学模型，给出数学上的计算公式，得到一个体现证券市场的某个方面内在实质的指标值。指标反映的东西大多是无法从行情报表中直接看到的，它可为我们的操作行为提供指导方向，常见的指标有相对强弱指标（RSI）、随机指标（KO）、趋向指标（DMl）、平滑异同移动平均线（MACD）、能量潮（OBV）、心理线（PSY）、乖离率（BIAS）等。

## 2. 切线类

切线类是按一定方法和原则在据股票价格数据所绘制的图表中画出一些直线，然后根据这些直线的情况推测股票价格的未来趋势，为我们的操作行为提供参考，这些直线就叫切线。切线的画法最为重要，画得好坏直接影响预测的结果，常见的切线有：趋势线、轨道线、黄金分割线、甘氏线、角度线等。

## 3. 形态类

形态类是根据价格图表中过去一段时间走过的轨迹形态来预测股票价格未来趋势的方法，价格走过的形态是市场行为的重要部分，从价格轨迹的形态中，我们可以推测出证券市场处在一个什么样的大环境之中，由此对我们今后的投资给予一定的指导，主要的形态有 M 头、W 底、头肩顶、头肩底等十几种。

## 4. K 线类

K 线类是根据若干天的 K 线组合情况，推测证券市场中多空双方力量的对比，进而判断证券市场行情的方法。K 线图是进行各种技术分析的最重要的图表，人们经过不断地经验总结，发现了一些对股票买卖有指导意义的 K 线组合，而且，新的研究结果也正不断地被发现、被运用。

## 5. 波浪类

波浪理论是把股价的上下变动和不同时期的持续上涨、下跌看成是波浪的上下起伏，认为股票的价格运动遵循波浪起伏的规律，数清楚了各个浪就能准确地预见到跌势已接近尾声，牛市即将来临，或是牛市已到了强弩之末，熊市即将来到。波浪理论较之别的技术分析流派，最大的区别就是能提前很长时间预计到行情的底和顶，而别的流派往往要等到新的趋势已经确立之后才能看到。但是，波浪理论又是公认的较难掌握的技术分析方法。

以上五类技术分析流派从不同的方面理解和考虑证券市场，有的有相当坚实的理论基础，有的没有很明确的理论基础；在操作上，有的注重长线，有的注重短线，有的注重价格的相对位置，有的注重绝对位置，有的注重时间，有的注重价格。尽管各类分析方法考虑的方式不同，但目的是相同的，彼此并不排斥，在使用上可相互借鉴。

## 二、技术分析方法应用时应注意的问题

技术分析作为一种证券投资分析工具，在应用时应该注意以下问题：

### 1. 技术分析必须与基本分析结合起来使用

对于刚刚兴起的不成熟证券市场，由于市场突发消息较频繁，人为操纵因素较多，所以仅靠过去和现在的数据、图表去预测未来式不可靠的。事实

上，在中国的证券市场上，技术分析仍然有较高的预测成功率，成功的关键在于不能机械地使用技术分析。除了在实践中不断修正技术分析参数外，还必须注意结合基本面分析。

2. 多种技术分析方法综合研判

注意多种技术分析方法综合研判，切忌片面地使用某一种技术分析结果，投资者必须全面考虑各种技术分析方法对未来的预测，综合使用这些方法得到的结果，最终得出一个合理的多空双方力量的描述。实践证明，单独使用一种技术分析方法有相当大的局限性和盲目性。如果应用每种分析方法后得到同一结论，那么依据这一结论出错的概率就会非常小；如果仅靠一种方法，得到的结论出错机会就大。为了减少自己的失误，应尽量多掌握一些技术分析方法，掌握得越多肯定是余越有好处的。

3. 理论与实践相结合

前人和别人得到的结论要通过自己实践验证后才能放心使用，由于证券市场能给人们带来巨大的利益，上百年来研究股票的人层出不穷，分析的方法各异，使用同一分析方法的风格也不同。但前人和别人得到的结论在一定的特殊条件和特定环境中得到的，随着环境的改变，前人和别人成功的方法自己在使用时有可能失败。

# 第三节　K 线理论

## 一、K 线的画法和主要形状

1. K 线的画法

K 线是是日本古代在米市场计算米价每日涨跌所使用的图示方法，后经人引用到股票市场，效果明显，就逐渐在世界股市中流行起来，现在它已成为世界上最权威、最古老、最通用的技术分析工具。

K 线又称阴阳线或阴阳烛，它能将每一个交易期间的开盘与收盘的涨跌以实体的阴阳线表示出来，并将交易中曾出现的最高价及最低价以上影线和下影线形式直接地反映出来，从而使人们对变化多端的股市行情有一种一目了然的直接感受。K 线最大的优点是简单易懂而且运用起来十分灵活，最大的特点在于忽略了股价在变动过程中的各种纷繁复杂的因素，而将其基本特征展现在人们面前。

K 线从形态上分可分为阳线、阴线和同价线 3 种类型。阳线是指收盘价高于开盘价的 K 线，阳线按其实体大小可分为大阳线、中阳线和小阳线。阴线是指收盘低于开盘价的 K 线，阴线按其实体大小也可分为大阴线、中阴线和小阴线。同价线是指收盘价等于开盘价，两者处于同一个价位的一种特殊形式的 K 线，同价线常以"十"字形和"T"字形表现出来，故又称十字线、T 字线。同价线按上、下影线的长短、有无，又可分为长十字线、十字线和 T 字线、倒 T 字线、一字线等。

　　K 线从时间上分，可分为日 K 线、周 K 线、月 K 线、年 K 线，以及将一日内交易时间分成若干等分，如 5 分钟 K 线、15 分钟 K 线、30 分 K 线、60 分钟 K 线等。这些 K 线都有不同的作用，例如，日 K 线（图 11-1，即我们经常在证券报刊杂志上看到的一种 K 线）反映的是股价短期走势；周 K 线（图 11-2）、月 K 线（图 11-3）、年 K 线（图 11-8）反映的是股价中长期走势；5 分钟 K 线（图 11-4）、15 分钟 K 线（图 11-5）、30 分钟 K 线（图 11-6）、60 分钟 K 线（图 11-7）反映的是股价超短期走势。至于周 K 线、月 K 线、年 K 线，以及 5 分钟 K 线、15 分钟 K 线、30 分钟 K 线、60 分钟 K 线的绘制方法，都和日 K 线绘制方法相同，即取某一时段的开盘价、收盘价、最高价和最低价，就能把它绘制出来。现在电脑股市软件已很普及，无论绘制什么样的 K 线都很方便，这已不需要人工绘制，但作为股市中人，对绘制 K 线的原理和方法是必须懂得的，这对研判股市走势，买卖股票都很有好处。

图 11-1　600000 日 K 线

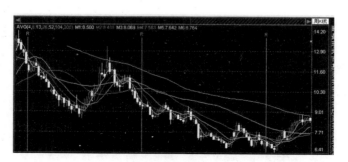

图 11-2　600000 周线

图 11-3　600000　月线

图 11-4　600000　5 分钟线

图 11-5　600000　15 分钟线

图 11-6　600000　30 分钟线

**图 11-7 600000 60 分钟线**

**图 11-8 600000 年 K 线**

K 线所包含的信息是极为丰富的。就单根 K 线而言，一般上影线和阴线的实体表示股价的下压力量，下影线和阳线的实体则表示股价的上升力量；上影线和阴线实体比较长就说明股价的下跌动量比较大，下影线和阳线实体较长则说明股价的扬升动力比较强。如果将多根 K 线按不同规则组合在一起，会形成不同的 K 线组合，这样的 K 线形态所包含的信息就更丰富，例如，在涨势中出现乌云盖顶 K 线组合说明可能升势已尽，投资者应尽早离场；在跌势中出现曙光初现 K 线组合，说明股价可能见底回升，投资者应不失时机地逢低建仓。可见，各种 K 线形态正以它所包含的信息，不断地向人们发出买进和卖出的信号，为投资者看清走势，正确地买卖股票提供了很大的帮助，从而使它成为投资者手中极为实用的操盘工具。

K 线是一条柱状的线条，由影线和实体组成。影线在实体上方的部分叫上影线，下方的部分叫下影线。实体分阳线和阴线。K 线的形态受四个价格影响，开盘价、最高价、最低价、收盘价。（图 11-9）

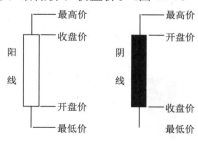

**图 11-9**

开盘价高于收盘价，实体为阴线。收盘价高于开盘价，实体为阳线。

一般而言，阳线表示买盘较强，卖盘较弱。这时，由于股票供不应求，会导致股价的上扬。阴线表示卖盘较强，买盘较弱。此时，由于股票的持有者急于抛出股票，致使股价下挫。同时，上影线越长，表示上档的卖压越强，即意味着股价上升时，会遇到较大的抛压；下影线越长，表示下档的承接力道越强，意味着股价下跌时，会有较多的投资者利用这一机会购进股票。（图 11-10）

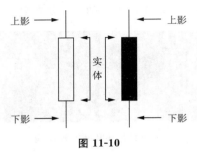

**图 11-10**

2．K 线图的主要形态

（1）长红线或大阳线

此种图表示最高价与收盘价相同，最低价与开盘价一样，上下没有影线，如图 11-11：

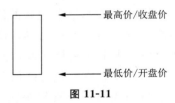

**图 11-11**

市场形态：从一开盘，买方就积极进攻，中间也可能出现买方与卖方的争斗，但买方发挥最大力量，始终占优势，使价格一路上扬，直至收盘。

分析要点：表示强烈的涨势，股市呈现高潮，买方疯狂涌进，不限价买进，握有股票者因看到买势的旺盛不愿抛售，出现供不应求的状况。

（2）长黑线或大阴线

此种图表示最高价与开盘价相同，最低价与收盘价一样，上下没有影线，如图 11-12：

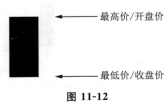

**图 11-12**

市场形态：从一开始，卖方就占优势，股市处于低潮，握有股票者不限价疯狂抛出，造成恐慌心理，市场呈一边倒，直到收盘，价格始终下跌。

分析要点：表示强烈的跌势。

（3）先跌后涨型

这是一种带下影线的红实体，最高价与收盘价相同，如图 11-13：

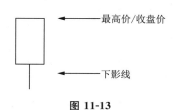

**图 11-13**

市场形态：开盘后，卖势较足，价格下跌，但在某低价位上得到买方的支撑，卖方受挫，价格向上推过开盘价，一路上扬，直至收盘，收在最高价上。

分析要点：总体来讲，出现先跌后涨型，表明买方力量较大。但实体部分与下影线长短不同，表明买方与卖方力量对比不同，具体分为：

①实体部分比下影线长：价位下跌不多，即受到买方支撑，价格上推。破了开盘价之后还大幅度推进，买方实力很大。

②实体部分与下影线相等：买卖双方交战激烈，但大体上，买方占主导地位，对买方有利。

③实体部分比下影线短：买卖双方在低价位上发生激战，遇买方支撑逐步将价位上推。若上面实体部分较小，说明买方所占据的优势不太大，如卖方次日全力反攻，则买方的实体很容易被攻占。

（4）跌抵抗型

这是一种带下影线的黑实体，开盘价是最高价，如图 11-14：

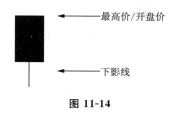

**图 11-14**

分析要点：按实体部分与下影线的长短不同，也可分为三种情况：

①实体部分比影线长。

卖压比较大，一开盘，大幅度下压，在低点遇到买方抵抗，买方与卖方发生激战，影线部分较短，说明买方把价位上推不多，从总体上看，卖方占了比较大的优势。

②实体部分与影线同长。

表示卖方把价位下压后，买方的抵抗也在增加，但卖方仍占优势。

③实体部分比影线短。

卖方把价位一路压低，在低价位上，遇到买方顽强抵抗并组织反击，逐渐把价位上推，最后虽以黑棒收盘，但可以看出卖方只占极少的优势，后市很可能买方会全力反攻，把小黑实体全部吃掉。

（5）十字线型

这是一种只有上下影线，没有实体的图形，如图11-15：

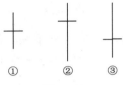

**图 11-15**

市场形态：开盘价即是收盘价，表示在交易中，股价出现高于或低于开盘价成交，但收盘价与开盘价相等，买方与卖方几乎势均力敌。

分析要点：其中，上下影线看似等长的十字线，可称为转机线，在高价位或低价位，意味着出现反转，如图11-15中①；下影线越长，表示买方旺盛，如图11-15中②；上影线越长，表示卖压越重，如图11-15中③。

（6）先涨后跌型

这是一种带上影线的黑实体，收盘价即是最低价。（图11-16）

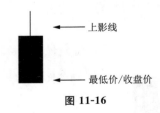

上影线

最低价/收盘价

**图 11-16**

市场形态：

一开盘，买方与卖方进行交战，买方占上风，价格一路上升。但在高价位遇卖压阻力，卖方组织力量反攻，买方节节败退，最后在最低价收盘，卖方占优势，并充分发挥力量，使买方陷入"套牢"的困境。

分析要点：具体情况仍有以下三种：

①黑实体比影线长。

表示买方把价位上推不多，立即遇到卖方强有力的反击，把价位压破开盘价后乘胜追击，再把价位下推很大的一段，卖方力量特别强大，局势对卖方有利。

②黑实体与影线相等。

表示买方把价位上推，但卖方力量更强，占据主动地位，卖方具有优势。

③黑实体比影线短。

表示卖方虽将价格下压，但优势较少，次日入市，买方力量可能再次反攻，黑实体很可能被攻占。

（7）反转试探型

这是一种上下都带影线的红实体，如图 11-17：

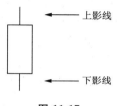

**图 11-17**

市场形态：开盘后价位下跌，遇买方支撑，双方争斗之后，买方增强，价格一路上推，临收盘前，部分买者获利回吐，在最高价之下收盘。

分析要点：这是一种反转信号，如在大涨之后出现，表示高档震荡，如成交量大增，后市可能会下跌；如在大跌后出现，后市可能会反弹。这里上下影线及实体的不同又可分为多种情况：

①上影线长于下影线之红实体：

又分为影线部分长于红实体，表示买方力量受挫折；红实体长于影线部分，表示买方虽受挫折，但仍占优势。

②下影线长于上影线之红实体：

亦可分为红实体长于影线部分，表示买方虽受挫折，仍居于主动地位；影线部分长于红实体，表示买方尚需接受考验。

（8）弹升试探型

这是一种上下都带影线的黑实体，如图 11-18：

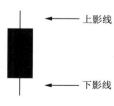

**图 11-18**

市场形态：在交易过程中，股价在开盘后有时会力争上游，随着卖方力

233

量的增加，买方不愿追逐高价，卖方渐居主动，股价逆转，在开盘价下交易，股价下跌，在低价位遇买方支撑，买势转强，不至于以最低价收盘。有时股价在上半场以低于开盘价成交，下半场买意增强，股价回至高于开盘价成交，临收盘前卖方又占优势，而以低于开盘价之价格收盘。

分析要点：这也是一种反转试探，如在大跌之后出现，表示低档承接，行情可能反弹；如大涨之后出现，后市可能下跌。

（9）"⊥"图形

分析要点：开盘价与收盘价相同，当日交易都在开盘价以上之价位成交，并以当日最低价（即开盘价）收盘，表示买方虽强，但卖方更强，买方无力再挺升，总体看卖方稍占优势，如在高价区，行情可能会下跌。

"T"图形又称多胜线，表示开盘价与收盘价相同，当日交易以开盘价以下之价位成交，又以当日最高价（即开盘价）收盘，卖方虽强，但买方实力更大，局势对买方有利，如在低价区，行情将会回升。

（10）"一"图形

分析要点：此图形不常见，即开盘价、收盘价、最高价、最低价在同一价位。

综上所述，K线的组合形态如表 11-1 所示：

表 11-1　K 线的组合形态

| 序号 | 名称 | 图形 | 特征 | 技术含义 | 备注 |
|---|---|---|---|---|---|
| 1 | 早晨十字星，又称希望十字星 | | （1）出现在下跌途中<br>（2）由 3 根 K 线组成，第一根是阴线，第二根是十字线，第三根是阳线。第三根 K 线实体深入到第一根 K 线实体之内 | 见底信号，后市看涨 | |
| 2 | 早晨之星，又称希望之星 | | 和早晨十字星相似，区别在于早晨十字星的第二根 K 线是十字线，而早晨之星的第二根 K 线是小阴线或小阳线 | 见底信号，后市看涨 | 信号不如早晨十字星强 |

续表

| 序号 | 名称 | 图形 | 特征 | 技术含义 | 备注 |
|---|---|---|---|---|---|
| 3 | 好友反攻 | | （1）出现在下跌行情中（2）由一阴一阳2根K线组成（3）先是一根大阴线，接着跳低开盘，结果收了一根中阳线或大阳线，并且收在前一根K线收盘价相同或相近的位置上 | 见底信号，后市看涨 | 转势信号不如曙光初现强 |
| 4 | 曙光初现 | | （1）出现在下跌趋势中（2）由一阴一阳2根K线组成（3）先是一根大阴线或中阴线，接着出现一根大阳线或中阳线。阳线的实体深入到阴线实体的二分之一以上处 | 见底信号，后市看涨 | 阳线实体深入阴线实体的部分越多，转势信号越强 |
| 5 | 旭日东升 | | （1）出现在下跌趋势中（2）由一阴一阳2根K线组成（3）先是一根大阴线或中阴线，接着出现一根高开的大阳线或中阳线，阳线的收盘价已高于前一根阴线的开盘价 | 见底信号，后市看涨 | （1）见底信号，强于曙光初现（2）阳线实体高现阴线实体部分越多，转势信号越强 |
| 6 | 倒锤头线 | | （1）出现在下跌途中（2）阳线（亦可以是阴线）实体很小，上影线大于或等于实体的两倍（3）一般无下影线，少数会略有一点下影线 | 见底信号，后市看涨 | 实体与上影线比例越悬殊，信号越有参考价值。如倒锤头与早晨之星同时出现，见底信号就更加可靠 |

| 序号 | 名称 | 图形 | 特征 | 技术含义 | 备注 |
|---|---|---|---|---|---|
| 7 | 锤头线 | | （1）出现在下跌途中（2）阳线（亦可以是阴线）实体很小，下影线大于或等于实体的两倍（3）一般无上影线，少数会略有一点上影线 | 见底信号，后市看涨 | 锤头实体与下影线比例越悬殊，越有参考价值。如锤头与早晨之星同时出现，见底信号就更加可靠 |
| 8 | 平底，又称钳子底 | | （1）在下跌趋势中出现（2）由2根或2根以上的K线组成（3）最低价处在同一水平位置上 | 见底信号，后市看涨 | |
| 9 | 塔形底 | | （1）出现在下跌趋势中（2）先是一根大阴线或中阴线，后为一连串的小阴小阳线，最后出现一根大阳线或中阳线 | 见底信号，后市看涨 | 转势信号不如曙光初现强 |
| 10 | 圆底 | | （1）在跌势中出现（2）股价形成一个圆弧底（3）圆弧内的K线多为小阴小阳线，最后以向上跳空缺口来确认圆底形态成立 | 见底信号，后市看涨 | |
| 11 | 旭日东升 | | （1）出现在下跌趋势中（2）由2根阳线组成（3）第一根阳线跳空低开，其收盘时在前一根K线下方留有一个缺口，后面一根阳线与第一根阳线并肩而立 | 见底信号，后市看涨 | |

| 序号 | 名称 | 图形 | 特征 | 技术含义 | 备注 |
|---|---|---|---|---|---|
| 12 | 低档五阳线 | | （1）出现在下跌行情中（2）连续拉出5根阳线，多为小阳线 | 见底信号，后市看涨 | 低档五阳线不一定都是5根阳线，有时也可能是6根、7根阳线 |
| 13 | 连续跳空三阴线 | | （1）出现在下跌趋势中（2）连续出现3根向下跳空低开的阴线 | 见底信号，后市看涨 | 如在股价已有大幅下挫的情况下出现，见底可能性更大 |
| 14 | 红三兵 | | （1）出现在上涨行情初期（2）由3根连续创新高的小阳线组成 | 见底信号，后市看涨 | 当3根小阳线收于最高或接近最高点时，称为3个白色武士，3个白色武士拉升股价的作用要强于普通的红三兵，投资者应引起足够重视 |
| 15 | 冉冉上升形 | | （1）在盘整后期出现（2）由若干小K线组成（一般不少于8根），其中以小阳线居多，中间也可夹着小阴线、十字线（3）整个K线排列呈略微向上倾斜状 | 见底信号，后市看涨 | 该K线组合犹如冉冉升起的旭日，升幅虽不大，但它往往是股价大涨的前兆，如成交量能同步放大，这种可能性就很大 |

| 序号 | 名称 | 图形 | 特征 | 技术含义 | 备注 |
|---|---|---|---|---|---|
| 16 | 徐缓上升形 |  | （1）多数出现在涨势初期（2）先接连出现几个小阳线，然后才拉出中大阳线 | 见底信号，后市看涨 | |
| 17 | 稳步上涨形 | | （1）出现在上涨行情中（2）众多阳线中夹着较少的小阴线。整个K线排列呈向上倾斜状 | 见底信号，后市看涨 | 后面的阳线对插入的阴线覆盖的速度越快越有力，上升的潜力就越大 |
| 18 | 上升抵抗形 | | （1）在上涨途中出现（2）由若干K线组成（3）连续跳高开盘，即使中间收出阴线，但收盘价出要比前一根K线的收盘价高 | 见底信号，后市看涨 | |
| 19 | 弧形线 | | （1）在涨势初期出现（2）由若干K线组成（3）股价走势是一个向上的抛物线 | 见底信号，后市看涨 | 一旦弧形线为市场认可，上涨周期就很长 |
| 20 | 下探上涨形 | | 在上涨途中，突然跳低开盘（甚至以跌停板开盘），当日以涨势收盘收出一根大阳线（甚至以涨停板收盘） | 见底信号，后市看涨 | 多数为控盘庄家利用消息洗盘，一般后市将有一段较大升势 |
| 21 | 上涨二颗星 | | （1）在涨势初期、中期内出现（2）由一大二小3根K线组成（3）在上涨时先出现一根大阳线或中阳线，随后就在这根阳线的上方出现2根小K线（既可以是小十字线，出可以是实体很小的阳线、阴线） | 继续看涨 | 少数情况下会在一根大阳线上方出现3根小K线，这时就称为上涨三颗星。上涨三颗星技术含义与上涨二颗星相同 |

| 序号 | 名称 | 图形 | 特征 | 技术含义 | 备注 |
|---|---|---|---|---|---|
| 22 | 跳空上扬形，又称升势鹤鸦缺口 | | （1）出现在涨势中（2）由2根一阳一阴的K线组成（3）先是拉出一根跳空上扬的阳线，留下一个缺口，第二天又出现一根低收的阴线，但它收在前一根阳线缺口上方附近 | 继续看涨 | |
| 23 | 高位并排阳线，又称升势恋人肩并肩缺口 | | （1）出现在涨势中（2）由2根阳线组成（3）第一根阳线跳空向上，其收盘时在前一根K线上方留下一个缺口。第二根阳线与之并排，开盘价与第一根阳线的开盘价基本相同 | 继续看涨 | 这个向上跳空的缺口对日后股价走势有较强支撑作用，但如发现日后股价跌破这个缺口，股价走势就会转弱 |
| 24 | 跳空下跌三颗星 | | （1）出现在连续下跌途中（2）由3根小阴线组成（3）3根小阴线有一个明显的空白区域，也即通常说的缺口 | 见底信号 | 如果在3根小阴线后出现一根大阳线，上涨的可能性就更大 |
| 25 | 上升三训曲 | | （1）出现在上涨途中（2）由大小不等的5根K线组成（3）先拉出一根大阳线或中阳线，接着连续出现3根小阴线，但都含有跌破前面阳线的开盘价，随后出现了一根大阳线或中阳线，其走势有点类似英文字母"N" | 继续看涨 | |

## 二、应用 K 线组合应注意的问题

（1）K 线分析的错误率较高。无论是一根 K 线，还是两根、三根以至更多根 K 线，都是对多空双方争斗作出的一个描述，由它们的组合得到的结论都是相对的，不是绝对的，对股票投资者而言，结论只是起一种建议作用。

在应用时，有时会发现运用不同种类的组合会得到不同的结论。有时应用一种组合得到明天会下跌的结论，但是次日股价没有下跌，反而上涨，这时的一个重要原则是尽量使用根数多的 K 线组合的结论，并将新的 K 线加进来重新进行分析判断。一般说来，多根 K 线组合得到的结果不大容易与事实相反。

（2）K 线分析方法只能作为战术手段，不能作为战略手段。

（3）K 线分析的结论在时空方面的影响力不大，预测结果影响一般不超过 3 天，价格波幅不超过 5%。

（4）转点会出现 K 线的反转形态，但出现了反转形态不一定是反转点。

（5）根据（自身）实际情况，不断修改、创造和调整已有的 K 线组合形态。

（6）深刻了解 K 线组合形态内在含义和原理，不可夸大其作用，因为它是靠人类主观印象建立，并基于对历史的形态组合进行表达的分析方法。

**案例**

### 万绿丛中一点红

一轮跌势中，人们总能看到这样的景象：在大盘几乎满盘绿中，总有那么几只股票顽强地保持红盘，这万绿丛中的"一点红"，往往因"绿"的衬托，显得格外引人注目，也格外让人怦然心动。

[案例介绍]

**一、逆势飘红：庄家的媚眼**

人们常用"媚眼"形容女性妖媚目光的难以抗拒，其实逆势飘红就是庄家在股市中的"媚眼"。它是一种诱惑，有时对自制力差的股民来说，确实有些难以抗拒。但既然是"媚眼"，就多少带有"勾引"的意思，而勾引的目的，自然不是白让股民占便宜、得好处，陷阱其实就在"媚眼"后面，虽然偶尔也有例外。

**二、举例说明**

A. 琼能源 A（0502）：铺满鲜花的沼泽

琼能源 A 股是海南股中走势凶狠的庄股，它的凶狠既体现在无视大盘涨跌的天马行空和独往独来，也体现在陷阱上面常常布满伪装的脚印，沼泽上面常常覆盖着迷人的鲜花。

1998年11月中旬到12月下旬间，大盘节节下挫，琼能源A偏偏逆水行舟，在满盘皆绿中，屡屡以红盘招摇过市。看看图11-19，你就会发现，那些日子琼能源A的庄家在画线做图上是多么刻苦：均线多头排列、指标处于强势、上升通道完美……如果没有后面凌厉的下跌，人们完全会像许多股评人士那样坚信：琼能源A后市仍可看高一线。但看高一线只是股民和股评家的一厢情愿，因为庄家画线做图是要付出代价的，尤其在庄股跳水的背景下，琼能源A的庄家自然清楚这么撑下去意味着什么，于是，12月下旬某一日，在事先毫无下跌征兆的情况下，庄家突然松开高举着的双手，股价自由落地，牢牢撞在跌停板上，第二日继续惯性跌停，此后一路滑行，直至股价腰斩，创出6.42元的低点方才告一段落。

虽然这段战事已成陈迹，但回望这期间的日K线图，人们仍能体会出其间的惊心动魄，并警告自己：未到成熟季节而红熟的果子千万莫摘，因为它的味道总是苦涩的（见图11-19）。

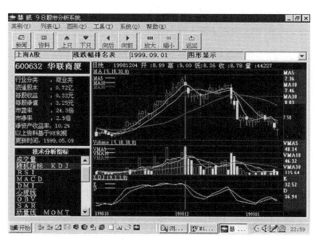

**图11-19 琼能源**

B. 华联商厦（600632）：甜蜜的毒吻

华联商厦曾是1998年12月初被众多股评家相中的、上榜率较高的潜力股之一，因为那期间该股一直看着其他股票破位而独自频拉小阳，人人都以为庄家志存高远，可谁知庄家逆市飘红竟全是为了套牢散户。万绿丛中的那点点红盘，成了庄家沾满毒汁的嘴唇，谁去与这样的庄股共舞，谁就会在庄家的毒吻中无助地吊在高高的云端（见图11-20）。

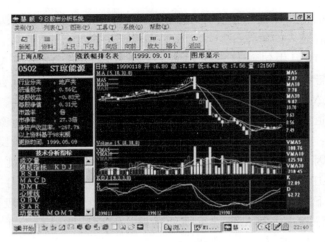

**图 11-20　华联商厦**

C. 东大阿派：红熟的果子落了地

当然，万绿丛中的那"一点红"也有终成正果的，它就是东大阿派——尽管这样的例子极其罕见（见图 11-21）。

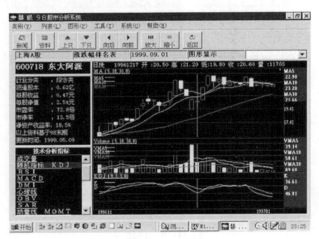

**图 11-21　东大阿派**

"果子"就结在 1996 年下半年到 1997 年上半年的"树上"，那期间，有一个连续跌停，人们记忆犹新，这就是 1996 年 12 月 12 日《人民日报》社论发表之后连续三天大盘的走势。有意思的是，12 月 17 日，沪市综指以接近跌停的指数 905.57 点报收，而未撞在跌停板 903.85 点上，其间两点的差距竟是由东大阿派未跌停创下的。更令人惊奇的是，东大阿派的这种强势，不仅在其后年报良好业绩支撑下一直保持着，而且它还通过自己屡创新高带动了高价绩优股产生了一波中级上升行情。

看来，以"万绿丛中一点红"来选择强势股，虽然只有微小成功的可能，但既然有可能，我们就应当寻找其中可能成功的蛛丝马迹。

**三、识别技巧**

看股票上市后的成长性。如果上市以来一直呈高速成长之势，如东大阿派，那么这种股票在大跌市中逆势飘红，通常意味着后面有重大利好支撑，否则庄家是绝不至于如此有恃无恐的。

而类似于琼能源这种上市以来业绩总体呈滑坡之势的股票，一旦逆势飘红，除了要弄清有没有实质性重组题材外，如果纯粹是庄家行为，一般不要去接庄家随时可能扔出的"飞刀"。

看入庄时机。如果庄家入庄较晚，且刚拉上高位即逢大市下挫，那么这种庄股高位逆市飘红，通常是庄家为了出货而采取的一种"障眼法"，因为逆市飘红最易引人注目；如果是长庄，那么大跌市中的逆市飘红，通常意味着庄家早已把利好攥在手心，后市往往有超乎想象的表现。

看领跌股的属性。如1996年12月12日《人民日报》社论中明显对低价垃圾股鸡犬升天持否定态度，一批低价垃圾股成了领跌龙头，这时东大阿派在全线跌停中逆市走强就值得关注，因为这可能是绩优股走强的信号；而1998年11月以来大盘的下跌是以轻纺城、华联商厦等庄股跳水拉开序幕的，虽然其他庄股跳水时，琼能源A等庄股逆市飘红，但实际上这种走强已是外强中干，补跌或庄家压低出货可能随时展开。

看看年报公布前后的走势。尽管琼能源A等庄股都是在年报公布前的跌市中逆势走强的，但华联商厦、琼能源A未等进入1999年1月份年报公布期，便在1998年12月底破位下行，而东大阿派无论在年报公布前，还是公布后都走势坚挺，屡创新高。实际上，逆市飘红之后能不能屡创新高，也是检验强势股的一条标准。

**［案例分析提示］**

对于逆市飘红的股票，投资者在怦然心动的同时，也应保持一分冷静，注意掌握以下操作策略：

大跌市中逆市飘红的股票通常都是强势股，宜逐一跟踪、观察一段时间，以决定是否介入。

对涨到高位而在跌市中顽强抵抗的庄股，宜出局观望，以防补跌或庄家弃城出逃。

对年报公布前逆市走强的庄股，如果其时大盘下挫，最好等年报公布后再决定是否介入。

对该跌不跌、该涨更涨的股票，宜果断介入，这样的股票可能会成为下一段行情的领涨股。

# 第十二章

# 私募股权投资基金

## 第一节　私募股权投资基金概述

### 一、私募股权投资基金概念

私募股权投资基金（private equity fund）不同于本书前面介绍的证券投资基金，其主要通过指私募形式对非上市企业进行权益性投资。私募股权投资基金投资者的投资被兑换为基金投资对象的股权，在交易实施过程中通过各种方法促进投资对象迅速发展，实现股权增值，并附带考虑了将来的退出机制，如通过上市、并购或管理层回购等方式，出售持股获利。此外，有少部分私募股权投资基金投资已上市公司股权，称为 PIPE（Private Investment in Public Equity）。

广义来讲，私募股权投资是对所有 IPO 之前及之后企业进行的股权或准股权直接投资，包括处于种子期、初创期、扩张期和成熟阶段的企业。狭义来讲，私募股权仅仅指对具有大量和稳定现金流的成熟企业进行的股权投资。与传统金融业务（银行借贷）相比，私募股权投资基金主要投资于权益资本，高风险同时带来高利润，流动性较低，主要看中目标企业的未来发展前景，通过参与企业管理实现利润。

按照投资侧重点的不同，私募股权基金有以下几类（表12-1）：

表 12-1　私募股权基金种类

| 基金类别 | 基金类型 | 投资方向 | 投资风格 | 风险收益特征 | 主要代表 |
|---|---|---|---|---|---|
| 创业投资基金（或风险投资基金） | 种子期、初创期、成长期、pre-ipo 基金 | 主要投资中小型未上市成长企业 | 分散投资、参股为主 | 高风险、高收益 | 高盛、软银、红杉 |
| 并购重组基金 | 杠杆收购基金、重组基金 | 以收购成熟企业为主，单体投资规模大 | 控股或参股 | 风险、收益中等 | 高盛、美林、黑石、华平 |
| 资产类基金 | 基础设施基金、房地产投资基金、融资租赁基金 | 投资于基础设施、收益型房地产等 | 具有稳定现金流的资产 | 低风险、稳定收益 | 麦格理、高盛、领汇、越秀 REIT |
| 其他 PE 基金 | PIPE、夹层基金、问题债务基金 | PIPE：上市公司非公开发行股权；夹层基金：优先股和次级债券；问题债务基金：不良债务 | | | 高盛、黑石 |

## 二、人民币私募股权投资基金

　　人民币私募股权投资基金是以人民币作为货币募集的私募股权投资基金，由于体制上的落后，起步较晚。最早出现的是 20 世纪 80 年代的创业投资——中国新技术创业投资公司。后来随着改革的深入，众多有政府背景的风险投资基金涌现。2002 年美国网络泡沫破裂，世界经济放缓，国内资本市场也不乐观，大批风险投资机构倒闭。2004 年并购类基金在我国出现，新桥资本以12.35 亿人民币收购深圳发展银行 17.89％股权，拉开了私募股权投资基金新序幕。

　　按照成立背景，我国市场上的私募股权投资基金（PE）主要有以下几类（表 12-2）：

表 12-2　国内市场的私募股权投资基金

| PE 性质 | 名　称 |
|---|---|
| 国外 PE | 凯雷、黑石、高盛、红杉 |
| 官办政策性 PE | 渤海、中比、中瑞、中非 |
| 官办创投集团 | 中新创投、上海创投 |
| 华人管理境外募集 PE | 鼎晖、联创、中信资本 |
| 大企业附属基金 | 达晨、中科英华、雅戈尔 |
| 纯民营基金 | 涌金、同华、宝联 |

# 第二节　私募股权投资基金的类型
## ——按募集方式划分

## 一、国外私募股权投资基金的类型

1. 独立型基金

独立型私募股权基金通常由经验丰富的基金管理人依靠过去的投资业绩吸引投资者，从养老基金、保险公司、家族企业等渠道筹资。全球著名的私募股权基金管理机构如 KKR、凯雷集团、黑石集团都属于独立型。

2. 附属型基金

附属基金是财团、商业银行、保险公司等为了获取高额收益自己成立的投资机构，多为集团的附属机构，也不对外募资。较常见的是某些大公司的风险投资部门，如淡马锡、IBM VC、JP 摩根 OEP、迪士尼的思伟风险投资基金。

3. 半附属型基金

半附属型基金是前两者的结合，与母机构基金共同存在，它们管理母基金资金的同时也对外募资来扩大规模，并且母公司的资金只占一小部分。投资银行或咨询公司的直接投资部门就属于这类投资机构，如高盛商人银行部、花旗创投、摩根士丹利直接投资部。

## 二、国内私募股权基金的类型

我国的私募股权投资基金主要从资金募集对象的属性来划分。

1. 国有资金主导型

由于我国经济制度的中国特色，国有资金主导的私募股权投资基金发挥着重要作用。这类基金拥有政府背景，资金规模大、组织结构及决策程序复杂，主要投资于基础设施、水电等大型项目。比如渤海产业投资基金，首期募资60.8亿元，资金来源为国家开发银行、全国社保基金等，投资重点为天津滨海新区及环渤海区其他企业。

### 2. 民营资金主导型

民间资金主导型基金主要是民营创业投资公司和有限合伙制创投企业。这类投资机构早期规模小、管理灵活，资金主要源于个人、民营企业，专注于投资国内前景良好的民营企业。经过多年发展，民营资金主导的这类基金业务领域不断扩大，如杭州的红鼎创业投资公司，投资目标为本土互联网、信息服务、网络技术等高科技行业优秀企业，先后投资了互联网实验室、蚂蚁社区、电影中国等。

### 3. 海外资金主导型

国内私募股权投资领域，海外资金主导型基金是主角。这类基金成立于海外，在海外募资后投资于国内企业，通常采用有限合伙的组织形式，管理灵活、有良好的激励机制，管理人往往具有国内外双重背景，有丰富的资本运作经验并深谙国内市场。上述优势使海外资金主导型私募股权投资基金在国内股权投资市场名声四起，如弘毅投资、鼎晖投资基金、IDGVC。

### 4. 基金的基金（FOF）

基金的基金是外资进入中国私募股权领域较为常见的途径，即通过投资在中国表现出色的管理团队，接近中国项目，同时降低了进入中国市场的风险和成本。这类基金通常由政府出资成立，外资作为有限合伙人，如苏州市政府的中新苏州工业园区创业投资有限公司、中关村科技园区创业投资引导基金等。

# 第三节 私募股权投资基金的组织形式

私募股权基金的组织形式是基金投资人、基金管理者及企业家等各方当事人之间建立的一种制衡关系。目前私募股权基金组织结构主要包括公司制、合伙制和信托制，其中有限合伙制是最典型的结构安排。

## 一、公司制

公司制私募股权投资基金是一种法人型基金，其设立方式是注册成立股份制或有限责任制投资公司。有限责任制公司在中国目前的商业环境下更易被投资人接受，因此更为常见。这种组织结构的优点在于能构成独立的企业法人，可向银行贷款来筹集资金，并且投资者只需以自己出资为限承担有限责任公司，但其缺点是存在双重征税问题，公司要缴纳公司所得税，股东还要缴纳相应的个人所得税，且对管理层激励机制不足、重大事项决策效率不高。中国大部分私募股权投资基金都是公司型的，如早期的深圳创新投、中科招商。

## 二、信托制

信托制私募股权投资基金是由基金管理机构与信托公司合作成立，通过发起设立信托受益份额募集资金后进行投资运作的集合投资工具。私募股权基金信托计划中有持有人大会、私募基金管理机构及托管机构三方，由管理人发起，向投资人募集，托管机构按契约保管资产并进行会计核算。在内部分工上信托公司负责财产保管清算与风险隔离，基金管理机构负责信托财产的管理运营和变现退出。信托制具有破产隔离功能，主要表现在：信托财产与受托人财产、委托人财产相独立，受托机构破产、解散信托财产不属于其清算财产，委托人发生债务或破产，受益人仍享有信托财产权利，不同委托人信托财产相互独立。此外，信托制基金不是独立法人，没有注册登记程序，具有较好流动性，且能规避双重税收问题。

## 三、有限合伙制

有限合伙制私募股权投资基金由承担无限连带责任的一般合伙人（GP，General Partners）和承担有限责任的有限合伙人（LP，Limited Partners）组成。一般合伙人作为基金管理者对合伙基金亏损和债务承担无限连带责任，有限合伙人作为基金的投资者，以投资额为限对基金亏损和债务承担有限责任。为使两者利益均衡，在一个有限合伙制的私募股权基金中，一般合伙人投资1%，其他99%由有限合伙人出，同时，为了维持基金的运作，一般合伙人收取相对于基金规模一定比例的管理费，有限合伙人为了激励一般合伙人，双方还会签订一个协议规定一般合伙人的附带权益，即在基金收益率超过某一个约定的高水位时，一般合伙人可以获得收入分成。

有限合伙制与公司制、信托制相比有其特有的有点，因此在世界范围内较为流行。

与公司制相比，有限合伙制的组织结构更扁平化，项目无需经过董事会、经理层的层层过滤，因此决策效率高；资金使用方面，公司制私募股权投资基金最多只能将其净资产的40%作为投资，而有限合伙制则没有该方面的限制；激励机制方面，有限合伙制的基金管理人只需出资10%以内，管理人不仅能获得自己投资对应的收益，还有前文所述的附带权益；公司制由于所有权经营权分离，存在代理问题，管理层不用承担经营不慎的结果，而有限合伙制的管理人承担无限连带责任，这促使管理人投资慎重；税收方面，有限合伙制只需缴纳个人所得税，没有双重税收问题。

与信托制相比，有限合伙制能避免道德风险，因为在信托制下管理人没有自己的投资，且对基金的亏损不承担任何责任。

但是有限合伙制也存在缺点。对私募股权投资机构而言，他们要承担无限连带责任，风险太大。但这一问题可以通过制度安排巧妙规避，如在维尔京岛设立有限责任公司，再将该公司全部资金投向国内私募基金，这样经过有限责任公司隔离，既能享受有限合伙制的好处又规避了法律风险。

# 第四节　私募股权投资基金的运作模式

本章第一节按照投资侧重点的不同将私募股权投资基金划分成创业投资基金、并购重组基金、资产类基金。在从运作模式上来说，主流的两类是创业投资基金和并购重组基金。本节介绍私募股权投资基金运作的募集与退出，并详细列举出创业投资基金与并购重组基金运作中用注意的环节。

## 一、私募股权投资基金的募集

私募股权投资基金的募集是指私募股权投资基金向特定对象募资或向少于 200 人，符合资金实力雄厚、资本构成质量较高条件的不特定机构或个人募资的行为，主要过程如下：

（1）基金经理澄清与先前管理的基金所投项目之间的利益冲突。

（2）撰写基金私募备忘录，与可能投资的有限合伙人举行会议。

（3）与符合条件的有限合伙人磋商，并提供详细的尽职调查材料。

（4）鉴别主要有限合伙人并就最终条款展开预先谈判。

（5）与大部分有限合伙人达成原则性协议，确定募集结束日期，并传阅最终文件。

（6）控制有限合伙人的人数，保持发行的私募状态。

整个募集过程历经 12 个月，前四个月完成尽职调查准备、鉴别有限合伙人、预路演、准备私募备忘录和条款书、路演报告和尽职调查资料并发放私募备忘录；第 5—8 个月准备认购协议、普通合伙人条款书、审阅路演报告、举行路演会议、分发有限合伙协议；最后四个月谈判有限合伙协议和附属文件审阅意见反馈，投资资本承诺初步结束、普通合伙人运营协议定稿。

PE 募集过程中需准备的文件有私募备忘录、认购协议、有限合伙协议、普通合伙人与有限责任公司之间的运营协议、管理公司与有限责任公司之间的运营协议。

（1）私募备忘录，用来说明团队过往业绩、简述各项商业条款，是募集过程中的核心文件，主要内容包括证券披露、记录过往业绩（注意团队的过往业绩并不能代表其未来的业绩）、揭示风险因素、披露税收与监管政策等。

（2）认购协议，说明投资资本承诺和相关证券法条款的豁免。

（3）有限合伙协议（LPA），说明合伙人之间的资本收益或损失的分配、支付给普通合伙人（GP）的管理费、投资限制以及主要的公司事宜，主要内容包括：

①基金的基本情况，如投资目的、范围、开放期（一般 6－12 月）、每位合伙人最低投资额。

②基金的运营规模，一般最长为 10 年，特殊情况下若有尚未推出的投资项目可延期处理。

③投资资金承诺。有限合伙人一般为基金募集规模的 99％普通合伙人的资金承诺 1％，也有在百分比及 50 万美元中取较小者为准。有限合伙人一般要求普通合伙人共用出资以使双方利益一致，普通合伙人也可以选择用非现金方式出资，要包括：事先达成协议，放弃部分管理费用或投资回报的分成以抵消普通合伙人的出资额。

④投资回报分配。投资回报必须在普通合伙人及有限合伙人间进行分配。目前国际上较为流行的做法是将基金投资净资本利得的 20％分配给普通合伙人。投资回报分配时间有两种，一种是还本后分配，即有限合伙人收回投资成本（加上"优先回报"）之后才开始分配投资回报给普通合伙人，这样一般对有限合伙人较为有利，在这种分配方式下，有限合伙人往往对"优先回报"提出一定要求，一般是投资资本的 6％－8％左右；第二种是在每个投资项目产生回报后立即分配，这种分配方式对普通合伙人较为有利。在这种分配方式下，普通合伙人的总回报有可能大于总投资回报的 20％。有限合伙人有时还会就特别项目产生的损失，或普通合伙人获得的高于预先约定的总投资回报分成比例的部分要求进行"回拨"。

⑤管理费用。一般是总资金承诺的 2％～2.5％，另外也有一些随时间递增或递减的安排，例如在开始的 1～5 年为 2.5％，随后逐渐降低至 1.8％等。影响管理费用的因素有基金的规模及类型、聘用的人员、租用的办公室的数量及地点、基金存续期间的长短等。

⑥其他费用及收入。在基金运营中除了管理费用外，还会产生一些费用，这些费用通常由有限合伙人承担，主要包括：聘请法律顾问的费用、聘请审计师的费用、向有限合伙人定期回报基金表现而产生的开支、向中介机构支

付投资项目的介绍费。除了管理费之外，基金还可能收到其他的收入，比如向被投资公司收取因设计投资结构及为此进行分析、谈判而产生的"投资银行服务费"、因谈判破裂而收取的"分手费"（break－up fee）、向被投资公司收取的"管理费"或"咨询费"等。有时有限合伙人会要求将此类收入用来抵消支付给普通合伙人的管理费。

⑦投资限制。私募股权投资应避免使用银行贷款参与投资、避免从事不相关业务而产生应纳税收入、避免所投资公司的种类过多、避免从事房地产投资以及投资于其他基金。

⑧负责与补偿。这是在基金出现损失时保护普通合伙人免于被有限合伙人起诉的手段。

⑨治理。说明顾问委员会的职责包括：治理投资限制和冲突；管理对普通合伙人以自有资金与基金共同投资项目管理以及不同基金间的交叉投资。

（4）普通合伙人与有限责任公司之间的运营协议，说明投资回报分成（Carried Interest）的分配比例、投资回报分成的分配时间和主要的公司治理事宜

（5）管理公司与有限责任公司之间的运营协议，说明管理费的分配、主要的公司治理事宜、名称和标志的使用许可以及管理公司与全体雇员（包括基金管理人）签订聘用协议、租赁、银行账户、保险等。

## 二、私募股权投资基金的退出

私募股权投资基金的获利取决于其能否顺利退出，常见的退出渠道有：首次股票公开发行（IPO）、股权转让和清算。

首次股票公开发行将企业的股权模式从私人持股转变为公众持股，增加了股权流通性，对于私募机构和被投资企业都能最大化双方利益。对于私募股权投资机构来说，股票市场提供的高股价使得其投资的股权能以较高的利益退出，为基金投资人带来丰厚回报。但 IPO 的过程是艰巨的，企业必须满足各市场对上市公司的财务、股东要求，还要权衡具体的 IPO 市场、时间以及选择最佳的中介机构。此外这一退出方式受政策影响，例如我国证券市场到目前为止就出现过 7 次 IPO 关闸，暂停 IPO 的时间里，必须考虑其他的退出机制。

股权转让是一种要求相对较低、操作更为简单的退出方式。股权转让作为退出渠道主要有两种方式：向第三方出售或公司进行股权回购。向第三方出售，即私募股权投资基金将持有的股权出售给投资企业之外的第三方，这些第三方包括相关行业的大公司或者其他机构投资者，如其他私募股权投资基金，私募股权投资机构应充分了解拟收购方的交易目的和想法，尽量与多

个买主联系，发起竞标来提高成交价格。

清算是指企业因破产、解散而清理债权债务、分配剩余财产。这是最不理想的退出途径，属于无奈之举。选择这种退出方式一般由于经营不善又无其他方式解决，即甩不出去烂摊子，私募股权投资基金只能将企业资产清算卖出后提取属于自己的现金。

### 三、创业投资基金的运作

创业投资基金的投资目标是成长期的企业，这类企业发展需要资金，创业投资基金带来的资金能使企业快速成长，带来股权价值的翻倍。因此项目选择是创业投资基金运作的关键。

通过政府机构、研究所、会计师事务所等关系机构在管理人擅长的行业选择有发展前景的企业，或者接收创业者自行提交的商业计划书，创业投资机构取得项目，经过筛选、尽职调查、评估，最终决定投资项目。

初步筛选过程中，各投资机构的标准不同，其中企业所处的成长阶段是考虑的重要因素。种子期的项目投资风险大，只有对该行业非常熟悉且经验丰富的管理人才会接；普通的创业投资机构会选择成长期和扩张期的项目。在具体的筛选标准中，会视项目情况对投资目标的财务状况设有要求。

初步筛选后是尽职调查，尽职调查通常步骤是：（1）企业提交业务发展计划，其内容应包含资金需求量、投入时间、盈利预测。（2）基金管理人全面搜集目标企业各方面信息，结合企业提交的计划书，判断创业者管理团队的素质、市场发展空间和产品技术情况是否值得投资。尽职调查范围广泛，包括：会见创业企业所有管理层，判断他们的风格与经验及相互之间的默契程度；实地考察企业，观察员工、设备情况，留心客户、供应商及企业前期业务伙伴的评价；考察产品销路、原材料成本，判断未来市场空间；向银行、事务所了解企业过去的资信、偿债情况、财务报告；向其他企业管理层或私募投资机构征询意见，多角度考虑问题。

随后基金管理人确定企业估值，基于盈利预测投资价格、投资金额、投资工具和股份比例，签订投资协议和认股合同。创业投资基金一般采用可转换债券作为投资工具，如果企业成长迅速，创业投资基金可将其转换成普通股，通过上市来获得高回报，如果经营不好，可作为企业债权保护投资成本。

### 四、并购重组基金的运作

并购重组基金主要投资目标是成熟期的企业，这类企业现金流稳定，但业务成长缓慢因而在价值被市场所低估。并购重组基金进入后会对其进行整改，提高业绩，而后重新售出获得高额回报。与创业投资基金相比，并购重组基金程序类似，但是有更多环节需要审慎处理。

评估定价方面，我国国资委和证监会联合发布了《国有股东转让所持有上市公司股份管理暂行办法》，规定国有股东协议转让上市公司股份的价格应以上市公司股份转让信息公告日（经批准不须公开股份转让信息的，以股份转让协议签署日为准）前 30 个交易日的每日加权平均价格算术平均值为基础切丁；需折价的其最低价格不得低于该算术平均值的 90%，而国外的惯例是采用过去 20 天的平均价格。

此外并购重组基金的运作实则是杠杆收购，其募集的资金只有小部分运用到并购交易中，剩余资金依靠再融资来筹集。杠杆比例的高低取决于投资项目的现金流，现金流稳定的采用较高的杠杆比例。交易杠杆确定后，并购机构应尽快组织借款完成再融资。再融资的安排包含优先周转贷款、优先定期贷款和夹层贷款。优先周转贷款是指用资产的留置权或公司股票进行抵押担保，由商业银行、保险公司等机构发放，优先定期贷款与之类似，往往随优先周转贷款一起发放。夹层贷款介于一级担保债券和权益之间，是一种混合型产品，由次级优先偿付债务组成，在合同安排方面处于次级地位。

此外，并购重组基金还需协调并购目标员工报酬、裁员及退休金之间的关系。由于并购重组，企业原先的高层管理者很难在新企业中继续占据实权地位，不少人被迫辞职。为对付这种风险，留住人才，企业会制定有"黄金降落伞"的制度，当企业被收购或兼并时，原来的企业高层管理者可以获得丰厚回报，安全脱出。类似的协议还有"金手铐"计划。这些协议安排与员工底薪、福利金等构成了员工总报酬，是并购重组过程中必须考虑的重要环节。

# 第五节　国内的私募股权投资基金案例

**案例 12-1**

## 弘毅投资与中国玻璃

弘毅投资成立于 2003 年，是联想旗下专门从事并购投资业务的子公司，专注于中国市场，以"增值服务，价值创造"为核心投资理念，业务涵盖并购投资与成长型投资，其出资人包括联想控股、全国社保基金、中国人寿及高盛、淡马锡、斯坦福大学基金等全球著名投资机构。截止 2013 年底，被投企业资产总额 16500 亿元，整体销售额 5360 亿元，利税总额 370 亿元。

中国玻璃控股有限公司是中国效率最高的平板玻璃制造商。2004 年，弘毅投资重组江苏玻璃集团为中国玻璃控股有限公司，2005 年 6 月 23 日，中国玻璃在香港主板成功上市，并引入全球知名玻璃生产商 PILKINGTON 作为战略投资人。今天弘毅的"中国玻璃"案例已在全球传播。

"中国玻璃"原名江苏玻璃集团（简称苏玻集团），属于宿迁市国有资产经营有限公司，2000 年以债转股方式配发给华融、信达两家资产管理公司33.13％及 3.52％的股权来偿还债务。2001 年，苏玻集团联合华融、信达、浙大及苏玻集团管理层成立江苏苏华达材料股份有限公司（简称苏华达），苏玻集团将核心业务注入苏华达作为注册资本出资，控股苏华达。2003 年宿迁国资剥离了苏玻集团之外的其他资产，纯粹控股苏玻集团。

弘毅投资的基本操作环节是改制、管理提升、资本接轨、国际拓展，其对"中国玻璃"的操作思路如下：

在维尔京群岛设立 Easyland Management Limited（简称 EML）、在香港设立南明有限公司于 2003 年 12 月 31 日协议向宿迁市政府并购宿迁国资 60％与 40％的股权，最终价格为 650 万元，通过全资控股宿迁国资间接控制苏玻集团与苏华达。

控股宿迁国资后开展一系列重组运作，清理其他股东。2004 年 10 月与华融签订股权转让协议，收购华融 33.13％苏玻集团股权，2004 年 12 月协议收购信达 3.52％苏玻集团股权，几乎是同样的时间收购华融、信达、浙大对苏华达的股权。

开启苏玻集团海外重组。2004 年 10 月 17 日，在政策闸门关闭之前于百慕大注册成立中国玻璃，于 2005 年 6 月在香港上市，并引入 PILKINGTON 作为战略投资人，要求其在技术、管理和国际销售体系方面提供帮助。

并购国内同行，择机推出。2006 年，抓住行业低谷特殊时期以 4.16 亿收购国内 7 家玻璃企业，迅速扩大"中国玻璃"的规模，让 PILKINGTON 接盘。

**案例 12-2**

### 汪静波携团队创立诺亚财富

我国持续快速增长的经济，推动国民财富的快速增长，而国民财富的快速增长构成了对财富管理的巨大需求，据统计，财富管理领域内的资产规模已经从 2005 年末的 2000 亿人民币增长至 2012 年末的 2 万亿人民币。但中国的私人理财市场尚处起步阶段，与西方发达国家相去甚远，未来随着市场的逐渐成熟，私人理财市场的发展潜力巨大。

财富管理是指涵盖了财务规划、投资组合管理和一系列综合金融配置的投资咨询服务，财富管理着重强调对财富积累、保值、强化和转移等方面的专业建议，面向的客户主要是高净值人群、小企业主和家庭等。财富管理利用专业的金融咨询人员对客户的财富在房地产规划、法律服务、税收以及投资管理等方面进行合理配置。

财富管理包括投资咨询、人生理财规划、资产保值增值等方面，现在已经和信贷业务、投资银行业务成为全球银行业的三大主营业务，并且有望成为最重要的增长领域，目前中国已经涌现了大量的中产阶级和富裕阶层，财富管理也将成为国内各金融机构争夺的热点。具体而言，财富管理就是为客户提供切实的计划，对相应的策略和行动计划提出建议，以帮助客户实现全方位的财务目标。

财富管理的核心是以客户为中心，合理分配资产和收入，不仅要考虑财富的积累，更要考虑财富的保障，在外延上可以包括对个人的财富管理和对企业的资产管理。财富管理公司中的翘楚就是诺亚财富。

诺亚财富仅仅用了 5 年的时间，就完成了从原始积累、快速扩张到资本整合、公司上市的全流程，而诺亚也在短短 5 年时间里，便坐稳了第三方财富管理行业龙头老大的位子。

2010 年前后，或许是诺亚财富的光芒太过耀眼，大家都无暇把关注的目光从诺亚身上挪开，但从那时起，一场第三方财富管理公司的饕餮盛宴就此开始。2010 年，钜派投资的胡天翔还仅仅是杭工商信托的一名信托销售，他仅仅用了 3 年时间就将钜派投资打造成为一家净利润过 5000 万的企业。也是在那几年里，中植系的头牌—中融信托由于监管限制和业务发展等因素，在短短 2 年时间里，便迅速建立起一张包括了恒天财富、大唐财富、高晟财富、新湖财富的庞大的三方销售网络……

## 一、三方之兴

2008 年像是一个分水岭，这一年我们迎来了中国版的 QE，4 万亿经济刺激计划带来了充沛的 M2。粗略估算，2008－2012 这 5 年间，国内 M2 的增长总量几乎当于 1949－2008 年 M2 的总和。货币体量的大幅扩增，直接造就了一批又一批的拥有巨量财富的高净值客户，这为第三方财富管理公司的崛起奠定的坚实的基础。

当银监会换发新一轮信托牌照时，起初只是为了作为银行间接融资的一个有效补充，为健全资本市场建立一个窗口。但进入 2007 年，伴随着信托"新两规"的颁布，信托计划作为具有放贷功能的直接融资工具，很快在接下来的 5 年中迅速崛起，成为了继银行之后，总资产规模排名第二的金融机构。而在信托公司体量急速扩张的这六七年里，第三方财富管理公司自然借势造势，顺势而为，充分享受了信托行业崛起的巨大红利。

2008 年对于很多金融从业者而言，是一个迷茫的时期，外部的经济危机直接导致国内唱空的论调持续弥漫，很多从业者，尤其是固定收益版块的从业者，对于行业的未来都充满了悲观预期。但这种消极的情绪很快就被随之而来的 4 万亿经济刺激计划冲的烟消云散。自此，富力、绿城等濒临破产的房地产企业上演了惊天逆转的好戏。而从那之后，诸如恒大、碧桂园、佳兆业等房地产商也大踏步向前，进入又一轮行业扩张，与此同时，充沛的资金也给了各个省市新一轮"铁工基"建设的强大动力。无数债务融资从业者欢天喜地，因为他们知道，一轮新的行业饕餮盛宴，正在迎他们而来……

## 二、行业之盛

这个时期，由于政策监管、资金用途限制等诸多问题，传统的银行贷款已经不能满足房地产和地方政府融资平台的强大的资金需求，信托公司融资浪潮就此拉开大幕！

那时，在信托公司最好的年景里，项目经理们甚至不用出去主动承揽项目，很多政府平台、房地产公司往往主动找上门来，要求融资合作。源源不断的融资需求被包装成了信托产品，各家信托公司纷纷成立自己的财富管理中心，主攻产品销售，但即便这样，大量的信托产品依旧不能被这些财富管理中心所消化，第三方财富管理公司作为信托产品销售的有效补充，悄然兴起。

早期的第三方财富管理公司商业模式非常简单：产品端从信托公司批发产品，销售端雇佣理财师销售产品，自己则从中抽取点差。第三方们产品销售中，依据标产品资质的优劣，抽取 1.5%－3.0% 的佣金，由此测算，一个年仅销售十几亿规模产品的小型第三方，每年就有可能获得千万级的收益。蓬勃的地产业发展，充足的信托产品供应，巨大的市场理财需求，无疑给力第三方管理公司巨量的成长空间，因此，在短短 3－5 年时间里，诸亚、恒天、利德、大唐、钜派等第一批第三方管理公司便创造巨量利润，完成了资本的原始积累。

## 三、趋势之转

天下没有不散的筵席，再疯狂的盛宴都有曲终人散时。伴随着又一个 5 年的规模扩张，房地产行业已经在飞速增长中日渐畸形，整个行业结构性失衡严重，地产总体量供给明显过剩，而政府平台在经历一轮大兴土木之后，很多地方政府也已经债台高筑。仅以房地产行业来看，过高的融资成本和资产负债率，在行业的强周期时可以维系，但在当前人口红利逐步消失、地产路桥等建设过剩、政府投资拉动 GDP 效果渐微的情况下，原有的高开发、高增长、高去化的模式明显难以维系。

在这样的大背景下，尽管传统的"三大件"（房地产、政信、通道）业务仍有空间可做，但项目风险逐渐暴露、政府监管逐步趋严、新增项目量逐步减少，已是不争的事实。这直接导致信托公司、基金子公司项目量减少，进而导致产品端供给严重不足。如果说信托公司依靠之前积累下来的存量业务以及公司保有的存量利润可以熬过严冬的话，那么第三方财富管理公司，尤其是中小型第三方则没有那么幸运。

第三方的商业模式中，对"两端"的依赖性很强，产品端严重依赖信托公司、各类私募基金，因此在信托公司风控收紧、产品断供的大背景下，第三方承压严重；而在销售端，第三方公司的销售们往往底薪极低，主要凭借销售返佣获利，在没有产品供应的情况，中小型的第三方很难留住销售团队。更为严重的问题是，由于中小型第三方较难与大型的信托公司、私募基金建立稳定合作关系，不得不与信用水平较弱的私募、小型的基金子公司合作，这导致一旦市场出现信用风险，中小型三方会首先受到影响。

每个行业都有属于自己的行业周期，对于绝大多数行业而言，都需要经历从茹毛饮血到野蛮生长，再到群雄逐鹿，进而形成三分天下的行业格局，对于第三方财富管理这个行业来讲，亦是如此，在经历了行业飞速发展之后，必然进入震荡调整阶段。这时，大型第三方可能还有能力调整战略、抵御严冬，等待着行业机会，但很多中小第三方而言，它们可能很难再坚持到新一轮的行业强周期的到来。

2014 年下半年，进入房地产集中兑付期，即使不考虑政府融资平台的融资到期，信托到期的资金量依旧巨大，在大量资金要到期的同时，地产融资难的问题又集中显现。目前，项目所在地上海郊区的非百强房地产企业，即便"432"齐全且足值抵押，融资依旧有困难。在这种行情之下，到底有多少企业会出问题，谁都不得而知，但可以预见到，一旦小型房地产开始出现问题，第三方自然也会牵连其中。尽管银监会强调信托计划刚兑，但一些小型信托公司的刚兑能力需要打个问号，一旦信托刚兑打破，销售产品的第三方自然难辞其咎。此外，不少第三方销售了很多有限合伙类产品，一旦出现风险问题，那结果就不想而知。

除此之外，伴随着利率市场化的演进，信息不对称的情况正在逐渐减弱，那些中介机构可以在项目方和资金方之间撮合巨大利差的时代已一去不复返。由于中介之间的充分竞争，房地产、政府融资平台、工商类企业对于资本市场足够了解，它们针对信托融资或类信托融资所给的成本一压再压；而销售端客户的投资意识则逐渐增强，他们一方面要求高收益产品，另一方面又要求其风险可控，在这样的生存环境之下，信托公司、基金子公司、第三方原有的暴利都已不在。

## 四、未来之变

不觉间，第三方的生存环境已经悄然改变，它们传统的批发产品、销售产品的商业模式面临着巨大挑战。在这样的大背景下，第三方机构必须要有利润增长回归理性的合理预期，也要有"穷则变"的心理准备。

第三方机构的转型，需要基于自身资源禀赋而演进。首先，在原有的"现金奶牛"仍可以创造利润的时候，可以继续稳固机构在这方面的盈利能力，同时，需要深入挖掘现有资源的价值，并基于已有资源禀赋拓展业务渠道。下一阶段，如果第三方机构仍希望在行业中占有一席之地的话，应该朝着三个方面去发展：第一，深入拓展私人银行业务；第二，大力拓展资产管理业务；第三，综合型金融产品超市。

### 1. 私人银行业务

从2007年中国银行开始拓展私人银行业务板块开始，截至目前，已经有8家商业银行的私人银行部存续客户数量超过万人。在经历了七八年的发展之后，国内商行的私人银行业务已经初步实现了从简单的产品销售到高净值客户综合服务的业务转型，私人银行已经有意识开始为客户提供"从理财到生活"的一揽子服务，不仅为客户提供定制化的理财投资服务，还为客户提供诸如教育移民、奢侈品消费、健康养老、旅游等诸多附加服务。而这种综合的业务模式，也正是第三方值得学习和发展的方向。

尽管国内私人银行业务已经有近10年的发展历史，但目前仍旧处于私人银行业务发展的初级阶段。目前各家商行私行均有自身特色，比如中国银行在移民、家族信托、境外投资等方面有明显优势，而中信银行则将重点放在客户资产综合配置上。反观国内的第三方机构，即使是行业的龙头老大诺亚财富，目前也还是主要以传统产品的销售为主营模式。但单纯的产品销售往往需要靠客户经理的个人能力，长期来看难以真正提高机构本身对客户的黏性，所以，在下一阶段各家机构加大力度抢夺高净值客户资源时，第三方就必须建立多元的服务体系，提升第三方对客户的综合服务能力，进而有效提高客户黏性。

从另一角度看，多元的客户服务模式，也能够为三方机构提供更加多元和稳定的盈利空间。比如机构在为高净值客户提供旅行、教育、移民、家族信托等服务时，可以从服务商那一端收取相应的服务费用，亦或是为客户提供综合的资产配置建议，协助客户配置各类资产，从而作为真正意义上的投资顾问收取中间费用。

## 2. 资产管理业务

私人银行业务虽然是很多第三方都可以规划出的发展方向，但在实际行业的演进中，三方机构更多是将转型的核心放在了类投行业务上。各家机构虽然都知道私人银行的多元化服务是未来稳固客户的基础，但是私行的业务模式不能在短期产生稳定现金流，属于成本高而收效慢的业务，从目前看，它更多的是一个成本中心而非利润中心。所以，以诺亚、利德为代表的第一梯队第三方机构，纷纷成立了自己的资产管理公司，积极拓展一级市场业务。诺亚先后成立了歌斐资产、又参股万家共赢，利德则参股纽银基金子公司，可以看出，各家一线的第三方纷纷寻找投行类业务牌照，进而将产品发行权牢牢掌握在手中。

可以预见，下一阶段很多有实力的第三方，一定会从简单的产品销售，拓展到行业的上游，通过参股或控股方式获取投行类业务牌照，将产品发行端牢牢掌握在自己手中。这一方面能在保证机构稳定的产品供应，另一方面也可以扩大自己的利润空间。而在拓展类信托业务的同时，各家三方也向在积极拓展各类产业基金的产品，目前，歌斐资产已发起成立多只房地产基金，恒天财富正配合中融信托大力拓展并购基金类产品，好买财富也适时成立了自己的 FOF 类产品切入股票二级市场，而区域型的三方龙头也纷纷成立各类产业基金、各类二级市场基金，深挖主动管理端（项目端）利润。可以看出，各家第三方都在利用自身的优势，拓展各类主动管理业务，从而走出原有的单纯产品销售的商业模式。

## 3. 综合金融产品超市

另一个方向，就是做大、做深、做强金融产品销售这个版块，将原有的金融产品销售的商业模式升级，打造专业化、个性化、综合性的金融产品超市。在这个层面，可以拓展的方向也很多，目前至少有两个发展方向是被验证可行的。第一个大类，就是一方面自己包装产品，另一方面从其他机构大量批发产品，从而打造从股权到债权，从短期到长期，从低风险到高风险的全面、综合的产品线。想在这个领域领衔，产品线的全面性和丰富度是成败的关键。2013 年中下旬，平安信托核心销售团队转战陆家嘴财富，希望将陆家嘴财富打造成为大型金融产品超市，但目前看，效果不是很理想。而好买基金网、东方财富网这类互联网金融公司，在打造金融产品超市方面优势较强。和讯网在 2014 年年初也成立理财中心，掘金第三方业务，表现值得期待。

第二个大类，则是搭建金融产品的产销平台，建立"飞单集中营"。它一端最大限度的将国内一线理财经理吸纳到自己的平台上，另一端通过对基金公司子公司、信托公司开放通道，让它们在本平台发布产品信息，由理财经理自行对接平台上的各类产品，完成金融产品销售。这个模式的核心在于，充分挖掘理财客户经理的资源，利用平台吸引销售渠道，在不断提供理财经理对于平台的依赖性、黏着度的过程中，增强平台自身竞争力。聚信托、中国财富网、中国信托网等机构，是目前这类模式在业内走在前面的公司。得渠道者得天下，这一类与银行客户经理深入接触的机构，如果真的能够有效黏着一批资质较好的理财客户经理，在下一阶段将会有较强的爆发力。

除此之外，借势当下如火如荼的互联网金融，很多IT金融类公司通过建立起自己的网销平台，把金融产品切片、打散，降低初始认购门槛，吸引草根客户的模式也是市场较为常见的模式之一。而这类模式的先行者应该算是宜信财富，它通过P2P这种监管真空进行制度套利，成为早期的市场胜出者；而阿里巴巴、百度等互联网公司则将这类模式发扬光大。

这类将金融产品打碎、切片，通过互联网等相关创新渠道销售金融产品的业务模式，究竟表现如何，仍值得期待。但无论如何，这类模式都值得被传统第三方机构借鉴，第三方机构可以借此形成对理财市场"长尾"的客户的有效黏着。